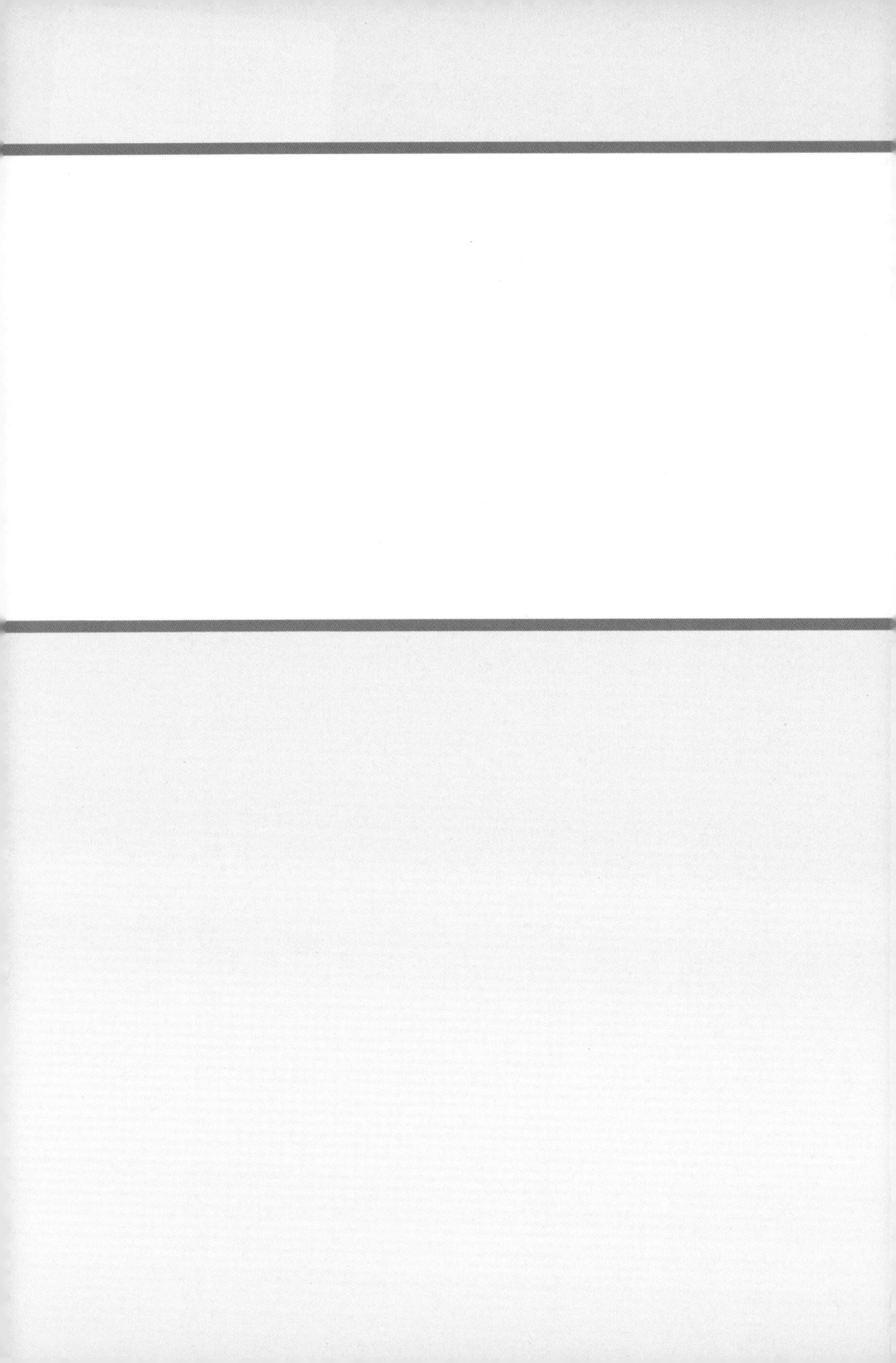

菲律宾非政府组织研究：
发展轨迹、企业化与倡导失灵

A Study on the Philippine NGOs:
Developing Process, Enterprization and Advocacy Insufficiency

王晓东　著　■

厦门大学出版社
XIAMEN UNIVERSITY PRESS

国家一级出版社
全国百佳图书出版单位

摘　　要

　　菲律宾是少数以宪法形式确认非政府组织在国家发展中具有重要地位的国家之一,被称为发展中国家的非政府组织大国。作为一支重要的社会力量,菲律宾非政府组织的作用、影响及创新均领先于其他发展中国家的非政府组织。从经济上看,菲律宾非政府组织有较强的经济实力,已经成为关键的国民经济部门与就业部门。2008年菲律宾非政府组织总数在22.1万～36.5万个之间,总资产约为1.58万亿比索(合343亿美元),年收入约为5950亿比索(约合129亿美元),占菲律宾2008年国内生产总值的8.03%。从政治上看,菲律宾非政府组织具有较强的政治参与水平与政治影响力,并具有实现社会公正与民主发展的意义,在1986年和2001年的两次人民力量运动中发挥了重要作用,被评为全球最具政治影响力的非政府组织群体之一。

　　菲律宾非政府组织发展水平领先于其他发展中国家的主要原因是因为其拥有较强的资源环境适应能力。正是菲律宾特殊的殖民背景、历史变迁、宗教信仰、文化传统、经济水平以及政治体制造就了这一能力。每当资源环境发生变化时,菲律宾非政府组织都能够积极、主动地自我调适,并促使资源环境发生有利于己的改变。菲律宾非政府组织从慈善取向至倡导取向的进化过程,也正是其通过拓展自身功能适应资源环境的变革过程。这一过程不但增强了菲律宾非政府组织的政治、经济影响力,反过来又进一步增强其资源环境适应能力。这种互动效应突出体现在菲律宾非政府组织把握住1986年前后菲律宾政治变迁的历史机遇期,参与塑造了有利于非政府组织整体发展的法制环境,促进自身整体实力的提升与国家地位的提高。

　　20世纪90年代中期以来,由于数量膨胀,政府管理紧缩以及国际援助减少,菲律宾非政府组织的资源环境开始出现不利变化。为了应对这一变化,非政府组织积极做出调整,将提升社会资源获取能力作为首要工作目标,采取企业化的经营管理手段扩大收入,减少支出。从2008年菲律宾非政府组织收支情况来看,这一调整已经产生了明显成果,其经济实力得到大幅提高,在国家经济中的重要性进一步增强。然而由于菲律宾非政府组织社会资源的有限性和活动领域的单一性,工作重心调整和组织结构改变不可避免地对其公益活动造成影响,其中又以对政治倡导工作的影响最为突出。21世纪以来,菲律宾非政府组织出现了较为明显的倡导失灵。其立法倡导、行政监督和支持社会运动的效益都明显下降,社会公信力也因此受到一定程度的损害,加剧了内部优胜劣汰,同时也优化了外部资源环境。

菲律宾非政府组织的发展轨迹、企业化和倡导失灵表明:发展中国家非政府组织的发展状况与其资源环境适应能力有密切关系,而企业化和倡导失灵是非政府组织对资源环境改变的适应结果,也是对社会资源配置的调整方式。

Abstract

Philippines is a great NGO country in developing world and one of the few countries that acknowledge NGOs' important position in the national development by constitution. As a significant social power, Philippine NGO sector precedes other developing countries' NGO sectors in function, influence and innovation. On economic level, Philippine NGO sector with its great economic strength has become a crucial economic sector and employment sector with 221000 ~ 365000 in number, 1580 billion PHP ($34. 3billion) in total asset, 595 billion PHP ($12. 9 billion) in annual income, equal to 8. 03% of Philippine GDP in 2008. On political level, Philippine NGO sector with a high degree of political participation and influence can protect and promote social justice and democracy. By taking a key role in EDSA of 1986 and 2001, it is assessed as one of the NGO groups with greatest political influence in the world.

The main reason of Philippine NGO sector's leading position in developing countries is its strong capability to adapt to resource environment which is caused by Philippine special colonial background, historical vicissitude, religious faith, economic development and political system. When resource environment changes, Philippine NGOs can adjust themselves actively and positively to turn the scales. Their Proceeding from Charity-oriented to advocacy-oriented is also the proceeding that they developed their function to adapt to resource environment. This proceeding strengthened their political and economic influence, and their capability to adapt to resource environment in turn, which represents significantly in that Philippine NGOs grasped the historical period of 1986' political transition, created the legal system favoring the development of

NGOs, increased their comprehensive strength and national status.

Since the mid of 1990s, the Philippine NGOs' resource environment experienced adverse change as the consequences of the expanding number of NGOs, tightening control of government and reducing aboard assistance. Philippine NGOs evaluated resource absorbing as their premier target to adapt to this change, including enterprization management methods to enlarge income and reduce expense. Judging from the financial situation of Philippine NGOs in 2008, the adjustment to improve the economic strength of Philippine NGOs and their position in national economy made some progress. However, due to the lack of Philippine NGOs' resource and their activity diversity, the changes of working focus and organization structure inevitably made adverse effects on their public welfare activities, especially to the political advocacy jobs. Since 2000, Philippine NGOs' advocacy insufficiency has become more obvious. Their functions of legislative advocacy, administrative supervision and social movement-support were weakened, and their social credibility was damaged. These reduced the Philippine NGOs' number, fastened their metabolism, and optimized their resource environment.

The developing process, enterprization and advocacy insufficiency of Philippine NGOs prove that NGOs' development in developing countries has close relationship with their capability to adapt to the resource environment. Their enterprization and advocacy insufficiency are not only the result of this adaptation process, but also the means to realize the resource adjustment.

总　序

庄国土

　　东南亚是我国重要的周边地区,人口众多,资源丰富,扼印度洋和太平洋之间的交通要道,战略地位重要,近代以来一直是大国争斗要地。东南亚和中国有长期密切的政治、经济和文化联系,汉唐以降,两地商人、使臣往来络绎于途。西方殖民者东来以后,东南亚相继沦为殖民地和列强的势力范围,中国也成为半封建半殖民地的国家。二战以后,东南亚各国和中国先后独立,各自在维护主权独立和经济、文化发展过程中取得重大成就。20 世纪 70 年代以来举世瞩目的"东亚经济奇迹",其核心内容之一就是东南亚和中国的崛起。

　　近代以来,中国和东南亚共同的命运、山水相连的近邻、全球化推动下的区域资源最佳配置和基于相近的价值观,使中国和东南亚之间的密切合作已是水到渠成。1991 年,中国与东盟建立了对话伙伴关系。2002 年,中国国务院总理朱镕基和东盟十国领导人签署了《中国—东盟全面经济合作框架协议》,启动了中国与东盟建立自由贸易区的进程。2003 年,中国第一个加入《东南亚友好合作条约》,第一个明确支持《东南亚无核武器区条约》并与东盟确立了"面向和平与繁荣的战略伙伴关系"。由对话关系上升到战略伙伴关系,是中国—东盟关系的升华,由此开启此后的"黄金十年"睦邻合作。十年来,中国与东盟关系进入全面合作与发展的新阶段,全方位、多层次和宽领域的经济合作不断深化。在2002 年至 2012 年,中国与东盟的进出口贸易额从 547.67 亿美元增至4000.93 亿美元,增长 6.3 倍。双方互为最重要的贸易伙伴之一。在国际经济不景气的大背景下,中国—东盟贸易额创历史新高,突破 4000 亿美元,同比增长 10.2%,高于同期中国对外贸易平均增幅(6.2%)。中国连续四年是东盟的第一大贸易伙伴,东盟继续为中国的第三大贸易伙伴。中国与东盟相互投资规模也日益扩大,尤其是近年来中国对东盟的投资更是飞速增长。至 2012 年底,双方相互投资总额累计达 1007 亿美元。中国在东盟还建立了多个境外经贸合作区,如泰中罗勇工业园、柬埔寨西哈努克港经济特区、越南龙江工业园、越南中国(海防—深圳)经贸合作区。东盟国家一直是中国重要的海外承包工程市场和劳务市场。至 2012 年底,中国在东盟工程承包签署合同额达 1478.7 亿美元,完成营业额 970.7 亿美元。比经济合作更为重要的是人员交流。2012 年,双方人员往来超过 1500 万人次,其中,中国赴东盟游客 732 万人次,较十年前增长 2.6 倍,是东盟第二大游客来源地。而东盟各国则成为中国公民的最主要旅游地。中国在东盟的留学生超过 10 万人,东盟在中国的留学生也超过 5 万人。此外,中国与东盟在政治、安全、海洋、环保等方面的合作日益深化。2002 年 11 月,中国同东盟国家签署了《南海各方行为宣言》,显示了双方共同致力于加强睦邻互信伙伴关系,维护南海地区和平与稳定的决心。2011 年 7 月,中国与东盟国家就落实《南海各方行为宣言》后续行动指针达成一致。2013 年 9 月,双方在苏州开始《南海行为准则》的谈判。

2013 年 9 月,中国总理李克强在第十届中国—东盟博览会上致辞,将中国—东盟过去十年的合作成就形容为"黄金十年",并表示双方有能力创造新的"钻石十年"。2014 年以来,习近平主席、李克强总理相继访问东南亚国家,提出与东盟加强海上合作,共同建设 21 世纪"海上丝绸之路",这对夯实与加强中国与东盟国家的利益基础与纽带,开启中国东盟合作"钻石十年"具有极其重要且深远的意义。

诚然,中国与东盟关系中,还存在一些矛盾和问题,尤其是南海争端。我的看法是南海争端被过多关注和夸大。首先,南海争端是殖民时期的遗留问题,并非东南亚国家独立以后出现的新争端。中国与相关国家完全有能力在双边会商的基础上解决争端。其次,南海争端是中国与其南海邻国长期存在的问题,海域划分和相关岛屿归属也是国际社会普遍存在的问题。因此,中国与相关南海主权声索国可本着"搁置争议、共同开发"的原则,不必急于一时解决。再次,由于当事国各方的节制,南海争端并不比以前更激烈。1988年以来,没有发生过军事冲突,各方都期待以和平方式处理争端,"南海行为准则"的协商也在中国与东盟之间进行。因此,我们有理由期待,中国与东盟的合作伙伴关系将排除各种干扰而加速推进。我要强调的是,广西将在中国与东盟关系的发展中发挥特殊的作用。

广西是中国唯一与东南亚山水相连、血脉相通的省份,是华南经济圈、西南经济圈和东盟经济圈的结合部,在中国实施中国—东盟自由贸易区战略中,具有重要战略地位和作用,这也是从2004年起每年的中国—东盟博览会落户南宁及广西作为中国—东盟经贸合作区唯一落户省份的原因,由此也使广西成为中国和东盟合作与发展的主要平台之一。但如何真正成为中国—东盟合作的带头羊、引领中国的东南亚战略,是广西面临的重大机遇和挑战。

中国领导人最近提出,中国期待与东盟合作建设"海上丝绸之路"。在21世纪中国海上丝绸之路新战略中,广西责无旁贷。中国传统海上丝路的起源地,就在北部湾东北部的现广西合浦县。合浦离南宁176公里,距北海市28公里。这是《汉书·地理志》的记载,也是中国最早的中国商人携带丝绸经海路前往印度洋的记载。海上丝绸之路自此开张。现在海上丝绸之路要推动的中国—东盟互联互通,广西是唯一与东盟山海相连的省份,海通陆也通,广西理应在21世纪海上丝绸之路建设中发挥更大的作用。

中国—东盟合作的重大发展战略,其论证和实施需要顶层设计,而深度解读东盟是前提。有幸的是广西政府能高瞻远瞩,在广西民族大学设立东盟学院,并将广西第一批八桂学者中,唯一的文科八桂岗位"中国与东南亚关系研究"落户于东盟学院,委以深度研究东盟和培养高端东盟事务人才之重任。

近两年来,东盟学院几近从空白开始,在学科建设、资料建设、咨询服务、国内外交流平台、科研队伍建设方面已经有初步成效。到现在拥有三个学科和数十个硕士生规模,有国内独树一帜的信息员队伍,取得包括省部级以上项目、论文和咨询报告的科研成果,获得新华社、国务院侨办、中国—东盟中心的好评,有几份报告送呈政治局书记处,并得到采纳证明。

东盟学院八桂学者团队深度研究东南亚的部分学术成果,以《中国与东南亚研究丛书》出版,本书即是该项目的成果之一。这些研究成果基于作者数年乃至十数年的研究积累,可谓发前人之未发。虽然各书作者学力所限,难免有各种疏漏,本人作为主编,当负全责,但本人仍期待读者,关注各书体现的创新性,包括分析的创新和资料的刷新。

八桂学者　庄国土

广西民族大学东盟学院

2014 年 12 月 31 日

自　序

　　此书成文于中菲关系低谷之时。菲方不顾中方反对，单方面将南海问题提交国际仲裁，致使中菲关系陷入复杂困境。笔者曾与菲学者就仲裁一事交换意见。彼以为菲人天性爱争论，喜辩讼，仲裁公开合理且不伤体面，乃是文明解决之道；我则称国人讲究身份，照顾斯文，"私怨不入公门"，即为亲友之事，怎能诉于仲裁。闲谈不足以论国事，但中菲间的文化差异由此可见。

　　菲律宾与我国一水之隔，岛屿七千，人口过亿，是一个物产丰富的美国岛国，亦是亚洲唯一的天主教国家。在那里生活着 200 多万与我同文同宗的华人同胞，还有 1000 多万华菲混血儿。中菲既是近邻，亦为远亲。在漫长的历史风雨中，海上丝绸之路把两国人民紧密地联结在一起，纵存百般差异，经千遭波折，中菲关系始终向前，切斩不断。其中，一批批珍惜中菲友谊的政治家、外交家、学者、企业家以至社会各界人士在不同领域，为增进中菲交流、理解与合作默默贡献心力，他们的努力和成就令人敬佩。

　　展望未来，中菲之间虽暂有龃龉，但在合作发展、开放包容的应有之义下，共同建设利益和命运共同体，共同创造美好的幸福未来才是中菲关系的必由之路。2015 年，适逢中菲建交 40 周年，衷心希望中菲关系摈弃嫌隙，掀起新章，在"一带一路"伟大战略构想下携手共进。

　　菲律宾是发展中国家非政府组织大国，各类非政府组织已经汇聚成一股举足轻重的经济、政治力量。若此书对菲律宾非政府组织的粗浅研究，能增进读者对菲律宾的些许了解，也可作笔者为增进中菲交流所尽的绵薄之力。

王晓东

2015 年 2 月 1 日

目　录

Contents

表目录

图目录

第一章

绪　　论

一、研究缘起与意义

　　非政府组织作为一种基本社会组织形态,有着漫长的发展历史,但直到二战之后,才逐步发展成为政府与市场之外最主要的制衡力量,即"第三部门"。它直接参与一国或多国公共服务的提供,在地区治理乃至全球治理中发挥重要作用。20世纪70年代起,非政府组织在全球范围内,特别是在发展中国家内高速发展,类型和功能也趋向多元化,对世界各国的政治、经济、社会发展产生日益深远的影响,被联合国列为五大正在改变世界面貌的基本力量之一。各界对非政府组织的关注和研究也随之加深,产生了众多研究成果。但非政府组织仍然是一个较为崭新且不断发展的研究领域,相关理论也正在完善之中,许多问题有待深入探索。

　　非政府组织的历史可以追溯到17世纪,但直到二战以后,非政府组织才真正发展成为一种具有普遍性的政治、经济、社会现象,并在社会建设和社会变革中扮演了日益重要的角色,数量、规模和活动范围也随之出现飞跃。20世纪70年代后,全球经济一体化进程不断加快,带来了越来越多的全球性问题,如能源、环境、贫穷、灾害、疾病等问题,为非政府组织的进一步发展壮大提供了新的舞台。非政府组织在人权、环保、和平领域取得了令人惊叹的成就,社会地位也发生了巨大的改变。政府、企业和非政府组织之间的三角关系也随之重塑。萨拉蒙(Lester M. Salamon)将该阶段非政府组织高速发展的原因归纳为"四大危机"、"二大革命",①即国家福利危机、发展危机、环境危机、社会主义危机和通信革命、中产阶级革命。而非政府组织的灵活性使其可以避免政府和市场的天然缺陷,提供新的社会资源配置体制以应对上述危机。一些相关数据显示出近年来非政府组织不断扩大的规模和增强的实力,如近年来全世界参与非政府组织活动的总人数已达20多亿,占世界总人口的近40%;"非政府组织"一词在主流媒体出版物上的使用频度增加了17倍;非政府组织凭借雄厚的经济实力,成为美、日、德、法、英、意、中之外的"第八大经济体"。②

在新一轮发展中,发展中国家非政府组织的增长最为明显,虽然与发达国家非政府组织还有很大差距,但这一差距正在不断缩小。非政府组织间的国际交流和互助的强化对这一趋势起到直接促进作用。可以预期,随着全球化、信息化、民主化的进一步发展,未来非政府组织将继续在不同的领域参与地区、国家乃至全球治理,并不断扩大数量和规模,增强活动能力。

从全球范围来看,非政府组织的高速发展属于普遍现象,在不同的地区、不同的经济、文化与政治背景下,其发展规律与活动特点又有很大差别。在东南亚地区,由于整体经济发展落后于西方,非政府组织的整体发展水平也较为低下。但随着各国政治多元化的推进、公民社会的进步以及西方国家管理模式的引入,非政府组织已经成为东南亚地区公民社会的先锋和政治发展的重要倡导者。由于地缘政治、经济水平、宗教信仰、政治体制和殖民经历的不同,东南亚各国非政府组织的发展极不平衡,对本国社会、经济和政治的参与程度也有较大差别。菲律宾非政府组织与东南亚地区其他国家的非政府组织就呈现出较大的发展差异。

一般来说,发展中国家非政府组织的发展相对落后,但一个国家非政府组织的发展状况是社会基本结构、文化背景、制度环境、资源状况等各种因素综合作用的结果。因此在经济相对落后的国家,非政府组织的发展条件也可能比较充分,甚至可能成为非政府组织大国,菲律宾就是一个例子。有

---

① Lester M. Salamon, *Partners in Public Services: Government-Nonprofit Relations in the Modern Welfare State*, Baltimore: The Johns Hopkins University Press, 1995, pp. 255~261.

② 中国现代国际关系研究院课题组:《外国非政府组织概况》,北京:时事出版社,2010年,第24页。

学者研究发现菲律宾非政府组织的数量仅次于巴西和印度,列发展中国家的第三位。[①] 据笔者统计,2008 年菲律宾非政府组织的总数为 22.1 万～36.5 万个;[②]2002 年巴西非政府组织数量为 27.6 万～28.7 万个,2008 年预计达到 40 万个;[③]2009 年印度有 150 万～200 万个非政府组织,其中将近一半未登记。[④] 但就非政府组织的人均数量而言,菲律宾已经超过巴西和印度,除数量外,菲律宾非政府组织还拥有较强的经济影响力与政治影响力。2008 年菲律宾非政府组织的资产约为 1.58 万亿比索(合 343 亿美元),收入约为 5950 亿(约合 129 亿美元),占菲律宾当年国内生产总值的 8.03%,是一个重要的经济部门与就业部门。[⑤] 菲律宾非政府组织还是一股系统性的政治参与力量,拥有较强的政治影响力,在 1986 年与 2001 年的两次人民力量运动(EDSA)[⑥]中都做出了重要贡献。因此无论从数量、作用、影响,还是创新发展上来看,菲律宾非政府组织的发展都领先于其他发展中国家。

鉴于菲律宾非政府组织在东南亚地区及发展中国家的领先地位,从国别研究上来看,这是一个极具代表性的研究领域。笔者认为研究菲律宾非政府组织的意义可以从以下几个方面来考查。

首先,目前关于菲律宾非政府组织的相关研究偏重于历史学研究和公共管理学研究。不同机构、学者的研究范围相差甚远,整体研究成果相对较少。单就非政府组织数量而言,统计结论竟然从 6 万～60 万不等。中国尚没有关于菲律宾非政府组织的研究专著,只有少数论文,缺乏深层次的研究成果。本书从历史、政治、经济等多个研究视角对菲律宾非政府组织进行整体研究,重点分析其近年来在发展过程中出现的企业化和倡导失灵现象,为

---

①　赵黎青:《非政府组织与可持续发展》,北京:经济科学出版社,1998 年,第 52 页。

②　详见本书第二章第四节。

③　2002 年,巴西非营利性私人基金会和协会合作研究报告统计巴西非政府组织为 27.6 万个,巴西地理统计局统计巴西非政府组织为 28.7 万个。吕武、周志伟:《巴西非政府组织:发展现状、运行环境与社会角色》,载黄晓勇:《中国民间组织报告(2010—2011)》,北京:社会科学文献出版社,2011 年,第 259 页。

④　张放:《印度的志愿部门:概念、发展及案例》,载黄晓勇:《中国民间组织报告(2010—2011)》,北京:社会科学文献出版社,2011 年,第 285 页。

⑤　详见第四章第一节。

⑥　人民力量运动发生于马尼拉市的埃德萨大街(Epifanio de los Santos Avenue),所以也称为埃德萨运动。

全面认识菲律宾政治及公民社会情况,深入了解菲律宾的政治运作和发展趋势提供参考。由于菲律宾是一个人口 9234 万,[①]紧临中国东南沿海,与中国有重大利益关联的国家,深入研究并准确掌握菲律宾非政府组织的运行状况,具有一定的现实意义。

其次,菲律宾非政府组织的发展经验对中国及其他发展中国家提供了有益借鉴。一是菲律宾非政府组织的政治参与程度在发展中国家里最为突出。它们活跃在立法、行政、司法各个层面上,协助、监督、引导政府在各个领域的工作,对菲律宾政治生态的改变起到了重要的作用。中国学者王名认为菲律宾非政府组织从阿基诺时代以来,作为独立的政策主体,积极地介入公共政策过程,参与国家计划的制定和实施。[②] 二是菲律宾非政府组织已经成为一股非常重要的经济力量。在促进菲律宾经济发展和解决就业问题上做出巨大贡献,弥补了政府与市场在公共服务上的不足,特别在环保、卫生、教育、社会服务等领域具有举足轻重的地位。三是菲律宾非政府组织的管理制度具有鲜明特点,在同业自律互律方面有较为先进的经验。一定程度上减轻了政府压力,提高行政管理效率,减少了不必要的行政干预。中国非政府组织近年来发展势头迅猛,初步形成了门类齐全、层次有别、覆盖广泛的组织体系。至 2008 年年底,中国非政府组织的数量已达 41.36 万个,其中社会团体 23 万个,民办非企业 18.2 万个,基金会 1597 个,较 2001年增长了一倍。[③] 随着中国市场经济的深化、政府职能的完善,非政府组织已经成为灾害救援中的一支重要力量,协助政府应对各种社会问题,帮助公民有序参与政治与社会发展进程。但中国非政府组织也存在很多问题和不足,主要表现在公信力危机、专业能力不足和自身治理不规范三个方面;政府对非政府组织的双重管理制度、财务审计制度、监管制度也存在许多缺陷。如何管理非政府组织,引导其克服自身不足发挥正面作用,是政府必须解决的实际问题。因此从法律框架、政治参与、经济运作、行业自律等方面对菲律宾非政府组织进行细化研究,可以给中国非政府组织的发展和管理

① National Statistics and Coordination Board, *Population of the Philippines Census Years 1799 to 2010*, http://www.nscb.gov.ph/secstat/d_popn.asp, 2012−4−23.

② 王名:《社会组织概论》,北京:中国社会出版社,2010 年,第 64 页。

③ 黄晓勇:《中国民间组织报告(2009—2010)》,北京:社会科学文献出版社,2009年,第 3 页。

提供有益的经验借鉴。

最后,企业化与倡导失灵是非政府组织适应资源环境①变化而体现出来的普遍现象,在菲律宾非政府组织上表现得尤为突出,因此成为极好的研究个案。1990年后,菲律宾非政府组织的资源环境发生不利变化,迫使其调整工作重心和收支结构,追求更高的经营效率,并削弱在政治倡导上的关注与投入,导致企业化与倡导失灵。同时企业化和倡导失灵客观上也加速了菲律宾非政府组织内部的优胜劣汰,从而促进资源环境的优化,因此从长远上看,企业化和倡导失灵对菲律宾非政府组织的发展是有益的。中国非政府组织也存在着社会资源不足的缺陷,并一直为学术界所关注,包括社会基础薄弱,资金缺乏,民间捐赠非常有限,依附性较强,相当一部分非政府组织依赖政府提供资金、活动场所、办公设施、人员工资等。② 笔者认为企业化和倡导失灵在中国不但存在,而且已经造成了一定的影响,因此研究菲律宾非政府组织的企业化和倡导失灵,能够为中国非政府组织健康和谐发展,以及中国政府对非政府组织的有序引导提供有益的借鉴。

二、国内外研究状况

菲律宾非政府组织相关研究主要集中在菲律宾。1986年前研究成果较少,但1986年后菲律宾非政府组织的大发展带动了菲律宾研究机构和学者的热情,随之产生了一批研究成果。总体上看,菲律宾非政府组织的相关研究落后于其发展进程,且偏重社会经济研究,多为描述性和经验性研究成果,而不是分析性研究成果。在研究过程中相关学者多采用西方国家的研究理论和方法,受到以福特基金会为首的一批西方基金会的影响,对菲律宾非政府组织的独特的历史、地域空间把握不够,较少以发展中国家或第三世界国家的角度,客观地分析菲律宾非政府组织的发展规律和特点。

---

① 资源环境即为非政府组织提供各种资源的外部环境,是从资源因素角度对非政府组织所处环境的考察。非政府组织的资源主要有人力资源、经济资源、政策资源、技术资源等,详见 Richard H. Hall, *Organizations: Structure, Process and Outcomes*, New York: Jersey Prectice Hall, 1991, p.278.

② 叶常林、许克祥、虞维华:《非政府组织前沿问题研究》,合肥:中国科学技术大学出版社,2009年,第140页。

（一）关于菲律宾非政府组织的研究

菲律宾国内最重要的非政府组织研究机构当属菲律宾大学公共行政管理学院。该学院的卡里诺（Ledivina V. Carino）、费尔南（Roman Lopez Fernan III）、莱尔玛（Carol C. Lerma）、巴诺斯（Jessica Los Banos）、莱斯利斯（Rachel Racelis）等都是菲律宾非政府组织研究领域的知名学者。1998—2002 年，该学院进行了菲律宾非营利部门研究项目（Philippine Nonprofit Study Project），在约翰霍普金斯大学非营利部门比较项目（Johns Hopkins University Comparative Nonprofit Sector Project）、菲律宾大学志愿部门计划（Ugnayan ng Pahinungod）、福特基金会（Ford Fundation）等机构的支持下，对菲律宾非政府组织的基本情况进行了一次较为深入的田野调查。通过调查，菲律宾学者们掌握了大量一手数据，发表了一批有影响的专著和论文。此外，一些菲律宾国内大型非政府组织网络，如非政府组织发展公约网络（CODE-NGO）、基金联合会（AF）、亚洲开发银行（ADB）等国际援助机构也积极参与对菲律宾非政府组织的调查研究，其成果也是重要的研究数据来源。中国国内对菲律宾非政府组织的研究相对较少，主要以论文形式出现，尚没有单独的专著。

1. 关于菲律宾非政府组织发展状况的研究

《在国家与市场之间：菲律宾非营利部门及公民社会》[①]是菲律宾非营利部门研究项目的提交报告。该书在众多第一手田野调查报告基础上撰写而成，对菲律宾非政府组织的类别、种类进行了较为系统的分类和定义，对菲律宾非政府组织的历史沿革、内部运作、法律框架、社会贡献进行分析总结，较为清楚地描述了菲律宾非政府组织整体发展情况，并认为其发展动力来自政府、宗教机构、市场和公民社会。这四类机构共同塑造了菲律宾非政府组织独特的发展特点。康斯坦丁诺—戴维（Karina Constantino-David）

---

① Ledivina V. Carino, *Between the State and the Market：The Nonprofit Sector and Civil Society in the Philippines*，Quezon City：Center for Leadership，Citizenship and Democracy，National College of the Public Administration and Governance，University of the Philippines，2002.

在《从现在往回看：菲律宾非政府组织的历史》①中，回顾了菲律宾非政府组织的发展历史，认为正是菲律宾政府固有的不足和缺陷，刺激了公民社会中各种非政府组织的出现。而在长期基层服务的过程中，菲律宾非政府组织又促进了公民社会的变革，推动社会发展。阿圭灵—戴利塞（Grace H. Aguiling-Dalisay）等人的《拓展自己——互动的志愿行为》②从志愿精神的角度探寻菲律宾非政府组织的发展渊源。作者认为菲律宾民众的社会凝聚力、社群认同感以及集体精神对菲律宾公民社会和非政府组织的发展产生了重要影响，造成菲律宾非政府组织表达型成分较大，且志愿者参与人数众多。施雪琴发表于《南洋问题研究》的《菲律宾的非政府组织发展及其原因》③是一篇很有价值的论文。作者详细介绍了菲律宾非政府组织的发展历史，并将其划分为三个发展阶段，即从慈善取向的市民社会组织到发展取向的非政府组织，再到获得授权型的非政府组织。其发展的因素有历史传统的沉淀、国内外意识形态领域斗争的需要以及战后菲律宾政府、外国政府和国际组织的发展援助等。

2007—2008 年，非政府组织发展公约网络（CODE-NGO）与英格兰威尔士慈善委员会（Charity Commission for England and Wales）对菲律宾非政府组织的发展情况进行了一次田野调查，并使用英格兰威尔士慈善委员会的"非营利部门评估工具"，搜集关于菲律宾非政府组织的一手资料，研究菲律宾政府对非政府组织的管理方式及其风险。这两个机构还于 2008 年发表《非营利部门评估：菲律宾报告》④，于 2009 年发表《菲律宾非政府组织

---

　① 　Karina Constantino-David, From the Present Looking Back: A History of Philippine NGOs, in G. S. Silliman, Lela Garner Noble, *Organizing for Democracy: NGOs, Civil Society and the Philippine State*, Quezon City: Ateneo de Manila University Press, 1998.

　② 　Grace H. Aguiling-Dalisay, Jay A. Yacat, Atoy M. Navarro, *Extending the Self: Volunteering as Pakikipagkapwa*, Quezon City: Center for Leadership, Citizenship and Democracy, National College of the Public Administration and Governance, University of the Philippines, 2004.

　③ 　施雪琴：《菲律宾的非政府组织发展及其原因》，《南洋问题研究》2002 年第 1 期。

　④ 　Caucus of Development NGO Network, *NPO Sector Assessment: Philippine Report*, Report Prepared for the NPO Sector Review Project, Charity Commission for England and Wales, 2008.

环境评估报告》①,对菲律宾非政府组织现有法律框架与存在问题进行评估。费尔南在《超越家庭——菲律宾六个地区的捐献和志愿活动》②一书中,通过对马尼拉等六个地区志愿者活动情况的调查,分析菲律宾宗教、历史、文化、社会等不同因素在不同地区对志愿者活动所造成的影响和对非政府组织发展的重要性。卡里诺与加福德(Dolores D. Gaffud)主编的《他们的贡献:非营利组织影响个案分析》③是由菲律宾大学公共行政管理学院多位学者,对阿波伊提兹基金会(Ramon Aboitiz Foundation)、菲律宾教育剧院协会(Philippine Educational Theater Association)等九个菲律宾非政府组织进行个案调查研究后的汇总报告,是菲律宾非营利部门研究项目的后续研究。该报告通过个案分析,揭示菲律宾非政府组织产生与发展的一般规律,以其如何通过自身运作来对国家和社会做出贡献。报告认为菲律宾非政府组织不同程度地具有政治倡导能力,但在基层动员上还有所不足。

此外,卡里诺的《定义非营利部门:菲律宾》④、费尔南的《为第三部门寻找身份》⑤、阿贝拉(Carmencita T. Abella)的《非政府组织——菲律宾社会

---

① Caucus of Development NGO Network, *Assessing the Philippine NGO Environment*: *Regulation*, *Risks and Renewal*, Summary for the Philippine Nonprofit Organization Sector Report, Quezon City, 2009.

② Roman L. Ferman Ⅲ, *Beyond the Household*: *Giving and Volunteering in Six Areas in the Philippines*, Quezon City: Center for Leadership, Citizenship and Democracy, National College of the Public Administration and Governance, University of the Philippines, 2004.

③ Ledivina V. Carino, Dolores D. Gaffud, *What They Contribute*: *Case Studies on the Impact of Nonprofit Organizations*, Quezon City: Center for Leadership, Citizenship and Democracy, National College of the Public Administration and Governance, University of the Philippines, 2007.

④ Ledivina V. Carino, *Defining the Nonprofit Sector*: *The Philippines*, Maryland: Center for Civil Society Studies, The Johns Hopkins University, 2001.

⑤ Roman L. Ferman III, *Finding an Identity for the Third Sector*, Paper Presented at the Inaugural Asian Third Sector Research Conference, Bangkok, Thailand, November 20—22, 1999.

主要成分》①、费雷尔（Miriam Coronel Ferrer）的《公民社会塑造公民社会》②、海德曼（Eva-Lotta E. Hedman）的《以公民社会的名义》③、林姆（Myrna B. Lim）的《非政府组织在棉兰老岛穆斯林女性中拓展文化参与：菲律宾经验》④等论著也从不同角度描述了菲律宾非政府组织的发展状况。

　　中国涉及菲律宾非政府组织发展状况的相关论著如下：中国现代国际关系研究院课题组编著的《外国非政府组织概况》⑤对菲律宾非政府组织的发展历程、主要特点、发展原因进行了简单介绍，认为菲律宾非政府组织在东南亚地区各国中首屈一指，深入参与对菲律宾的各种治理，起到了民主先锋和促进社会可持续发展的作用。施雪琴的《亚太妇女跨国迁移及其性产业与公共治理——菲律宾 NGO 的社会行动探析》⑥，以菲律宾妇女海外性工作者与菲律宾非政府组织社会行动为例，探讨发展中国家妇女移民在跨国迁移中的角色、地位及相关的社会危机，以及公民社会参与性产业治理的行动与策略；《全球化、妇女迁移与亚洲公民社会——移民女工权利保护与菲律宾 NGO 的角色》⑦，探讨了菲律宾女性移民特点以及菲律宾非政府组织在移民女工权利保护方面的角色与影响。这两篇文章对研究菲律宾妇女、移民领域的非政府组织提供了重要参考。许利平的《东南亚伊斯兰非政府组织的产生、发展及其作用》⑧对菲律宾伊斯兰非政府组织的基本情况和

---

　　① Carmencita T. Abella, Ma. Amor L. Dimalanta, *NGOs as Major Actors in Philippine Society*, Paper Contribute to the Action-research and Dialogue Project of the Asia-Pacific Philanthropy Consortium on "Improving Internal Governance of Nonprofit Organizations in Asia", 2003.

　　② Miriam Coronel Ferrer, *Civil Society Making Civil Society*, Quezon City: Third World Studies Center University of the Philippines, 1997.

　　③ Eva-Lotta E. Hedman, *In the Name of Civil Society*, Quezon City: Ateneo de University Press, 2006.

　　④ Myrna B. Lim, *Expanding NGO Involvement in Literacy for Women in Muslim Mindanao: The Philippine's Experience*, 2009.

　　⑤ 中国现代国际关系研究院课题组：《外国非政府组织概况》，北京：时事出版社，2010 年。

　　⑥ 施雪琴：《亚太妇女跨国迁移及其性产业与公共治理——菲律宾 NGO 的社会行动探析》，《南洋问题研究》2010 年第 1 期。

　　⑦ 施雪琴：《全球化、妇女迁移与亚洲公民社会——移民女工权利保护与菲律宾 NGO 的角色》，《东南亚研究》2009 年第 6 期。

　　⑧ 许利平：《东南亚伊斯兰非政府组织的产生、发展及其作用》，《当代亚太》2008 年第 5 期，第 131~148 页。

贡献进行了简单介绍，认为其有利于保障菲律宾伊斯兰群体的合法权益，实现与政府的纵向沟通和协调。

2. 关于菲律宾非政府组织经济情况的研究

在从经济视角对菲律宾非政府组织的研究中，最重要的论著是上文提过的《在国家与市场之间：菲律宾非营利部门及公民社会》。该书综合1997年菲律宾非政府组织的各种调查数据及抽样分析，推估出1997年菲律宾非政府组织的数量在24.9万～49.7万之间，总支出约为13.5亿美元，占菲律宾当年国内生产总值的1.5%，政府支出的6.5%。这些数据得到了菲律宾国内外各界的认可，成为菲律宾非政府组织经济研究的重要依据，引用率较高。

卡里诺、费尔南、莱斯利斯等学者同时也是约翰霍普金斯大学非营利部门比较项目菲律宾课题组的主要成员。他们与萨拉蒙（Lester M. Salamon）、索可洛斯基（S. Wojciech Sokolowski）在《全球公民社会——非营利部门国际指数》①一书的第九章中将菲律宾列为"发展中和转型国家"。这一章通过比较和概括菲律宾非政府组织与其他国家非政府组织的异同，进行实证性回顾，提出菲律宾非政府组织已经成为一股新兴的经济力量和重要的社会力量，其重大意义已经超越了经济价值；还指出收益与收费是菲律宾非政府组织收入的主要来源，但志愿者投入仍是十分重要的支持来源。

亚洲开发银行于1999年发表的《非政府组织研究：菲律宾》②和2007年发表的《非政府组织及公民社会概况：菲律宾》③，从国际援助机构的角度观察菲律宾非政府组织的发展状况，分析其与国际援助机构的合作情况，并对合作前景进行评估。

其他有关菲律宾非政府组织经济研究的论著还有费尔南的《菲律宾人的捐助与志愿》④、罗帕（Consuelo Katrina A. Lopa）的《菲律宾非政府组织

---

① ［美］莱斯特·萨拉蒙、沃加斯·索可洛斯基：《全球公民社会——非营利部门国际指数》，陈一梅等译，北京：北京大学出版社，2007年。

② Asian Development Bank，*A Study of NGOs：Philippines*，1999.

③ Asian Development Bank，*Overview of NGOs and Civil Society：Philippines*，2007.

④ Roman L. Ferman III，*Giving and Volunteering Among Filipinos*，Paper Presented at the Fifth International Conference of the International Society for Third Sector Research，Cape Town，South Africa，July 7—10，2001.

在发展援助管理上的崛起》①等,二者从不同角度介绍菲律宾非政府组织经济情况,具有一定参考价值。

3.关于菲律宾非政府组织政治情况的研究

在关于菲律宾非政府组织政治参与、政治影响力的论著中,威尔士大学杰勒德·克拉克(Gerard Clarke)所著的《东南亚非政府组织的政治:在菲律宾的参与和抗议》②一书值得关注。该书从政治视角回顾了菲律宾非政府组织在 1946 年后的发展状况,研究各个历史时期菲律宾政府对非政府组织采取的政策,以及菲律宾非政府组织与其他政治因素相互作用的情况。作者重点分析了 20 世纪 80 年代中期到 90 年代中期菲律宾非政府组织政治影响力急骤上升的原因,并引用政治学理论对菲律宾非政府组织的发展特点进行阐释,对政治角色及政治影响力进行分析,提出菲律宾非政府组织在打造公民社会、促进民主政治发展口扮演了关键角色,并具有重大的创新价值。该书还对当时扫　　响力的两大非政府组织——菲律宾农村重建运动(PRRM)　　　援工作小组(TFDP)进行了个案研究。

日本学者重富真一的《亚洲日　　　:15 国比较研究》③和《从亚洲的视角看政府和非政府组织》④　府与非政府组织的关系列为考察重点,观察菲律宾等亚洲国家的非政府组织在国家、市场、社会这三者让渡出的有限政治空间与经济空间中,如何通过发挥能动性,进行多重较量来实现自身发展。

卡里诺在《积极的公民权动员》⑤一书中分析了非政府组织网络——菲律宾纳加市人民协会(NCPC)在促进社会安全与可持续发展上的工作情

———————————

① Consuelo Katrina A. Lopa, *The Rise of Philippine NGOs in Managing Development Assistance*, New York: The Synergos Institute, 2003.

② Gerard Clarke, *The Politics of NGOs in Southeast Asia: Participation and Protest in the Philippines*, London and New York: Routledge, 1998.

③ [日]重富真一:《亚洲的国家与 NGO:15 国比较研究》,东京:明石出版社,2001年。

④ Shinichi Shigetomi, *The State and NGOs: Perspective from Asia*, Singapore: Institute of Southeast Asian Studies, 2002.

⑤ Ledivina V. Carino, *Mobilizing for Active Citizenship*, Quezon City: Center for Leadership, Citizenship and Democracy, National College of the Public Administration and Governance, University of the Philippines, 2005.

况，反映东南亚各国公民政治参与的异同点和发展趋势。阿尔达巴
（Fernando T. Aldaba）的《菲律宾非政府组织及多角色参与：三个个案研
究》^①主要通过圣约瑟黄玉米计划、菲律宾全国艾滋病会议（PNAC）、菲律宾
土地改革与农村发展三方合作伙伴这三个个案，来讨论菲律宾非政府组织
如何通过建立与维系多领域多部门合作体系，在应对重大社会问题上发挥
关键作用。作者还认为菲律宾非政府组织的自治性、灵活性与资源运作能
力使其成为多部门合作体系中的中介和桥梁。卢卡斯（Francis Lucas）在
《公众参与对马尼拉政府环保政策的影响》^②中以因凡塔市环保组织——社
会发展援助社团及东米萨米斯省环保组织——选择性农村发展中心两个非
政府组织为个案，介绍菲律宾非政府组织如何通过对政府的政治倡导，促进
环境可持续发展。

其他研究菲律宾非政府组织政治情况的相关论著还有卡里诺的《超越
十字路口：菲律宾非营利部门的政策问题》^③和《为了公益的私人行
为？——志愿部门组织的公共角色》^④、卡里诺、莱斯利斯、费尔南的《菲律
宾的人民力量与非营利部门》^⑤、多明戈（Ma. Oliva Z. Domingo）的《良好
治理与公民社会——公民社会委员会的角色》^⑥、里德（Ben Reid）的《菲律

---

① Fernando T. Aldaba, Philippine NGOs and Multistakeholder Partnerships: Three Case Studies, *International Journal of Voluntary and Nonprofit Organizations*, Vol. 13, Issue 2, 2002, pp. 179～192.

② 弗兰西斯·卢卡斯：《公众参与对马尼拉政府环保政策的影响》，《绿叶》2004 年第 1 期。

③ Ledivina V. Carino, Beyond the Crossroad: Policy for the Philippine Nonprofit Sector, *International Journal of Voluntary and Nonprofit Organizations*, Vol. 10, No. 1, 1999, pp. 83～91.

④ Ledivina V. Carino, Private Action for Public Good?: The Public Role of Voluntary Sector Organizations, *Public Organization Review*, Vol. 1, No. 1, 2001, pp. 55～74..

⑤ Ledivina V. Carino, Rachel Racelis, Roman L. Ferman III, *People Power and the Nonprofit Sector in the Philippines*, Paper Presented at the Fifth International Conference of the International Society for Third Sector Research, Cape Town, South Africa, July 7—10, 2001.

⑥ Ma. Oliva Z. Domingo, *Good Governance and Civil Society: The Role of Philippine Civil Society Boards*, Quezon City: Center for Leadership, Citizenship and Democracy, National College of the Public Administration and Governance, University of the Philippines, 2005.

发展型非政府组织、半委托制度与政府：从交叉到双交叉》①、埃德纳（Edna Co）《敲起鼓——菲律宾政策改革中的倡导》②等。

在中国，李文、赵自勇、胡澎等的《东亚社会运动》③、喻常森的《非政府组织与东南亚国家政治发展》④、李文的《亚洲非政府组织发展的几个问题》⑤和《NGO与东南亚政治社会转型》⑥、赵自勇的《菲律宾非暴力群众运动的根源与后果》⑦等论文和专著均涉及菲律宾非政府组织的政治情况，也具有参考意义。

4.关于菲律宾华人社团的研究

关于菲律宾华人社团的研究成果较为丰富，这些成果为菲律宾非政府组织研究提供了充足的资料。宋平的《承继与嬗变——当代菲律宾华人社团比较研究》⑧通过比较菲律宾华人新旧社团，分析菲律宾华人社团本土化趋势，并认为这一趋势与菲律宾华人的国家认同、文化认同和种族认同有密切联系。曾少聪的《菲律宾华人社会组织的建构及其功能》⑨从组织建构原则和社会功能的角度对菲律宾华人社团进行分类并分别就其功能展开讨论。庄国土的《菲华晋江籍社团的变化及近30年与祖籍地的联系》⑩论述20世纪50年代以后菲律宾华人晋江籍社团的性质和职能变化，以及这种变化对菲律宾华人社会发展及其与祖籍地关系的影响，文章认为菲律宾华人祖籍地情结因社团本土化趋势而削弱，但其宗亲、同乡纽带因华人社团国

---

① Ben Reid, Development NGOs, Semiclientelism and the State in the Philippines: From "Crossover" to Double-Crossed, *Philippine Journal of Third World Studies*, Vol. 23, No. 1, 2008, pp. 4～42.

② Edna Co, *Beating the Drums: Advocacy for Policy Reform in the Philippines*, Manila: Advocacy Working Group, 1999.

③ 李文、赵自勇、胡澎：《东亚社会运动》，北京：社会科学出版社，2009年。

④ 喻常森：《非政府组织与东南亚国家政治发展》，《南洋问题研究》2003年第3期。

⑤ 李文：《亚洲非政府组织发展的几个问题》，《当代亚太》2000年第4期。

⑥ 李文：《NGO与东南亚政治社会转型》，《东南亚研究》2004年第4期。

⑦ 赵自勇：《菲律宾非暴力群众运动的根源与后果》，《当代亚太》2006年第8期。

⑧ 宋平：《承继与嬗变——当代菲律宾华人社团比较研究》，厦门：厦门大学出版社，1995年。

⑨ 曾少聪：《菲律宾华人社会组织的建构及其功能》，《世界民族》2001年第4期。

⑩ 庄国土：《菲华晋江籍社团的变化及近30年与祖籍地的联系》，载于庄国土、清水纯、潘宏立：《近30年来东亚华人社团的新变化》，厦门：厦门大学出版社，2010年。

际化趋势而加强。施振民的《菲律宾文化的持续——宗亲与同乡海外的演变》①从文化传承的角度探讨菲律宾华人宗亲与同乡组织形成的背景、发展特点以及所发挥的功能与面临的问题。张存武、王国璋的《菲华商联总会之兴衰与演变：1954—1998》②、朱东芹的《冲突与整合：菲华商联总会与战后菲华社会的发展》③对菲律宾华人社团的领导组织——菲华商联总会进行个案研究，探寻菲律宾华人非政府组织网络的发展特点及祖籍地政治环境对其的影响状况。

(二)关于非政府组织企业化与倡导失灵的研究

非政府组织企业化和倡导失灵的相关研究始于 20 世纪末，主要集中于西方国家，研究对象为欧美等福利国家的非政府组织。关于菲律宾非政府组织的企业化与倡导失灵，目前尚没有发现相关论著和论文。

1.关于非政府组织企业化的研究

非政府组织企业化是 20 世纪末在西方国家逐渐兴起的非政府组织研究新领域。其中最重要的论著有萨拉蒙的《福利的市场化：美国福利国家非营利组织与营利组织的角色转变》④，作者认为 20 世纪末，美国非政府组织不仅发生了结构性变化，而且根本性地市场化了。这主要体现在美国政府减少了对非政府组织整体的财政支持。美国非政府组织从收费与销售中所得收入占总收入的 55％，不仅大大超过了私人捐赠，更超过了政府支持，使美国非政府组织的工作重心从社会服务转向了医疗保健。作者还认为非政府组织企业化的趋势正在从美国逐渐向全球拓展。

在《全球公民社会：非营利部门视界》⑤一书中，萨拉蒙指出全球非政府组织企业化的趋势越发明显。非政府组织的资金主要来自于市场化的经营

---

① 施振民：《菲律宾文化的持续——宗亲与同乡海外的演变》，载《东南亚华人社会研究》(上册)，台北：中正书局，1985 年。

② 张存武、王国璋：《菲华商联总会之兴衰与演变：1954—1998 年》，台北："中研院"亚太中心，2002 年。

③ 朱东芹：《冲突与整合：菲华商联总会与战后菲华社会的发展》，厦门：厦门大学出版社，2005 年。

④ Lester M. Salamon, The Marketization of Welfare: Changing Nonprofit and For-Profit Roles in the American Welfare State, *Social Service Review*, Vol. 5, 1993.

⑤ [美]莱斯特·萨拉蒙：《全球公民社会——非营利部门视界》，贾西津、魏玉等译，北京：社会科学文献出版社，2007 年。

活动,传统收入减少,非传统收入上升,资金来源发生了结构性变化。非政府组织对来自商业、投资的收费和收入日益依赖,与此相对应的是非政府组织内部管理的企业化。并且,无论是在社会治理还是社会服务提供方面,志愿者在非政府组织中的作用都在下降。

弗斯顿伯格(Paul B. Firstonberg)的《非营利机构的生财之道》①重点研究了非政府组织内部管理的企业化现象,并认为其合理性在于:企业化有助于非政府组织实现财政平衡,从而更好地为公共利益服务;现代非政府组织必须是一个混合体,既是一个传统的慈善机构,又是一个成功的商业组织。韦尔(Alan Ware)在《利益与国家之间——英国与美国的中介组织》②中,分析非政府组织内部企业化的三个原因分别是慈善组织与市场的相互渗透、非政府组织在使用公共资金时的责任问题受到的更多关注、公共部门和非政府组织之间界限的日趋模糊。卡拉米尔(Ralph M. Kramer)在《第三个千年的第三部门?》③中,指出在政府机构推动公共服务私有化和民营化的同时,那些非政府组织居于优势地位的领域面临着商业化的侵袭,非政府组织的内部竞争及其与企业的外部竞争趋于白热化。而非政府组织数量扩张与商业化过程产生了一种新的社会趋势,即所谓"新混合社会经济"。其他有关非政府组织企业化的论著还有汉马克(Young D. Hamack)的《市场经济中的非营利组织》④和《非营利社会服务机构的商业化》⑤等。

在中国,邓国胜的《非营利组织评估》⑥、郑国安的《国外非营利组织的

---

① ［美］保尔·弗斯顿伯格:《非营利机构的生财之道》,北京:科学出版社,1991年。

② Alan Ware, *Between Profit and State*, *Intermediate Organizations in British and the United States*, Oxford: Political Press in Association with Basil Blackwell Ltd., 1989.

③ Ralph M. Kramer, A Third Sector in the Third Millennium? *International Journal of Voluntary and Nonprofit Organizations*, No. 1, 2000.

④ Young D. Hamack, *Nonprofit Organizations in a Market Economy*, San Francisco: Jossey-Bass, 1993.

⑤ Young D. Hamack, Commercialism in Nonprofit Social Service Associations: Its Character, Significance and Rationale, *Journal of Policy Analysis and Management*, No. 3, 2003.

⑥ 邓国胜:《非营利组织评估》,北京:社会科学文献出版社,2001年。

经营战略及相关财务管理》①认为非政府组织企业化的合理性在于:由于争夺资金日益激烈,非政府组织接受赞助、捐赠等合理收入的难度变得越来越大,所以从事商业活动是必不可少的。非政府组织既要把公益作为自己的总目标,也要把通过从事商业活动求得生存作为自己的目标。

关于非政府组织企业化所带来的负面影响的论著中,最具代表性的是萨拉蒙的《非营利组织的危机及其革新的挑战》②。文中指出在企业化的经营管理活动中,非政府组织主要面对三个危机和挑战,即财政危机、经济挑战和道德挑战。在《非营利组织处于十字路口:美国的案例》③中,萨拉蒙进一步将非政府组织企业化过程中面对的危机细化为财政危机、经济危机、有效性危机和合法性危机。

2. 关于非政府组织倡导失灵的研究

非政府组织倡导失灵属于非政府组织失灵的一种,其相关研究多包含在非政府组织失灵研究之中。非政府组织失灵是近年来学术讨论的重点,相关论著较多,其中最重要的当属萨拉蒙的志愿失灵理论。在《公共服务中的伙伴:现代福利国家中政府与非营利组织的关系》④一书中,萨拉蒙提出非政府组织的志愿失灵包括四个方面的内容,一是公益不足,二是公益的特殊性,三是家长式作风,四是业余性,用以说明非政府组织因组织特点和运营方式造成的功能缺陷,进而论证了政府支持非政府组织的必要性。汉斯曼(Henry Hansmann)在《非营利机构的角色》⑤中提出合约失灵理论,解释非政府组织与营利性组织之间的区别,从功能论的角度来研究三个部门的失灵现象,并认为非政府组织的特征是非分配约束。赫兹琳杰(Regina E.

---

① 郑国安:《国外非营利组织的经营战略及相关财务管理》,北京:机械工业出版社,2001年。

② Lester M. Salamon, The Crisis of the Nonprofit Sector and the Challenge of Renewal, *National Civic Review*, Vol. 85, No. 4, 1996.

③ Lester M. Salamon, The Nonprofit at a Crossroad: The Case of America, *International Journal of Voluntary and Nonprofit Organizations*, No. 1, 1999.

④ Lester M. Salamon, *Partners in Public Services: Government-Nonprofit Relations in the Modern Welfare State*, Baltimore: The Johns Hopkins University Press, 1995.

⑤ Henry Hansmann, The Role of Nonprofit Enterprise, *Yale Law Journal*, Vol. 89, 1980.

Herzlinger)的《非营利组织管理》①认为非营利组织运行中的问题可以分为四类：低成效的组织、低效率的组织、中饱私囊和风险过高。由于非政府组织缺少企业所具有责任机制和评价机制，这些问题会变得非常严重。只有加强非政府组织业绩信息的透明度，分析、发布非政府组织的业绩，并制定惩罚措施，才能解决非政府组织失灵。

上述有关非政府组织的失灵概念引起了国际学术界的广泛重视，但这些研究主要针对的是西方国家非政府组织，研究对象主要集中在慈善与社会服务等较低层级的公益活动上。对于发展中国家非政府组织失灵，特别是政治倡导失灵的研究不够深入。

在中国，非政府组织失灵已经引起了学术界的重视，但缺乏创新性成果。总体来看，国内学界对非政府组织失灵的研究基本可分为两种研究思路：一是基于萨拉蒙的观点，进行进一步的实证研究；二是根据中国非政府组织发展实际，进行研究和反思。主要论著有赵黎青的《非营利部门与中国发展》②、贾西津的《第三次改革——中国非营利部门战略研究》③，张康之的《公共行政学》④，王名、贾西津的《中国非政府组织的发展分析》⑤，王名、刘培峰的《民间组织通论》⑥等，在此不逐一列举。

三、研究理论与方法

（一）研究理论

非政府组织的相关研究理论有很多，主要有公民社会理论、失灵理论、治理理论、新制度经济学理论以及公共管理理论等。本书在研究中主要使用到以下几种理论。

1. 公民社会理论（civil society theory）

目前在学术界具有代表性的公民社会定义为怀特（Gordon White）在

---

① ［美］里贾纳·赫兹琳杰：《非营利组织管理》，北京：中国人民大学出版社，2002年。
② 赵黎青：《非营利部门与中国发展》，香港：香港社会科学出版社，2001年。
③ 贾西津：《第三次改革——中国非营利部门战略研究》，北京：清华大学出版社，2005年。
④ 张康之：《公共行政学》，北京：北京大学出版社，2007年。
⑤ 王名、贾西津：《中国非政府组织的发展分析》，《管理世界》2002年第8期。
⑥ 王名、刘培峰：《民间组织通论》，北京：时事出版社，2004年。

《公民社会、民主化和发展:廓清分析的范围》一文中的定义,即公民社会是"当代国家和家庭之间的一个中介性领域。这一领域由同国家相分离的组织所占据。这些组织在同国家的关系上享有自主权,并由社会成员自愿结合而形成,以保护或增进他们的利益或价值"①。国内外学者大多认同非政府组织是公民社会的核心要素,是团体成员基于共同利益或信仰而自愿结成的社团,是一种非营利、非政府的社会组织,为公民提供了参与公共事务的机会和手段,提高了他们的参与能力。② 学者们还认为非政府组织的发展同公民社会的日渐完善有着相当大的联系:一方面,公民社会为非政府组织的发展提供了良好的民主空间。非政府组织的组织、运作和发展离不开公民社会的运作机制。另一方面,非政府组织在社会内部的影响力又增强了公民社会的生命力。它是公民社会中最为活跃的行为体,在非政府组织身上集中反映了公民社会的性质。③

2. 政府失灵与市场失灵理论(government failure theory, market failure theory)

失灵理论基于西方自然法学派提出的"社会契约论",从公共服务供给的角度来解释非政府组织兴起与发展的原因,侧重研究社会资源配置对非政府组织的影响,被归为需求学派。政府失灵是指个人对公共服务的需求在现代代议制民主政治中得不到很好满足,政府部门在提供公共服务时趋向于浪费和滥用资源,致使公共支出规模过大、效率降低、预算偏差。④ 政府失灵的主要原因是政府在体制架构、内部运作、公共政策、职能定位等方面因权威性和垄断性产生缺陷,使政府公共服务供给并不像理论上那样有效。市场失灵是指市场虽能够弥补政府提供公共服务的不足,但由于自身的趋利性和排他性,也使其无法完全、有效地弥补政府部分功能的缺失,甚至造成公共服务的新问题。在市场与政府都无法满足社会需要时,要求有第三者参与,以填补空白,向社会提供政府与市场无法提供的公共服务。这正是非政府组织产生和发展的直接原因。

属于需求学派的还有契约失灵理论与新社会运动理论。前者认为非政

---

① [英]戈登·怀特:《公民社会、民主化和发展:廓清分析的范围》,《民主化(秋季号)》1994年第3期,第375~390页。

② 何增科:《公民社会与第三部门》,北京:社会科学文献出版社,2000年。

③ 盛红生、贺兵:《当代国际关系中的"第三者"——非政府组织问题研究》,北京:时事出版社,2004年,第13页。

④ 林修果:《非政府组织管理》,武汉:武汉大学出版社,2010年,第81页。

府组织的非营利性使其在某些方面更容易得到社会信任,造成政府和市场原有部分服务功能让渡给非政府组织。后者认为社会发展使人们产生更高的物质和精神需求,而现有体制又不能满足这些需求,人们就转向非政府组织获取这些需求。

3. 第三者政府理论(third party government theory)

与需求学派相对应的是供给学派,主要理论为第三者政府理论。该理论认为非政府组织是一种优先机制,由民间非政府组织代替政府来执行部分公共权力,向民众提供公共服务。民众选择非政府组织的目的在于限制政府权力过度膨胀,客观上造成政府部分权力让渡,形成第三者政府。同时政府也认识到非政府组织在提供公共服务时所具有的优势,愿意与非政府组织进行某种程度的合作,主动向非政府组织让渡部分权力,以减少政府成本,提高工作效率。非政府组织则通过获得政府的财政支持和政策支持,促进自身的发展。[①]

供给学派的另一个主要理论是志愿主义理论。该理论认为非政府组织的积极作用是建立在组织与成员的利他性、公益性之上的。其内涵包括利他主义、效用理论、人力资源理论、期望理论、需要满足理论和社会化理论等。

4. 志愿失灵理论(voluntarism failure theory)

志愿失灵理论是用来解释非政府组织局限性的。非政府组织以志愿性为基础,当无法通过志愿者力量来正常进行组织的各种运作时,就出现了志愿失灵现象。萨拉蒙认为志愿失灵主要有四个现象:一是公益不足。非政府组织在对外提供服务和使用资金时缺少监督,造成对政府的依赖和社会信任的缺失,影响其活动能力;二是公益的特殊性。非政府组织有其特定的服务群体,有时仅限于组织内部成员,这造成了资源分配不平均,甚至可能会出现损害服务群体以外社会成员利益的现象;三是家长式作风。非政府组织资源往往掌握在组织领导和大额捐助者手中,使非政府组织在运作时受到个人利益和外部因素的影响,忽视服务宗旨;四是业余性。由于非政府组织运作很大程度上依靠志愿者参与,因此志愿者专业技能不足和工作时

---

① 王虎:《马来西亚非政府组织研究》,厦门:厦门大学出版社,2010年,第60页。

间范围限制，往往影响组织的资源分配效率。[①]

（二）研究方法

本书在实证基础上将探索性、描述性和解释性研究[②]相结合，对菲律宾非政府组织进行研究。在菲律宾非政府组织发展历史、数量统计、经济实力等方面采用描述性研究方法，通过文献分析和田野调查归纳其发展特点和变化趋势。除了文献综述中相关资料外，还重点对菲律宾非政府组织相关管理部门进行调研，搜集第一手内部资料和统计数据。在菲律宾非政府组织的企业化、倡导失灵现象上，笔者对所占有的相关资料，包括非政府组织发展公约网络（CODE-NGO）和菲律宾人权组织两个个案情况，通过数据分析和理论分析法进行探索性研究，探寻菲律宾非政府组织发展水平领先其他发展中国家的原因及其影响。最后还采用解释性研究的方法，分析菲律宾非政府组织企业化和倡导失灵与资源环境的相互关系及变化趋势，并提出关于发展中国家非政府组织发展的几点思考。

四、框架、创新与不足

（一）内容框架

本书的内容结构分为六个部分。第一章绪论，主要介绍研究的背景和意义、国内外研究现状、采用的研究方法与理论以及文章的框架、创新与不足。第二章为概念探析，主要介绍非政府组织的基本概念，从定义、特性、功能和分类等方面对非政府组织下一个适合菲律宾国情的定义。根据菲律宾非政府组织的地域特点，剖析非政府组织、非营利组织与公民社会组织三个概念在菲律宾的异同，并对各种类型的菲律宾非政府组织进行界定和分类，避免在研究过程中出现概念混乱。此外还搜集相关数据，对 2008 年菲律宾非政府组织的数量和分布进行重新统计，以掌握其当前基本情况和发展趋势。第三章对菲律宾非政府组织在各个时期的发展状况进行回顾和研究，

---

① Lester M. Salamon, *Partners in Public Services: Government-Nonprofit Relations in the Modern Welfare State*, Baltimore: The Johns Hopkins University Press, 1995, p. 4.

② 探索性、描述性和解释性研究的定义参见 Earl Babbie, *The Practice of Social Research*, Orange, C. A.: Chapman University Press, 1998, pp. 128~131.

从发展轨迹中分析其发展特点和规律,探寻菲律宾非政府组织发展水平领先于其他发展中国家的根本原因。第四章从经济视角分析菲律宾非政府组织的经济实力,及其与菲律宾企业、国际援助机构的关系,并探讨其经济影响力。重点对其企业化的表现、原因、影响进行研究,并以非政府组织发展公约网络的企业化情况为个案进行补充讨论。第五章从政治视角分析菲律宾非政府组织的法制环境、政治参与、与政府等政治势力的关系,探讨其政治影响力情况。重点对 21 世纪以来较为突出的倡导失灵的表现、原因和影响进行分析,并以菲律宾非政府人权组织的整体倡导失灵为个案展开讨论。第六章为结论,对菲律宾非政府组织发展轨迹、企业化、倡导失灵的研究进行归纳,得出本书结论,还提出对发展中国家非政府组织发展的几点思考及其对中国非政府组织发展的启示。

(二)创新与不足

本书的创新之处主要体现在选题的创新上。在中国,从历史、政治、经济角度对发展中国家非政府组织的整体性研究成果不多,对菲律宾非政府组织的研究则散见于个别期刊论文之中,尚没有研究专著。在菲律宾,虽然关于菲律宾非政府组织研究已经有一些论著,但这些论著偏重于历史学层面和管理学层面,且研究样本多取自 1980—2000 年菲律宾非政府组织高速发展时期。这一时期菲律宾非政府组织的许多问题被繁荣的发展景象所掩盖,其在促进公民社会构建与民主政治发展等方面的政治作用在一定程度上被高估,其企业化与倡导失灵没有引起各界关注。本书搜集相关数据,对2000 年之后菲律宾非政府组织的变化趋势进行分析,结合个案,提出菲律宾非政府组织已经显示出较为明显的企业化与倡导失灵,并对此展开探索性研究,探寻菲律宾非政府组织企业化与倡导失灵的表现、原因及影响。在结论部分笔者还就菲律宾非政府组织的政治作用、发展水平提出质疑,认为菲律宾非政府组织的政治作用存在较大的局限性,发展水平也尚未达到第四代非政府组织的高度。

本书的创新之处还体现在研究方法的创新上。通过引入资源环境概念,从历史、经济、政治三个视角对菲律宾非政府组织进行整体研究,发现其发展水平领先于其他发展中国家的根本原因在于具有较强的资源环境适应能力。并从资源环境角度分析菲律宾非政府组织企业化与倡导失灵产生的原因与影响,对如何看待、应对菲律宾及其他发展中国家非政府组织的企业化和倡导失灵提出意见。

　　本书的不足之处在于非政府组织是一个新兴的跨学科研究领域，而菲律宾非政府组织又有其特殊性和复杂性。囿于笔者的研究能力和资料来源，对菲律宾非政府组织的分析研究还不够全面，对其企业化与倡导失灵的论据、论断也有待进一步完善。

第二章

菲律宾非政府组织相关概念探析

　　"非政府组织"一词虽已使用多年,但与之相关的概念界定和内涵诠释仍未有较一致的看法,国际上尚未形成通用、规范的统一定义。菲律宾作为发展中国家的非政府组织大国,其发展模式可以说是独树一帜,因此不能用其他国家,特别是西方国家对非政府组织的常用概念来诠释菲律宾非政府组织。本章通过对非政府组织基本概念、特征、功能和类型的分析,厘清本书所研究的菲律宾非政府组织范围,为研究提供理论依据和背景知识。同时,针对菲律宾非政府组织的地域性和特殊性,对"非政府组织"、"非营利组织"与"公民社会组织"这三个在菲律宾常用的整体性名称进行辨析,避免在研究过程中出现研究对象的混淆。最后,对实际使用中的菲律宾非政府组织主要称谓进行界定,整理其常用分类方式,并统计 2008 年菲律宾非政府组织的数量和分布情况,为进一步研究做好准备。

第一节　非政府组织基本概念

一、定义

　　"非政府组织"(nongovernmental organization),有时也称为"非政府部门"(nongovernmental sector),该提法最早出现于 1945 年 6 月签订的《联合国宪章》第 71 款中:"经济及社会理事会得采取适当方法,俾与各种非政府组织会商有关与本理事会职权范围内之事件。"随后该词逐渐被广泛使用。20 世纪末以来,非政府组织在世界范围内迅速发展,以一种全新的角色广泛参与,并积极影响政治、经济等各项社会活动,成为政府与市场之间的一支重要中介力量。各界对非政府组织的研究也不断深入,但由于非政府组织涉及范围复杂,在不同地区的发展程度不一,特点各异,导致出现了多种定义。各个国家、地区或领域对非政府组织都有习惯性称谓,即使同一个机构由于研究、观察的侧重点不同,也可能产生不同称谓。以菲律宾证券交易委员会(SEC)为例,该机构称非政府组织为"独立自愿组织"(PVO),沿用的是一种美国称谓,但实际上在该部门所登记的非政府组织被称作"非股份制社团"(non-stock corporation)。《外国非政府组织概况》一书认为,对非政府组织概念的不同提法说明了其功能及形式的多元性、边界的模糊性、复杂性,以及人们认识、理解非政府组织的困难程度,也反映了国际社会对非政府组织的认识、理解和评价存在很大差异。[①] 目前国际上较常用的非政府组织定义主要有以下几种。

联合国最先赋予"非政府组织"一词以制度性含义。1950 年联合国经济社会理事会第 288(X)号决议为非政府组织下的定义是:"任何不是根据政府间协议建立起来的国际组织均应被视为非政府组织。"1996 年联合国经济社会理事会的 1996/31 号决议扩大了非政府组织概念的内涵,把国际、国内社区组织均列为非政府组织。[②] 目前,联合国官网上将非政府组织定义为"在地方、国家或国际级别上组织起来的非营利性、志愿性公民组织。非政府组织以任务为导向,由兴趣相同的人们推动,提供各种各样的服务和发挥人道主义的作用;向政府反映公民关心的问题,监督政策和鼓励在社区水平上的政治参与;提供专业知识,充当早期预警机制,帮助监督和执行国际协议"[③]。

世界银行长期以来将非政府组织视为合作伙伴,并设有"非政府组织与公民社会部"。其对非政府组织的定义为:"致力于解除疾苦、消除贫困、保护环境、提供最基本的社会服务或促进社区发展的私人组织。"[④]美国政府

---

① 中国现代国际关系研究院课题组:《外国非政府组织概况》,北京:时事出版社,2010 年,第 2 页。

② 李铁城.:《世纪之交的联合国》,北京:人民出版社,2002 年,第 380 页。

③ 联合国官方网站:www.un.org/chinese/aboutun/ngo/qanda.html,2010 - 10 - 2.

④ Christopher Gibbs, Claudia Fumo, Thomas Kuby, *Nongovernmental Organizations in World Bank-Supported Projects*, Washington D. C.: The World Bank,1999, p.1.

对非政府组织的定义为："满足三个条件的免税组织：首先该组织的运作目标完全是为了从事慈善性、教育性、宗教性和科学性事业，或者是为达到税法明文规定的其他目的；其次是该组织的净收入不能用于使私人受惠；最后是该组织的主要活动不是为了影响立法，也不干预公开的选择。"[①]在中国，王名、刘培峰对非政府组织的定义为："不以营利为目的，主要开展公益性或互益性活动，独立于党政体系之外的正式社会组织。这些组织具有不同程度的自治性、志愿性与公益性，不是宗教、政党或宗族组织。"[②]盛红生、贺兵等学者则认为"非政府组织是指非政府、非营利，为了民间公益事业，在人权、环境、难民救济等领域活动的组织"[③]。

虽然对非政府组织的定义多种多样，有的从组织形式进行定义，有的从收入来源进行定义，有的从社会功能进行定义，但其中具有的共通之处反映出非政府组织的基本特性。从上述各种定义来归纳分析，非政府组织强调的是非政府性、非营利性和公益性。这三个特性构成了非政府组织的根本属性，满足这三个特性的组织即可纳入非政府组织范畴。因此笔者在本书中将非政府组织定义为非政府、非营利，主要进行公益活动的社会组织。这是一个较为宽泛的定义，与盛红生、贺兵的定义基本相同。在此定义下，非政府组织无论是否进行注册，向哪个部门注册，是否具有宗教或政治背景，是否获得政府的资助和支持，其公益活动的性质和范围为何，只要满足三个基本特性，均可纳入非政府组织。

笔者之所以采用这一宽泛定义，是因为该定义能够充分代表国家政治空间与经济空间之间的社会活动主体，同时也因为菲律宾非政府组织具有较为复杂的历史背景和现实情况，如果把研究范围划得过小，不利于客观地开展研究。虽然非政府组织的价值取向和目标宗旨对其产生和发展有重要意义，但笔者并不希望为其加上道德门槛。非政府组织在公益上的实际作为远比其坚持的价值观和政治立场更具现实意义。卡里诺等菲律宾学者也认为在对菲律宾非政府组织进行研究时，虽然非政府组织的成立目的、运作

---

① 林修果：《非政府组织管理》，武汉：武汉大学出版社，2010年，第6页。
② 王名、刘培峰：《民间组织通论》，北京：时事出版社，2004年，第4页。
③ 盛红生、贺兵：《当代国际关系中的"第三者"——非政府组织问题研究》，北京：时事出版社，2004年，第6页。

目标以及价值取向很重要,但不能以此为由,把部分非政府组织排除在外。① 日本学者重冨真一在《亚洲的国家与 NGO:15 国比较研究》一书中也认为过于严格地对亚洲非政府组织限定条件并不是明智的做法,典型定义与实际情况之间的差异本身就突显了该国非政府组织的特色。② 在研究中,笔者还发现菲律宾《国税法》中将享受免税政策的非政府组织统称为"非营利教育及慈善机构"(nonprofit education and/or charitable institutions),其定义为:"不分红,领导层无薪水,所有收入(收费、捐赠、利息等)用于促进其成立宗旨的教育、慈善、研究机构或组织、发展型非政府组织等非股份制实体。"③该定义的范围与笔者研究范围比较接近,唯一的区别是税法中规定的非政府组织须为已注册的非政府组织。

二、特性

上文提到了非政府组织三个基本特性,即非政府性、非营利性与公益性,虽然这三个基本特性还不足以描绘非政府组织的全貌,却已经勾勒出大体轮廓。它们是非政府组织最根本的特性,除此之外还有一些其他重要特性,在此一一进行分析。

(一)非政府性

非政府性主要包括三层含义:其一,非政府组织的产生以社会旨趣为基础,而不是以国家职能为基础。它不是直接履行国家公共事务管理职能的工具,而是社会上一定群体依据共同的兴趣、意志、利益、愿望而自发建立的社会组织;其二,非政府组织在体制和组织上独立于政府之外,与国家的政治与行政体系相分离,不隶属于国家政治与行政体系。其资料来源、组织决策及运作机制从严格意义上讲,都不应依赖于政府系统,因而是独立自治的

---

① Ledivina V. Carino, *Between the State and the Market*: *The Nonprofit Sector and Civil Society in the Philippines*, Quezon City: Center for Leadership, Citizenship and Democracy, National College of the Public Administration and Governance, University of the Philippines, 2002, p. 22.

② [日]重冨真一:《亚洲的国家与 NGO:15 国比较研究》,东京:明石出版社,2001年,第 15 页。

③ Caucus of Development NGO Network, *NPO Sector Assessment*: *Philippine Report*, Report Prepared for the NPO Sector Review Project, Charity Commission for England and Wales, 2008, p. 41.

社会组织;其三,非政府组织按照组织宗旨提供公共服务,并承担相应的公共责任。其公共服务和公共责任的范围可能超越国界,如可从全人类共同利益的视角提供全球公共服务。同时,它也可以不考虑纳税人的要求,即不从全社会的视角而是仅从组织自身的宗旨承诺和利益需求出发,为组织内部特定的人群服务。[①] 按照上述含义,凡是在运作过程中被政府或政府相关机构实际控制的社会组织,都不能称作非政府组织。但如果社会组织在创建过程中得到政府及相关机构的倡导、支持,或是在经营过程中得到政府及相关机构的资助、指导和扶持,或是在人事组成上有政府人员出任相关职务,并不能就此否定该组织的非政府性。

(二)非营利性

非营利性主要包括两层含义:其一,非政府组织不能进行利润分配,在经营性活动中产生的剩余收入不能在组织成员之间进行分红,而只能用于组织所开展的各种社会活动及其自身发展。这是非政府组织与企业的根本区别所在;其二,不能将非政府组织的资产和产生的利润以任何形式转变为私人财产,非政府组织资产严格来说并不属于组织本身,也不属于捐赠者,而是一定意义上的"公益或互益资产",属于社会。非政府组织在一定意义上是作为受托人来行使公益资产的所有权。[②] 但非营利性并不是指在公益活动中不可以营利,或是在运作过程不可以从事营利性的活动,而是要看是否将所得利润投入到社会公益事业中。非政府组织的非营利性与围绕组织宗旨开展有偿服务或商业活动并不矛盾,相反地,这些收入可以成为非政府组织重要的资金来源之一。

(三)公益性

公益性指非政府组织的活动旨在实现特定范围内社会群体的公共利益,某种程度上也可以看作是特定范围内的互益性服务,所以有些学者也将之称为"共益性"。不同类型非政府组织的公益性有所不同,这是其组织性质所决定的。有些组织的服务范围大到整个社会群体,如环保、卫生组织;

---

① 中国现代国际关系研究院课题组:《外国非政府组织概况》,北京:时事出版社,2010年,第5～6页。

② 林修果:《非政府组织管理》,武汉:武汉大学出版社,2010年,第11页。

有些组织的服务范围则小到组织内部成员之间,如工会、商会。是否具有利他行为是公益性的重要标准,正如王名在考查行业协会时认为:"这类组织(行业协会)在利益导向上也是非营利或利他的,或者从广义上讲也是公益性的,但是它们的公益性程度显然受到组织所在行业或产业的边界所限。它们实际的受益者并非整个社会。"[①]公益不是绝对的,任何时候都不可能存在绝对的公益,公益活动之间甚至可能发生冲突。例如促进工人利益与维持企业利益,保护森林资源与促进林业开发,保护海洋环境与维护渔民权益,虽然彼此间存在冲突,但并不能否认各自的公益性。因此笔者认为非政府组织只要能够超越组织领导层和管理层的利益,为特定的社会群体提供有益的公共服务,就具有公益性。

(四)合法性

合法性由公益性延伸而来,即非政府组织的性质、活动不得违反社会正义与法律精神。从这个定义上看,犯罪组织、恐怖组织、反政府组织都不能算作非政府组织。如果非政府组织没有向有关部门进行注册,或被政府违反法律原则地宣布为非法组织,这都不能说明该组织不具有合法性。例如在马科斯集权期间,大量菲律宾非政府组织被宣布为非法组织,但并不说明这些组织失去了合法性。

(五)非政党性

非政党性指非政府组织不谋求国家政权或其他政治权力,不参加选举、组阁等高级政治活动。但非政府组织可以拥有自己政治立场,并对政府、立法机构和政党施加影响,甚至可以直接参与部分政治行为,如支持政治派系,派人担任政府职务。菲律宾非政府组织被允许参加政党名单系统选举,获胜组织可以获得1~3个众议院席位,这是一种特殊情况。

(六)自主性

自主性由非政府性延伸而来,指非政府组织具有独立决策、独立有效自我管理的能力,在人事、财务、活动等方面不依附于政府或其他机构,具有有

---

① 王名:《关于中国 NGO 发展的总体看法和政策建议》,载中国改革发展研究院:《民间组织发展与建设和谐社会》,北京:中国经济出版社,2006 年,第 8 页。

意识的选择自由,可以根据组织宗旨的需要,依法开展活动。

(七)志愿性

志愿性是相对于政府的强制性而言的,即非政府组织的成立、机构选举、资金募集、组织活动等均以参与者及支持者的整体志愿为基础,不以外界因素为转移。不同组织的志愿程度并不相同,没有一个统一的标准,一些组织的领导或成员虽然不领取薪水,但也享有丰厚的补贴。

(八)组织性

组织性指非政府组织必须具有一定的组织形式,如领导机构、组织成员、规章制度、办公地点等,以保证组织能够持续、正规地开展活动。

三、功能

非政府组织在漫长的发展过程中,逐步由单一的慈善、服务功能进化成为拥有复杂的倡导、表达功能。非政府组织作为一种在公共部门和私人市场部门之间调节社会发展的组织制度设计,往往因其特殊的第三部门属性,在社会管理中承担着资源动员、社会服务、社会治理和政治倡导的功能。[①]非政府组织的功能体现在以下四个方面:一是资源动员,即通过慈善来吸引社会捐赠资源和志愿行为。经过多年的发展,非政府组织的动员功能已展现出专业化的趋势。二是社会服务,即将动员的资源运用于社会各个领域的公益服务之中。三是社会治理,即推动公众参与,实现社会价值,促进社会互动,化解社会矛盾,保障自由结社,推动社会民主。四是政治倡导,即在立法和公共政策的制定、落实及执行上发挥直接促进作用。这些功能反映了非政府组织对社会政治和公共决策过程的影响力。

科腾(David C. Korten)提出也可以将"非政府组织代际"概念看作一种功能划分方式。第一代非政府组织为慈善福利功能,第二代为社区发展功能,第三代为政治倡导功能,第四代为支持人民运动。[②]萨拉蒙则在描述非政府组织功能时高度概括地指出:"(非政府组织的功能)是动员个人力量

---

① 王名:《社会组织概论》,北京:中国社会出版社,2010 年,第 21 页。

② David C. Koten, *Getting to the 21st Century: Voluntary Action and the Global Agenda*, West Hartford: Kumarian Press, 1990, pp. 123~124.

追求共同利益。"①

四、分类

非政府组织的分类较为复杂，在国际上存在众多的分类标准和方法，从组织所在地、组织本质、组织取向、运作层次、活动范围等不同角度对非政府组织进行划分。笔者将主要的分类方式整理列举在表 2-1 中，不再详细阐述。

表 2-1　非政府组织的主要分类方法

分类标准	分类结果
规模	大型组织、中型组织、小型组织
活动范围	社区组织、地方性组织、全国性组织、国际性组织
法律地位	法定非政府组织、草根非政府组织、准非政府组织
成员体制	会员制组织、非会员制组织
组织性质	公益型组织、互益型组织
活动领域	专门性组织、综合性组织
组织取向	慈善组织、服务组织、参与组织、授权组织
活动领域	服务性组织、表达功能组织
组织本质	自愿性组织、公共服务承包组织、人民组织、政府非政府组织
总部所在地	国际组织（北方组织）、中介组织（南方组织）、基层组织
代际划分	慈善福利、社区发展、政治倡导、人民运动

第二节　非政府组织、非营利组织与公民社会组织比较

在菲律宾，"非政府组织"、"非营利组织"与"公民社会组织"是最具整体性和代表性，也最常用的三个概念。但三者界线较为模糊，在实际使用中经常被互相替代或互相包含，因此，有必要专门对这三个概念进行分析和对

---

① ［美］莱斯特·萨拉蒙、沃加斯·索可洛斯基：《全球公民社会——非营利部门国际指数》，陈一梅等译，北京：北京大学出版社，2007 年，第 1 页。

比。上一节已经将"非政府组织"定义为"非政府、非营利,主要进行公益活动的社会组织",并就其特性、功能、分类进行了分析。下面则对"非营利组织"、"公民社会组织"及它们与"非政府组织"之间的关系进行分析,并说明笔者在研究中选择采用"非政府组织"这一称谓的原因。

一、非营利组织

非营利组织(nonprofit organization),也称作非营利部门(nonprofit sector),是菲律宾学者较为常用的称谓。根据美国约翰霍普金斯大学非营利部门比较项目的"结构—运作式定义"(the structural-operational definition),非营利组织必须满足五个要素,即组织性、私立性、自治性、自愿性、非利润分配性,只要是满足这些特点的社会组织,即可称为非营利组织。[①] 这一定义得到了广泛的认可,是最为常用的非营利组织定义。

组织性,即非营利组织拥有一套完整而独立的组织架构和领导机构,且不需要特定部门进行注册和认证,是否合法注册不是必要条件,只需要有正常的组织和决策程序。

私立性,即非营利组织完全独立于政府机构,不是国家机器的一部分。那些由政府或政府官员建立的组织,或是受到政府资助的组织,只要在运作上独立于政府机构,不受政府控制,也被认为具有私立性。

自治性,即非营利组织能够独立运作及管理内部事务,有权开始或停止活动,不受其他组织机构的干扰。

志愿性,即非营利组织领导和成员志愿参与组织的管理和活动,可以收取相应报酬,但不以谋取利益为主要目的。

非利润分配性,即非营利组织创造产生的利润不向领导和成员进行分配,也不回报给资金的投入者,所得利润重新投入再生产或公益事业中。

依照上述特点,非营利组织既包括正式组织也包括非正式组织,既包括宗教组织也包括非宗教组织,既包括有雇员的组织也包括完全由志愿者组成的组织,既包括基本上行使表达功能的组织(如倡导、文化表达、环境保护、政治表达和人权、宗教、利益代表的组织),也包括基本上行使服务功能

---

① [美]莱斯特•萨拉蒙:《全球公民社会——非营利部门视界》,贾西津、魏玉等译,北京:社会科学文献出版社,2007年,第12页。

的组织(如提供健康、教育或福利服务的组织)。①

中国学者叶常林认为,在非营利组织的定义中,人们更多地强调形式特征、组织性和目的性,可以从目的、组织和部门等不同角度进行界定。从组织角度来讲,非营利组织是指从事社会公益性或互益互助性生产与服务的,既非政府的又非企业的社会组织。② 这种界定方式与本书对非政府组织的定义基本一致。

二、公民社会组织

公民社会组织(civil society organization),也称作公民社会部门,即构成公民社会的基本要素和主体。一些学者将公民社会组织等同于公民社会,认为"可以用公民社会一词来描述某个特定的、建立在志愿基础上的非商业性组织,也可以用于对所有这类组织的总称"③。1993 年,联合国开发计划署将公民社会及公民社会组织定义为"建立民主社会的过程中,同国家、市场一起构成的相互关联的三个领域之一。公民社会的各种组织代表着各种不同的,有时是互相矛盾的社会利益,这些组织是根据各自不同的社会基础、所服务的对象、所要解决的问题(即环境、性别与人权等问题)、开展活动的方式而建立和塑造的。诸如与教会相联系的团体、工会、合作组织、服务组织、社区组织、青年组织及学术机构都属于公民社会中的组织"④。萨拉蒙认为:"要明确的是,这个名词(公民社会)常常用于更广泛的意义之上,也包括个体公民行为。为强调我们的重点是公民社会中更具集体性和组织性的那些形态,我们通常用公民社会组织或公民社会部门以阐明我们所关注社会现象的范畴,而不用一个简单的公民社会了事。"⑤ 在中国,与"公民社会组织"概念比较接近的是"民间组织"这一概念。

---

① [美]莱斯特·萨拉蒙:《全球公民社会——非营利部门视界》,贾西津、魏玉等译,北京:社会科学文献出版社,2007 年,第 12~16 页。
② 叶常林、许克祥、虞维华:《非政府组织前沿问题研究》,合肥:中国科学技术大学出版社,2009 年,第 35 页。
③ 罗辉:《第三域若干问题研究》,武汉:中国地质大学出版社,2006 年,第 4 页。
④ 李铁城:《世纪之交的联合国》,北京:人民出版社,2002 年,第 381 页。
⑤ [美]莱斯特·萨拉蒙、沃加斯·索可洛斯基:《全球公民社会——非营利部门国际指数》,陈一梅等译,北京:北京大学出版社,2007 年,第 14 页。

三、非政府组织、非营利组织与公民社会组织比较

从非政府组织、非营利组织与公民社会组织的定义和特点上看，三者非常接近，事实上很多学者和部门也将三个概念交替使用，如非营利组织的"结构—运作式定义"经常被用于非政府组织和公民社会组织的定义上。提出这一定义的萨拉蒙也认为："为方便起见，我们都用公民社会组织和公民社会部门来指满足这五层含义（即结构—运作式定义五要素）的组织……其他偶尔会被交替使用，以指同一类组织的名词有非营利部门、非营利组织、第三部门和志愿组织。"[①]在中国，林修果在阐述非政府组织的特征时使用了非营利组织的"结构—运作式定义"。[②] 罗辉则认为，"非政府组织现在主要用来描述发展中国家里，以促进经济、社会发展为己任的组织。在一般情况下，人们经常把非政府组织与非营利组织这两个概念互换使用。……（中国国内）往往把 NPOs、NGOs 称为公益组织或慈善组织，按照《社会团体登记管理条例》第 2 条规定，NPOs、NGOs 和社会团体三者内涵互相交叉，业内人士认为没有本质差别，只是稍有差别。"[③]叶常林等人将非政府组织与非营利组织以及第三部门视为内涵相同的三个概念，认为三者都是指处于政府组织和私营企业组织之间，是旨在提供某种形式的公共产品和服务的独立的社会公共组织，即认为它们指的是同样的对象，只是观察的角度略有不同，因此可以作为同义词交替使用。[④]

在实际使用中，非政府组织、非营利组织、公民社会组织三者概念的着重点有所不同，也导致其涵盖的范围有一定区别。非政府组织主要突出公益性，强调与政府之间的区别；非营利组织主要突出非营利性，强调与市场企业之间的区别；公民社会组织主要突出其所存在的社会空间。笔者认为三者的相互关系应如图 2-1 所示。

从图示中可以看出，非营利组织、公民社会组织与非政府组织之间的区别并不大。由于非政府组织在各国发展情况不同，其所作用的领域和效果

---

① ［美］莱斯特·萨拉蒙、沃加斯·索可洛斯基：《全球公民社会——非营利部门国际指数》，陈一梅等译，北京：北京大学出版社，2007 年，第 14 页。

② 林修果：《非政府组织管理》，武汉：武汉大学出版社，2010 年，第 9 页。

③ 罗辉：《第三域若干问题研究》，武汉：中国地质大学出版社，2006 年，第 10 页。

④ 叶常林、许克祥、虞维华：《非政府组织前沿问题研究》，合肥：中国科学技术大学出版社，2009 年，第 15 页。

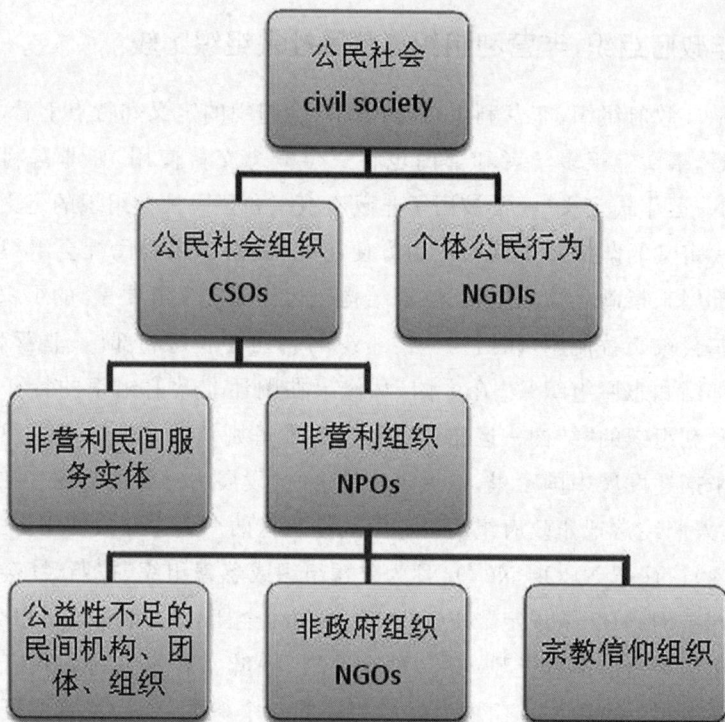

图 2-1　非政府组织、非营利组织与公民社会组织关系图

注：在菲律宾，最明显的个体公民行为是"发展型非政府个人"（NGDI），指在公民社会中拥有巨大影响力的个人，但不属于任何社会组织。宗教信仰组织（religions worship organizations）区别于宗教服务组织（religions service organizations），特指教会、教堂、寺庙、唱诗班、宗教学习团体等，活动目的是吸引新教徒，维系教会组织整体性，不具有公益性。宗教服务组织则是从事社会公益活动的宗教组织（包括教徒间的互助组织），具有公益性和互益性。宗教信仰组织经常为宗教服务组织提供资金，宗教服务组织也具有宗教信仰组织的部分功能，二者之间的界限较为模糊。非营利民间服务实体指运作形式上与非营利组织相同，但所有权归国家、企业或个人所有的服务实体，如小型博物馆、美术馆等。

也存在差异，因此所选择的称谓也不相同。在菲律宾，虽然"非政府组织"与其他两个词汇相比，并未体现出明显优势，但各界倾向于使用"非政府组织"一词进行相关学术讨论。在国际上，联合国的一系列国际法律文件中已明确使用"非政府组织"一词；绿色和平组织、大赦国际等有影响力的国际组织更认同"非政府组织"这一身份；在中国，由于接触先后顺序的关系，学者们对"非政府组织"一词的使用频率多于其他词汇。另外，笔者还发现国际研究机构对菲律宾非政府组织开展研究时,多使用"非政府组织"的称谓。

笔者无意对与非政府组织相关的词语博弈作出自己的评断,只是出于研究的延续性和整体性考虑,选择使用"非政府组织"这一称谓。由于本书采用的是较为宽泛的非政府组织概念,因此可以替换使用"非营利组织"、"公民社会组织"等词汇,而不对本研究造成影响。

第三节　菲律宾非政府组织的概念界定与分类

在菲律宾,关于或从属于非政府组织的称谓很多,如"人民组织"(people's organization)、"非股份制社团"(non-stock corporation)、"非营利教育及慈善机构"(nonprofit education and/or charitable institution)、"劳工组织"(labors organization)、"合作社"(cooperative)、"社区组织"(community organization)、"网络"(network)、"商会"(chamber of commerce)等,各种称谓都有其独特的地域性和专业性。为更好地进行研究,需要针对菲律宾非政府组织的实际情况,对一些主要概念进行界定和说明,并在此基础上进行分类。

一、概念界定

菲律宾政府将非政府组织统称为"发展型非政府组织与人民组织",但在登记管理时,非政府组织登记成为非股份制社团、合作社、劳工组织等。

(一)发展型非政府组织

在菲律宾,"非政府组织"一词的正式使用始于 1987 年。新宪法第二章第 23 条中出现了"非政府组织"提法,全称是"非政府社区部门或组织"(nongovernmental community-based sector or organization),并将非政府组织描述为"促进大部分人民利益的独立组织"。随后该称谓被菲律宾社会各界广泛使用,政府部门、社会组织、学术机构等都从不同角度对非政府组织及其特征提出自己的见解。表 2-2 显示了菲律宾国内关于非政府组织特征的 18 种描述。

表 2-2　菲律宾国内关于非政府组织特征的 18 种描述

来源	特征
Sallehudin Ahmed，Ernesto Garilao，Juan Miguel Luz，The Management of NGOs，in Jose Ibarra Angeles，*The Management of NGOs：Case Studies on Asian NGOs*，1991	志愿性（但可以雇用工作人员和专业人士）、非营利性（但不应负债经营）
Fernando Aldaba，The Role of NGOs in Philippine Social Transformation，*Politics and Society*，No. 4，1993	政府之外的所有组织，不包括营利与工商业组织
Victoria A. Bautista，*Forging Community-Managed Primary Health Care*，1998	主要依靠国外援助
Alex Brillantes，Jose Palabrica，*Decentralization and Agricultural Support Services：The Role of NGOs in Facilitating Access of Small Farmers to Agricultural Credit*，Unpublished study under a grant from the RTPAP Program of the Center for Policy and Development Studies，1991	独立经营、非营利性、发展取向，以合法手段提高成员的社会经济与政治地位
非政府组织发展公约网络（CODE-NGO）	社会发展机构，独立性、非股份制、非营利性、志愿性，不属于政府与工商业，中介机构，向人民组织提供服务，有全职员工，发展取向，与人民组织合作，促进社会福利与发展
Miriam Coronel Ferrer，*Peace Matters：A Philippine Peace Compendium*，1997	独立性、非营利性、发展取向，向组织外的社会群体提供服务
Department of Agrarian Reform，*Basic Survival Guide：NGO-PO Partnership in Agrarian Reform and Rural Development*，1995	非营利性、非股份制、注册登记，致力于政治、经济、社会文化发展，关注社会边缘群体
Raul de Guzman，Mila Reforma，Toward Alternative Delivery Systems，in Romeo Ocampo，Oscar Alfonso，*Alternative Delivery Systems for Public Services*，1991	独立性、非营利性、发展取向，促进授权，以合法手段提高成员的社会经济与政治地位

续表

来源	特征
Alan Alegre, *Trends and Traditions*, *Challenges and Choices*, 1996	独立性、非营利性,为社会经济、社会政治和文化目标而志愿建立,包括合作社,不包括公民、宗教和工商团体
Perla Legaspi, Jocelyn Cuaresma, Nongovernmental Organizations in Local Development: Focus on the Cooperatives, in Perfecto Padilla, *Strengthening Local Government Administration and Accelerating Local Development*, 1992	独立的联合会、组织或基金会,从事发展工作,可注册登记也可以不登记,志愿性,自治或由地方政府发动,非营利性,关注服务边缘群体,灵活的领导机构,热忱的工作人员
Cristina Liamzon, Alexis Salina, Strategic Assessment of NGOs in Agrarian Reform and Rural Development, in Antonio Quizon, Rhoda Reyes, *A Strategic Assessment of NGOs in the Philippines*, Manila: ANGOC, 1989	独立组织、全职、正式、发展取向、中介或支持团体,主要由专业人员组成,合法性,注册登记,服务人民,发展取向,规模较小,热忱的工作人员,为边缘群体服务,依靠外界捐助
NEDA Board Resolution No. 2, Series of 1989	独立性、非营利性、志愿性,为社会经济发展服务,服务取向
NEDA September 1988 Workshop	独立性、非营利性、志愿性、发展取向,为公民服务、宗教、慈善及社会福利而建立,灵活的机构,关注、服务边缘群体,活动范围广泛,以农民、妇女、少数民族、社会底层、青年等为对象,登记注册
参议院 786 号法案,Senate Bill No. 786	独立性、非营利性,非股份制(不一定),在证券交易所中登记,致力于长期活动

续表

来源	特征
Antonio Quizon, Rhoda Reyes, *A Strategic Assessment of NGOs in the Philippines*, Manila: ANGOC, 1989	独立性、非营利性、发展取向，服务弱势群体
Antonio Quizon, A Summary of NGO Issues on GO/NGO Relationships and Collaboration, in Antonio Quizon, Rhoda Reyes, *A Strategic Assessment of NGOs in the Philippines*, Manila: ANGOC, 1989	社会发展机构，独立性、志愿性，专业支持或取向的组织，非营利性、合法性、发展取向，为社会经济服务，为公民、宗教、慈善及社会福利目的而建立
UNESCO Resolution No. 288, February 1950	基于非政府间的协议而建立
Susan E. Wong, *Trends and Issues Facing the Philippine NGO Community*, 1990	社会发展机构，独立性、非营利性、志愿性，为社会经济发展而建立

资料来源：Appendix A：Defining/Basic Characteristics of the Term Nongovernmental Organization. Ledivina V. Carino, *Defining the Nonprofit Sector：The Philippines*, Maryland：Center for Civil Society Studies, The Johns Hopkins University, 2001, pp. 29~31.

　　从这 18 种描述中可以发现，除了非营利性、独立性、志愿性这些较为普遍的特征外，菲律宾各界倾向把发展取向也作为非政府组织的重要特征，其中共有 13 种描述将发展取向放在与非营利性、公益性同等的位置。这种描述方式属于较为狭义的非政府组织概念，原因是菲律宾各界习惯于用"非政府组织"（NGO）特指那些具有"发展取向和功能的非政府组织"（NGDO），而用非营利组织或公民社会组织来代替广义上的非政府组织。这点在研究菲律宾非政府组织时应特别注意。

　　非政府组织发展公约网络（CODE-NGO）在 2007 年与英国及威尔士慈善委员会（Charity Commission of England and Wales）合作对菲律宾非政府组织调查时就提到："在菲律宾，非政府组织一词特指那些拥有志愿领导层,带薪全职工作人员,致力于社会经济发展的组织。"①亚洲开发银行在相关报告中也指出:"严格意义上的菲律宾非政府组织数量在 3000～5000 个,其他非政府组织规模小,经济条件差,工作能力弱。"②卡蒙西塔(Carmencita T. Abella)等学者认为:"真正意义上的菲律宾非政府组织诞生于 20 世纪 50 年代,这些组织超越了个人和家庭救援,关注更广泛的发展议题,如农村重建、城市贫困、经济开发和社会转型。"③为避免概念混淆,笔者用"发展型非政府组织"来明确指向菲律宾各界常用的狭义"非政府组织",以示具体区别。

(二)人民组织

"人民组织"一词的正式使用也始于 1987 年。菲律宾新宪法中第一次出现了"独立人民组织"(independent people's organization)的称谓,而在实际使用中被简称为"人民组织",有时也称为"人民及其组织"。新宪法第 8 章第 15 条解释道:"独立人民组织是公民的实际组织,拥有通过其组织领导、成员及机构促进公共利益的显著能力。"④

在菲律宾,人民组织与发展型非政府组织经常被放在一起使用,从政治角度上代表整个菲律宾非政府组织,与政府、企业相区别。人民组织与发展型非政府组织之间的主要区别在于功能和成员。发展型非政府组织是人民与政府之间的中介组织,为弱势群体服务,但成员并不一定要属于弱势群体;而人民组织的成员直接来自弱势群体,代表弱势群体。费希尔(Julie Fisher)认为:"在第三世界,这种伙伴关系(精英与平民之间的合作伙伴关

---

① Caucus of Development NGO Network, *Assessing the Philippine NGO Environment*: *Regulation*, *Risks and Renewal*, Summary for the Philippine Nonprofit Organization Sector Report, Quezon City, 2009, p. 1.

② Asian Development Bank, *Overview of NGOs and Civil Society*: *Philippines*, 2007, p. 4.

③ Carmencita T. Abella, Ma Amor L. Dimalanta, *NGOs as Major Actors in Philippine Society*, Paper Contribute to the Action-Research and Dialogue Project of the Asia-Pacific Philanthropy Consortium on "Improving Internal Governance of Nonprofit Organizations in Asia", 2003, p. 232.

④ Article XIII, Sec. 15 of the Constitution of 1987: Independent people's organizations are bona fide associations of citizens with demonstrated capacity to promote the public interest and with identifiable leadership membership and structure.

系)有两种主要的非政府组织类型——以地方社区为基础的基层组织(grassroots organization)和以全国性或区域发展援助组织为基础的基层支持组织(grassroots support organization)。通常基层支持组织的职员由专家组成,为基层组织引入国际基金,帮助社区发展而不是为了自身发展。"[①]菲律宾人民组织大多属于基层组织,而发展型非政府组织则多为基层支持组织,它们分别代表了菲律宾非政府组织的两个不同层次。但这两个称谓都不是非政府组织注册时的正式名称,正式注册名称是非股份制社团、合作社、劳工组织等。

(三)非股份制社团

《菲律宾社团法》(*Corporation Code of the Philippines*)第 87 条和第88 条规定:"盈利不向成员、投资者、工作人员进行分配,从事慈善、宗教、教育、文化、文学科学、社会公民服务以及贸易、工业、农业发展的组织,可以向菲律宾证券委员会(SEC)登记,申请成为非股份制非营利社团(简称为非股份制社团,或非股份制法团),以获得法人身份。"由于登记成为非股份制社团可以获得许多减免税和减免关税的优惠政策,并具有申请政府社区发展项目的资格和其他优惠政策,所以许多非政府组织都选择注册成为非股份制社团。非股份制社团主要集中在马尼拉、宿务等大城市中。

此外,在菲律宾还有"非营利机构"(nonprofit institution)的称谓,主要在国家财政统计系统中使用。其定义为:"合法生产或服务的社会实体,不向经营者、建立者或支助者进行盈利分配。"[②]非营利机构不是注册形式,它与非股份制社团的区别也不大,因此不作详细介绍。

(四)合作社

合作社在菲律宾是非政府组织的重要组成部分,这与许多国家和地区有所不同。菲律宾合作社发展局(CDA)将合作社定义为:"经注册的自治

---

① [美]朱莉·费希尔:《NGO 与第三世界的政治发展》,邓国胜、赵秀梅译,北京:社会科学文献出版社,2002 年,第 5 页。

② Ledivina V. Carino, *Between the State and the Market：The Nonprofit Sector and Civil Society in the Philippines*, Quezon City：Center for Leadership, Citizenship and Democracy, National College of the Public Administration and Governance, University of the Philippines，2002, p. 12.

人民利益共同体组织,成员自愿加入以实现社会、经济和文化目标,根据合作社原则共同分担成本、物资和服务,承担风险和收益。"[1]合作社的主要目标是帮助成员提高生活质量和生产效率,主要工作有向成员提供物品和服务,使他们增加收入、存款、投资,提高生产力和购买力,通过共同分担成本风险来扩大生产规模,增加纯收入;向成员提供合适的社会组织福利;教导成员通过合作提高工作效率,普及营销新方法;提高低收入和弱势群体的社会分配;与政府、其他合作社、人民组织合作以促进上述目标。[2] 菲律宾合作社在与政府部门及国有企业的商业往来中,在与国有金融机构的信贷交易上都享有优惠政策,如果是土地改革部(DAR)认证的土地改革合作社(agrarian reform cooperative),还可以在农村用地、农业基础设施建设方面享有更多优惠。按照工作领域的不同,菲律宾合作社可分为信用合作社、消费合作社、生产合作社、市场合作社、服务合作社和复合型合作社六种。[3]

　　合作社是否应该归为非政府组织在学术上存在不同见解,但在菲律宾,合作社被视为非政府组织的广义成员。1988 年的《菲律宾土地改革综合法》(Comprehensive Agrarian Reform Law)中将合作社与发展型非政府组织、农民组织、农村工人组织视为兼顾传统服务与社会公益的组织;菲律宾国家经济发展署(NEDA)在 1989 年制定《菲律宾政府与非政府组织关系的决议》时,将合作社包括在非政府组织之中。菲律宾最高层级的非政府组织网络——非政府组织发展公约网络(CODE-NGO)的 1600 多个成员中,包括大量的合作社。虽然从菲律宾合作社的定义和目标来看,部分合作社,特别是基层合作社,在非营利性上有商榷之处,但由于它们的成员暨服务对象主要是农村的贫困农民,因此合作社具有明显的公益性。如果把观察重点放在初级合作社的管理层上,则初级合作社是典型的发展型非政府组织,只不过它们的服务对象是加入组织的弱势群体。从这个意义上看,合作社的公益性甚至超过许多非股份制社团。此外高级合作社与合作社网络的主

---

　　① Cooperative Development Authority of Philippines, The General Concept of a Cooperative, http://www.cda.gov.ph, 2011-2-2.

　　② Cooperative Development Authority of Philippines, The Objectives and Goals of a Cooperative, http://www.cda.gov.ph, 2011-2-2.

　　③ Caucus of Development NGO Network, *Assessing the Philippine NGO Environment: Regulation, Risks and Renewal*, Summary for the Philippine Nonprofit Organization Sector Report, Quezon City, 2009, p. 43.

要工作是为初级合作社提供各种支持,它们具有鲜明的发展型非政府组织特点,常常被非政府组织网络接纳为成员。正如卡里诺所分析的,"虽然菲律宾合作社为其成员营利,但合作社的社会发展功能与经济功能一样重要。由于绝大多数的合作社成员都是穷人,因此它们的营利动机具有社会发展目的(即公益性和福利性),这使得菲律宾合作社成为公民社会组织。"①亚洲开发银行也认为,"基于自身历史和特殊的运作目标,菲律宾合作社已经进化成为菲律宾非政府组织群体中的直接成员。"②

总体上看,菲律宾各界倾向于将基层合作社,即以个人为成员的合作社归为人民组织,而向初级合作社提供教育、训练、咨询、技术和政策支持的高级合作社,则归为发展型非政府组织。本书根据菲律宾现实情况,将合作社纳入非政府组织研究对象。

(五)劳工组织

劳工组织指根据菲律宾《劳动法》(总统法令442号)登记的工会、工人协会、农村工人协会等社会组织。劳工与就业部(DOLE)是劳工组织的主管单位与注册机构。《劳动法》第243条规定:劳工组织的收入、财产及获得的捐助均可享受免税待遇。在菲律宾,劳工组织被视为志愿性的非政府组织,它们可以同时登记成为合作社或其他组织,享受双重优惠政策。菲律宾劳工组织可分为工会(trade union)和工人协会(workers association)。其中工会又可分为独立工会(independent trade union)和联合工会(trade federation),工人协会又可分为农村工人协会(rural workers association)、妇女工人协会(women workers association)和青年工人协会(youth workers association)等。

(六)业主协会

业主协会(homeowners association),也称为屋主协会,是指一定地区内地产、房产的所有者或使用者为维护整体权益组成的志愿性组织。菲律

---

① Ledivina V. Carino, *Between the State and the Market : The Nonprofit Sector and Civil Society in the Philippines*, Quezon City: Center for Leadership, Citizenship and Democracy, National College of the Public Administration and Governance, University of the Philippines, 2002, p.73.

② Asian Development Bank, *A Study of NGOs : Philippines*, 1999, p.11.

宾业主协会的注册机构原本为"家庭保险与保障公司"（Home Insurance and Guaranty Corporation），2000 年根据 8763 号法令将注册权和管理权转移给了房地产使用调控委员会（HLURB）。一般来说，业主协会是互益性组织，但部分组织也具有较强的公益性。如菲律宾城市贫民住宅协会就是一个致力于贫民住宅和发展权利的非政府组织，它为贫困社区居民争取权利，并提供了大量的法律支持和技能培训。①

（七）非政府组织网络

非政府组织网络是由两个以上的非政府组织出于共同目标所构建的组织形态，是非政府组织的特殊形态，也是高级形式。菲律宾非政府组织网络主要有两种组成形式：一是协会形式，即以非政府组织为固定成员，进行注册的高级非政府组织。在菲律宾一般注册成为非股份制社团；二是会议形式，围绕某项议题召集非政府组织为成员，不进行注册的临时组织。

虽然不同非政府组织网络关注的方向不同，但主要活动都是内部互助、资源信息共享、共同倡导、游说和对外谈判。非政府组织通过网络构建，对外可以集中力量争取利益，对内可以促进自律减少内耗。绝大部分从事基层服务的菲律宾非政府组织，由于自身规模较小，难以对地方政府或更高级别的政府机构施加影响，因此热衷于加入非政府组织网络，以提高自身的活动能力和影响力。由于非政府组织网络不是决策机构或执行机构，其主要成员为自主的非政府组织（有时也包括个人或网络），因此对成员的约束力普遍不足，内部结构和内部关系相对复杂。

非政府组织网络之间还可以构建更高层次的网络。如非政府组织发展公约网络（CODE-NGO）就是菲律宾最大、影响力最强的非政府组织高级网络，由 6 个全国性非政府组织网络和 6 个地区性非政府组织网络组成，共包括 1600 多个非政府组织。菲华商联总会（FCCCII）是菲律宾华人社团中的最高网络，成员包括商会会员、企业会员及个人会员。至 2004 年，菲华商联总会共有商会会员 161 个，遍布菲律宾全国各地。②

———————

① 郭剑雄：《NGO 在城市反贫困中的角色——菲律宾》，www.ccpg.org.cn，2011-12-3.

② 菲华商联总会：《菲华商联总会成立五十周年金禧纪念特刊》，马尼拉：菲华商联总会，2004 年，第 2 页。

　　许多菲律宾非政府组织同时加入多个国内外非政府组织网络，将各个网络联结起来，构成庞大的非政府组织体系。如菲律宾第二大非政府组织菲律宾工商社会进步基金会（PBSP），不但是菲律宾非政府组织网络——非政府组织发展公约网络（CODE-NGO）、菲律宾发展援助计划（PDAP）、菲律宾非政府组织认证协会（PCNC）的创立成员，还是国际非政府组织网络——国际联合路线（United Way International）、国际商业领导论坛（International Business Leaders Forum）、社区商业（Business in the Community）的成员。

二、常用分类方法

　　在菲律宾非政府组织研究领域，许多学者和机构从不同的角度提出了不同的分类方法，菲律宾政府部门也根据需要对非政府组织进行分类。目前对菲律宾非政府组织常用的分类方式有五种，即意识形态分类法、结构分类法、功能分类法、国际非营利组织分类法以及代际分类法（如表 2-3）。

表 2-3　菲律宾非政府组织的常用分类方法

分类方法	分类结果
意识形态分类法	中立组织、左翼组织、右翼组织
结构分类法	初级协会、初级中介协会、高级协会、高级协会联盟
功能分类法	农业及土地改革等 14 类
国际非营利组织分类法	服务功能的组织和表达功能的组织，共 12 大类 26 次类
代际分类法	慈善取向、发展取向、倡导取向、支持人民运动四个代际

（一）意识形态分类法

　　菲律宾是个意识形态复杂的国家，长期以来各种宗教思想、西方民主思想和社会主义思想不断碰撞摩擦，直接或间接地对菲律宾非政府组织造成意识形态冲击，影响了其目标宗旨、政治立场及活动领域。费雷尔（Miriam C. Ferrer）认为："许多菲律宾非政府组织或多或少地受到共产主义、民族民主主义、一般民主主义、社会主义、社会民主主义、伊斯兰民族主义和自由民族主义的影响，在意识形态上具有左倾的特点。而思想较为保守，认同政府和军队立场的非政府组织则在意识形态上具有右倾的特点。在它们之间存在大量不具有明显意识形态特点或持中立立场的非政府组织。"[①]

从意识形态出发,菲律宾非政府组织可分为三类:一是中立组织,即政治立场较中立或不关心政治的非政府组织,包括传统的社会福利组织、非营利教育、医疗机构及大部分基层非政府组织。二是左翼组织,即认同及倾向支持左翼思想的组织,主要包括"发展、公正及倡导非政府组织"(DJANGO)等。三是右翼组织,认同及倾向支持右翼思想的组织,主要包括认同政府和军队立场的保守组织。[②]

这种分类方法打破非政府组织之间的传统界线,仅从意识形态角度对非政府组织进行观察,主要争议之处在于左翼组织是否属于非政府组织。历史上菲律宾左翼非政府组织主要分为两派:社会民主派(SocDems)和国家民主阵线派(NATDEMS)。前者指具有社会民主思想的非政府组织,大部分拥有一定的宗教背景;后者则是支持和同情国家民主阵线(National Democratic Front)、菲共、"胡克"运动、新人民军的非政府组织。虽然二者在意识形态上有很大的区别,却都被划分为左翼组织。康斯坦丁诺—戴维(Constantino-David)等学者将这两类组织统称为"发展、公正及倡导的非政府组织"(DJANGO)[③]。与之相对,商业行会等工商业背景的非政府组织因为与政府关系密切,大多被归为右翼组织,但也有例外,如菲律宾工商社会进步基金会(PBSP)等企业基金会因为与社会民主派(SocDems)有着密切的联系,并向其提供资金,被划为左翼组织。

有宗教背景的非政府组织由于从事领域和政治立场的不同,意识形态类型上也有所不同。菲律宾天主教教会、基督教教会、穆斯林教会背景的非政府组织都存在这种情况。以天主教教会背景的非政府组织为例,从事传统

---

① Miriam Coronel Ferrer, Civil Society: An Operational Definition, in Ma Serena I. Diokno, *Democracy and Citizenship in Filipino Political Culture*, Quezon City: University of the Philippines, Third World Studies Center, 1997, p. 34.

② Ledivina V. Carino, *Defining the Nonprofit Sector: The Philippines*, Baltimore, Maryland: Center for Civil Society Studies, The Johns Hopkins University, 2001, p. 21.

③ Christina Jayme Montiel, Susan Evangelista, *Down from the Hill: Ateneo de Manila in the First Ten Years Under Martial Law, 1972—1982*, Manila: Ateneo de Manila University Press, 2006, p. 144.

社会福利的非政府组织，如哥伦布骑士会（Knights of Columbus）、桑托·托马斯大学（Santo Tomas University）以及其他联谊会、孤儿院等都属于中立组织，自由农民联盟（FFF）等具有追求自由与社会民主思想的非政府组织则属于左翼组织，而司法关怀中心（SALIGAN）等组织则属于右翼组织。

（二）结构分类法

该方法根据非政府组织的组成结构进行分类，将菲律宾非政府组织分为"机构"（bureaucracy）和"协会"（association）两类。

机构指大型的正式组织，有志愿领导层、雇员及志愿工作者，包括传统社会福利组织和传统非营利机构，前者如菲律宾红十字会、企业基金会等，后者如非营利学校、非营利医院等。协会指主要由组织成员提供志愿工作的组织，多为基层组织。

根据服务地区和服务对象的不同，可对机构和协会进行再分类。从服务地区上可分为全国、省市和社区等层级；从服务对象上可分为人民组织和中介组织（即发展型非政府组织）。综合起来，协会可分为四级：一是初级协会，如人民组织和初级合作社；二是初级中介协会，如发展型非政府组织；三是高级协会，如初级协会和初级中介协会的网络或联盟；四是高级协会联盟，如非政府组织发展公约网络（CODE-NGO）。

（三）功能分类法

该分类方法为菲律宾政府长期使用，根据功能对非政府组织进行分类管理。1905 年的菲律宾《社团管理法》（Corporation Code）就使用功能分类法对非政府组织进行初步分类。目前，菲律宾国家经济发展署（NEDA）在对非政府组织分类时使用的是国际标准产业分类法（international standard industrial classification），将菲律宾非政府组织分为以下 14 类：（1）农业及土地改革（agriculture and agrarian reform）；（2）教育、文化及人力资源发展（education, culture and manpower development）；（3）环境保护（environmental concerns）；（4）健康、营养及人口控制（health, nutrition and family planning）；（5）劳动与就业（labor and employment）；（6）劳工组织（labor unions）；（7）地方政府和社区发展（local government and community development）；（8）多领域（multi-sectoral）；（9）专业协会（professional associations）；（10）宗教协会（religious associations）；（11）科

学技术（science and technology）；（12）社会或公民俱乐部（social/civic clubs）；（13）社会福利（social welfare）；（14）工商（trade and industry）。

该分类方法与约翰霍普金斯大学非营利部门比较项目中使用的国际非营利组织分类法有很多相似之处，但更适应菲律宾国情。国际标准产业分类法将农业与土地改革、地方政府与社区发展、多领域组织单独划分归类；而国际非营利组织分类法则将这些类型组织归为"发展与住房"类，较为笼统。此外随着菲律宾非政府组织的发展壮大，跨领域和多领域提供服务的现象越来越普遍，国际非营利组织分类法无法为这些多领域组织明确归类。不过"国际标准工业分类法"也并不完美，确切地说它并不是完全根据功能来分类，如工会和宗教协会是主要依据组织的成员和性质划分，而非功能。它还忽略了政治倡导、慈善中介等重要的非政府组织功能类型。

（四）国际非营利组织分类法

国际非营利组织分类法（international classification of nonprofit organizations）是以非政府组织活动领域为标准的分类方式，由约翰霍普金斯大学非营利部门比较项目提出，该分类方法在菲律宾学术研究机构中被广泛使用。它将非政府组织分为 12 大类 26 次类（如表 2-4 所示）。该分类系统基本覆盖了所有非政府组织，在各种非政府组织之间划出相当精细的界线，经过多个国家的验证，是目前最重要的非政府组织分类方法，联合国经济核算体系也采纳了这一分类标准。

表 2-4　国际非营利组织分类法

编号	领域	编号	领域
1	文化和娱乐	7	公民和倡导
2	教育和研究	8	慈善中介
3	健康	9	国际
4	社会服务	10	宗教活动
5	环境	11	商业和专业联合会
6	发展和住房	12	其他

资料来源：[美]莱斯特·萨拉蒙、沃加斯·索可洛斯基：《全球公民社会——非营利部门国际指数》，陈一梅等译，北京：北京大学出版社，2007 年，第 15 页。

（五）代际分类法

"非政府组织代际"概念是由科腾（David C. Korten）于 1987 年在《第三代非政府组织战略》①一文中完整提出。第一代非政府组织主要从事救援与福利服务，在特定时期，直接向特定社会群体提供帮助，是传统意义上的慈善组织；第二代非政府组织主要从事社区发展项目，帮助社区居民提高自治、自助、自我发展的能力，摆脱对外界援助的依赖；第三代非政府组织主要从事可持续系统的发展，通过对立法、行政机构的倡导和影响，建立有利于特定群体发展的制度体系。1990 年，科腾在《迈向 21 世纪：志愿行动与全球议程》②一书提出第四代非政府组织正在演化发展，许多特性尚不明确，但基本宗旨是支持人民运动。他认为人民运动已经在环保、人权、妇女、和平和人口方面改变了思想和行动。在全球范围内以人民为中心的发展成为非政府组织的新目标，非政府组织必须成为全球人民发展运动的支持者，通过联盟和网络进行密切合作，动员各种力量，为人民运动提供条件，以创造更好的明天。在与政府的关系上，第一代非政府组织是受管理者，第二代是项目执行者，第三代为合作者、监督者，第四代则倾向于制约者（如表 2-5 所示）。

20 世纪 70 年代起，科腾作为福特基金会和美国国际开发署（USAID）的代表长驻东南亚 15 年，通过对以菲律宾为主的东南亚非政府组织进行大量研究后提出非政府组织代际概念。由于将菲律宾非政府组织作为考察重点，科腾前三代非政府组织概念与菲律宾非政府组织的发展是完美契合的，得到了菲律宾非政府组织人士及研究者的赞同，但第四代非政府组织的概念是否准确还有待商榷。

---

① David C. Koten, Third Generation NGO Strategies：A Key to People-Centered Development，*World Development*，Vol. 15，1987，pp. 153～154.

② David C. Koten，*Getting to the 21st Century*：*Voluntary Action and the Global Agenda*，West Hartford：Kumarian Press，1990，pp. 116～118.

表 2-5　科腾四代非政府组织比较

代际	第一代	第二代	第三代	第四代
主要功能	救援与福利	社区发展	可持续系统的发展	支持人民运动
工作目标	人道需要	地区贫穷	政府制度不足	人民运动动员不足
时间跨度	灾害时	项目期间	10~20 年	未来
参与主体	非政府组织	非政府组织及社区	相关政府和社会部门	非政府组织网络
组织角色	行动者	动员者	催化者	教育者
管理目标	后勤管理	项目管理	策略管理	整合力量促进网络自治

资料来源：David C. Koten, *Getting to the 21st Century：Voluntary Action and the Global Agenda*，West Hartford：Kumarian Press，1990，p.117.

（六）菲律宾华人社团的分类

菲律宾华人社团与其他菲律宾非政府组织以及其他国家华人社团相比，具有显著特点，分类方式也有所不同。陈烈甫将菲律宾华人社团分为11 类，即宗教、乡土、职业、文教、体育、文康活动、宗族、慈善、洪门、政治和秘密会社。[1] 宋平将菲律宾华人社团分为血缘团体、地缘团体、业缘团体、政治团体、文化团体、宗教团体、公益慈善团体、联谊互助团体和全社会性团体 9 大类。在这 9 类中，每一类又细分为传统型和现代型。传统型与中国封建社会传统相联系，是中国传统社会各种社会组织形式在海外的变种，现代型则与近现代社会相联系，或与中国近现代社会相联系，或与近现代海外社会相联系。[2] 曾少聪根据菲律宾华人社团的原则和性质，将华人社团分为依照中国文化组建的社会组织（地缘组织、血缘组织、秘密会社、宗教组织）、适应移居地社会而创建的社会组织（同业行会、商会、教会、校友会、狮

---

[1]　陈烈甫：《华侨学与华人学总论》，台北：商务印书馆，1987 年，第 247~262 页。
[2]　宋平：《承继与嬗变——当代菲律宾华人社团比较研究》，厦门：厦门大学出版社，1995 年，第 3~4 页。

子会）、半官方的社会组织（华人公会）三大类。[①] 庄国土认为，从菲华社团组织的发展历史和现状来看，最基本的大概只有三类，也就是血缘性组织、地缘性组织和业缘性组织。[②]

第四节　菲律宾非政府组织的数量统计与分布

菲律宾非营利部门研究项目曾统计，1997 年菲律宾非政府组织的总数在 24.9 万～49.7 万之间[③]，之后，尚没有机构对此进行全面统计。由于菲律宾非政府组织发展变化迅速，当时的统计数字已难以反映 2000 年后的实际情况。值得高兴的是，随着先进注册方法和设备的引入，菲律宾证券交易委员会（SEC）和合作社发展局（CDA）等注册管理机构对所注册的非政府组织进行了清理，提高了数据的准确性。笔者通过实地考察，搜集了 2008 年菲律宾非政府组织相关数据，借用菲律宾非营利部门研究项目的统计模型和方法[④]，对非股份制社团、合作社、工会和其他非政府组织的数量进行统计，推估 2008 年菲律宾非政府组织总数，并分析其地理分布和行业分布，为

---

① 曾少聪：《菲律宾华人社会组织的建构及其功能》，《世界民族》2001 年第 4 期，第 36 页。

② 庄国土、陈华岳：《菲律宾华人通史》，厦门：厦门大学出版社，2014 年，第 687 页。

③ Ledivina V. Carino, *Between the State and the Market: The Nonprofit Sector and Civil Society in the Philippines*, Quezon City: Center for Leadership, Citizenship and Democracy, National College of the Public Administration and Governance, University of the Philippines, 2002, p. 85.

④ 20 世纪 90 年代，由于菲律宾是非政府组织最发达的东南亚国家，具有鲜明的代表性，引起了约翰霍普金斯大学非营利部门比较项目的关注，因此菲律宾被列入研究计划的 36 个国家之中。从 1997 年起，以卡里诺教授为首的一批菲律宾学者用了四年时间对菲律宾非政府组织的发展情况进行了调查。通过抽样分析调查，建立了一个数量统计模型，该模型尽可能多地兼顾到满足基本要素的各类菲律宾非政府组织，最后得出 1997 年菲律宾非政府组织的总数在 24.9 万～49.7 万之间。该结论被列入菲律宾非营利部门研究项目的报告之中，虽然其推估方法尚有可商榷之处，但该数字还是得到了菲律宾国内外各界的认可，被众多部门和学者所引用。这里不对该统计模型进行详细说明，有关方法和数据详见 Ledivina V. Carino, *Between the State and the Market: The Nonprofit Sector and Civil Society in the Philippines*, Quezon City: Center for Leadership, Citizenship and Democracy, National College of the Public Administration and Governance, University of the Philippines, 2002, pp. 69～86.

下一步研究做准备。笔者将统计时间定为 2008 年的原因是根据菲律宾 9520 号法令，该年年底菲律宾合作社发展局要求所有的合作社重新进行登记。这是一项较为复杂冗长的工作，至 2011 年年底重新登记并未完成[①]，因此 2008 年后的菲律宾合作社发展局的统计数字暂时无法正确反映菲律宾合作社的真实情况。

一、数量统计

（一）非股份制社团

1997 年，菲律宾证券交易委员会的非股份制社团数据为 1905 年起所有注册过的非政府组织的总数，其中一部分组织已经不存在或不运作，同时还有一部分组织在非营利性上达不到要求[②]，因此菲律宾非营利部门研究项目推估非股份制社团中的非政府组织为 2.1 万～7.5 万个，浮动较大。但 2000 年后，菲律宾证券交易委员会对非股份式社团进行了清查和分类，排除了那些停止运作的组织，提高了数据的准确性。

至 2008 年 3 月 15 日，在菲律宾证券交易委员会中注册的非股份制社团共有 76512 家，其中 25149 家在 1936—2000 年间登记，51363 家在 2000—2008 年间登记。[③] 非营利部门研究项目在 1999 年对菲律宾证券交易委员会的 1000 个非股份制社团进行分析，发现其中 394 个无法达到非营

---

① 至 2011 年 11 月，菲律宾合作社发展局统计的合作社仅为 20792 个，包括新成立的近 5000 个合作社。详见 Cooperative Development Authority of Philippines，http://www.cda.gov.ph，2012－4－22.

② 菲律宾非营利部门研究项目抽样调查发现不存在或不运作的非股份制社团比例为 26%，在非营利性上达不到要求的比例为 39%。详见 Ledivina V. Carino，*Between the State and the Market：The Nonprofit Sector and Civil Society in the Philippines*，Quezon City：Center for Leadership，Citizenship and Democracy，National College of the Public Administration and Governance，University of the Philippines，2002，pp. 72～74.

③ Caucus of Development NGO Network，*NPO Sector Assessment：Philippine Report*，Report Prepared for the NPO Sector Review Project，Charity Commission for England and Wales，2008，p. 23.

利性的要求，即只有 61％ 的非股份制社团为非政府组织。① 笔者假设这 61％ 的比例仍然成立，并将其设定为低估值。而亚洲发展银行在 1999 年的报告②中认为菲律宾非股份制社团基本是以发展型非政府组织为主，其他人民组织为辅，即全部符合非政府组织条件。因此笔者设定 100％ 为高估值，从而得出 2008 年登记为非股份制社团的非政府组织为 46672～76512 家。

从这个数字上来看，从 1997 年至 2008 年的 11 年间，菲律宾非股份制社团的数量保持稳定，但增长有限。需要说明的是在这个时期新登记非股份制社团的数量与被淘汰的数量同样惊人，如 2001—2008 年，登记成为非股份制社团的非政府组织共有 51363 个，而被淘汰的非股份制社团的数量在 10 万家以上。

（二）合作社

菲律宾合作社数量的统计较为容易，因为菲律宾法律要求合作社必须向合作社发展局注册。合作社发展局的审查也较为严格，将合作社分为运作中、审查中、注销、解散四大类。菲律宾非营利部门研究项目在统计合作社数量时把运作中的合作社数量定为低估值，把运作中和审查中的合作社数量定为高估值。参照这一方法，1997 年菲律宾合作社的数量为 25072～40809 个；③2001 年合作社的数量为 33670～54815 个；而到了 2008 年 2 月，菲律宾登记合作社为 70154 家，运作中的有 21068 家，审查中的有 21473 家，因此 2008 年合作社数量为 21068～42541 个。④ 从数据变化上看，2001 年后，菲律宾合作社的实际数量明显下降。

---

① Ledivina V. Carino, *Between the State and the Market*：*The Nonprofit Sector and Civil Society in the Philippines*，Quezon City：Center for Leadership，Citizenship and Democracy，National College of the Public Administration and Governance，University of the Philippines，2002，p. 187.

② Asian Development Bank, *A Study of NGOs*：*Philippines*，1999，p. 4.

③ Ledivina V. Carino, *Between the State and the Market*：*The Nonprofit Sector and Civil Society in the Philippine*，Quezon City：Center for Leadership，Citizenship and Democracy，National College of the Public Administration and Governance，University of the Philippines，2002，p. 72.

④ Cooperative Development Authority of Philippines，http://www.cda.gov.ph，2012—4—22.

（三）劳工组织

根据 1999 年布恩迪亚（Emmanuel E. Buendia）对菲律宾政府各部门中登记的人民组织所进行的统计，菲律宾工会的数量为 9326 个，工人协会数量为 17227 个，其中农村工人协会为 14039 个，妇女工人协会为 1747 个，青年工人协会为 1474 个。[①] 而根据菲律宾劳动关系局在 2008 年的数据统计，菲律宾注册工会共有 15319 个，其中独立工会 7515 个，成员 707266 人，联合工会 7804 个，成员 873378 人，但缺少工人协会的数量。2011 年 4 月的菲律宾劳动关系局的统计表明，菲律宾注册工会总数达 16208 个，其中独立工会 7247 个，成员 736557 人，联合工会 8961 个，成员 627870 人，工人协会的总数为 23568 个，成员为 1005816 人。[②] 这表明 2000 年后，菲律宾劳工组织的数量稳步上升，而农村工人协会数量有所下降，可见劳工组织向城市集中的趋势较强。根据 2008 年与 2011 年菲律宾工会的数量之比，笔者推估 2008 年菲律宾工人协会的数量为 22275 个，因此 2008 年菲律宾劳工组织总数为 37594 个。

（四）业主协会

菲律宾住房与土地使用调控委员会授权各行政区办公室对业主协会进行注册管理。由于各行政区工作进度不同，笔者所获首都区业主协会数据为 2012 年的，其他区多为 2009 年或 2010 年的，且缺少第 11 行政区的相关数据。经汇总，菲律宾共有 12292 家业主协会，[③] 笔者视之为 2008 年业主协会的数量。由于第 11 行政区非股份制社团占全菲的 5.4%，笔者推估该区的业主协会数量为 701 家，则 2008 年全菲业主协会数量为 12993 家。

（五）其他非政府组织

1999 年，布恩迪亚教授对在各政府部门登记的人民组织进行统计后，

---

① Emmanuel E. Buendia, *People Participation in Governance*, Quezon City: National College of the Public Administration and Governance, University of the Philippines, 2001，p. 143.

② Department of Labor and Employment，http://www. blr. dole. gov. ph, 2011 —12—12.

③ 菲律宾住房与土地使用调控委员会内部登记资料。

发现共有 71135 个人民组织,扣去工会、工人协会还有 44582 个。笔者在此基础上联系菲律宾政府各管理机构,对相关数据进行更新(原住民协会数据暂缺),发现除城市贫困组织大幅度增长外,农业类型的组织数量普遍有所减少,其他组织变动不大(如表 2-6 所示)。由于这些组织规模较小,且变化幅度不大,因此将所得数据视为 2008 年数据。根据更新数据推估,2008 年其他类型非政府组织的总数为 49474 个。

表 2-6　2008 年其他类型非政府组织的数量变化

单位:个

类型	布恩迪亚统计数据	数据时间	更新数据	数据时间	数据来源
土地改革协会	2464	1999 年	1698	2011 年	土地改革部
渔民组织	2205	1999 年	1881	2010 年	渔业资源部
原住民协会	1607	1999 年			原住民人口委员会
城市贫困组织	3524	1999 年	11794	2007 年	城市贫困问题总统委员会
农村发展俱乐部	7257	1987 年	8857	2007 年	农业部
妇女土地改革协会	829	1999 年	196	2011 年	土地改革部
4-H 俱乐部	4303	1999 年	3189	2007 年	农业部
老年人协会	22393	1997 年	20252	2011 年	社会福利与发展部

资料来源:Emmanuel E. Buendia, *People Participation in Governance*, Quezon City: National College of the Public Administration and Governance, University of the Philippines, 2001. 此外,还有菲律宾农业部、土地改革发展部、渔业资源部、劳工部等菲律宾政府部门的统计数据。

(六)菲律宾非政府组织数量推估

将上述数据相加,2008 年菲律宾登记非政府组织的数量为 16.8 万～21.9 万个。1997 年,菲律宾非营利部门研究项目对各行政区进行抽样分析,发现未登记非政府组织的数量占总数的 24%～40%,其中达沃区最少,为 24%，伊罗戈斯区最多，为 40%。[1] 笔者假设这一比例仍然成立，则未登记非政府组织的数量为 5.3 万～14.6 万个，因此 2008 年菲律宾非政府组织的总数在 22.1 万～36.5 万个之间（如表 2-7 所示）。这一数字略低于菲律宾非营利部门研究项目的统计，但应更接近实际情况。

表 2-7　2008 年菲律宾非政府组织数量推估

类型	低估值	比例	高估值	比例
非股份制社团	46672	21%	76512	21%
合作社	21068	10%	42541	12%
劳工组织	37594	17%	37594	10%
业主协会	12993	6%	12993	4%
其他类型人民组织	49474	22%	49474	14%
登记非政府组织合计	168000		219000	
未登记非政府组织推估	53000	24%	146000	40%
总计	221000		365000	

资料来源：Ledivina V. Carino, *Between the State and the Market: The Nonprofit Sector and Civil Society in the Philippines*, Quezon City: Center for Leadership, Citizenship and Democracy, National College of the Public Administration and Governance, University of the Philippines, 2002, p. 72.

二、分布情况

（一）地理分布

菲律宾非政府组织在地理分布上呈现出向首都区靠拢的现象。如表 2-8 所示，发展型非政府组织、工会基本集中在首都区，而合作社、农村非政

---

[1]　Ledivina V. Carino, *Between the State and the Market: The Nonprofit Sector and Civil Society in the Philippines*, Quezon City: Center for Leadership, Citizenship and Democracy, National College of the Public Administration and Governance, University of the Philippines, 2002, p. 70.

府组织也集中在首都区及周边的行政区，首都区、南他加禄区①和中吕宋区是非政府组织最发达的地区。离首都区越远，非政府组织的分布越少，科迪勒拉自治区、棉兰老穆斯林自治区的非政府组织发展最为落后。

表 2-8　2008 年菲律宾主要非政府组织类型的地理分布

编号	地区	非股份制社团		合作社		工会	
		数量	比例	数量	比例	数量	比例
NCR	国家首都区	26708	34.9%	2670	6.3%	9127	59.6%
1 区	伊罗戈斯	3367	4.4%	2227	5.2%	90	0.6%
2 区	卡加延河谷	1575	2.1%	2583	6.1%	45	0.3%
3 区	中吕宋	7299	9.5%	4568	10.7%	974	6.4%
4 区	南他加禄	14760	19.3%	5152	12.1%	1974	12.9%
5 区	比科尔	2361	3.1%	1444	3.4%	142	0.9%
6 区	西米沙鄢	3415	4.5%	5018	11.8%	577	3.6%
7 区	中米沙鄢	2939	3.8%	3229	7.6%	899	5.9%
8 区	东米沙鄢	941	1.2%	1097	2.6%	204	1.3%
9 区	西棉兰老	1285	1.7%	1920	4.5%	108	0.7%
10 区	北棉兰老	1391	1.8%	1893	4.4%	319	2.1%
11 区	南棉兰老	4258	5.6%	5166	12.1%	401	2.6%
12 区	中棉兰老	404	0.5%	3206	7.5%	176	1.1%
13 区	卡拉加	930	1.2%	1554	3.7%	94	0.6%
CAR	科迪勒拉自治区	2246	2.9%	814	1.9%	54	0.4%
ARMM	棉兰老穆斯林自治区	654	0.9%			155	1.0%

资料来源：Caucus of Development NGO Network，*NPO Sector Assessment：Philippine Report*，Report Prepared for the NPO Sector Review Project，Charity Commission for England and Wales，2008，p. 23；Cooperative Development Authority of Philippines，http://www. cda. gov. ph，2012－4－22；Department of Labor and Employment，http://www. blr. dole. gov. ph，2011－12－12.

① 确切地分析应该是南他加禄区的甲拉巴松区，2002 年 5 月，第 4 区南他加禄区（Southern Tagalog）重新划分为 4A 甲拉巴松（Calabarzon）、4B 民马罗巴（Mimaropa）两区，但许多部门在数据统计时仍然把这两个区合并统计。

从非股份制社团分布来看,首都区集中了 34.9% 的非股份制社团,其次是南他加禄区和中吕宋区,分别是 19.3% 和 9.5%,三个区的非股份制社团占总数的 63.7%。这三个区在地理位置上紧密相连,位于吕宋岛的中部,是菲律宾的政治、工业、教育、文化、贸易和媒体中心,在国内生产总值和工业生产总值上占绝对主导地位。在工会分布上这一趋势更明显,59.6% 的菲律宾工会集中在首都区,南他加禄区占 12.9%(基本分布在甲拉巴松区,占 12.7%),中吕宋区占 6.4%,三个区的工会占总数的 78.7%。合作社的分布虽然较为平均,但在实际运作的合作社中,上述的三个区仍然是分布比例最高的三个区,分别是首都区 10.6%,中吕宋区 11.5%,南他加禄区 10.4%,三个区的合作社占总数的 32.5%。[①]

位于吕宋岛北部的伊罗戈斯和卡延加河谷区、吕宋岛南部的比科尔和民马罗巴区、米沙鄢群岛三区以及棉南老岛上的西、北、南棉兰老区在历史上属于天主教控制区域,有一定的工商业基础,因此非政府组织分布较为平均。而中棉兰老区、卡拉加区、科迪勒拉自治区及棉兰老穆斯林自治区为伊斯兰地区或多民族地区,工商业较为落后,除农业合作社外,其他类型的非政府组织发展均较为滞后。

(二)行业分布

由于菲律宾非政府组织种类众多,无法进行行业分布统计,只能从非股份制社团的行业分布情况来判断整体行业分布情况。

根据 2008 年菲律宾证券交易委员会对非股份制社团的统计数据(如表 2-9 所示),从数量上看仍然是会员型组织占绝对多数;与工商业有关的组织占 23.2%,包括各式商会和工会,不过这些组织的规模一般较小;与宗教活动有关的组织为 9.7%,与教育研究相关的组织占 8.5%,但这两类组织的规模较大;其他类型组织的数量都较少。

---

① Cooperative Development Authority of Philippines,http://www.cda.gov.ph,2012-4-22.

表 2-9　2008 年菲律宾非股份制社团的行业分布

分类	数量	比例
与教育有关的组织	6476	8.5%
商会、工会等与商业有关的组织	17723	23.2%
会员型组织	31995	41.8%
与政治活动有关的组织	1004	1.3%
与宗教活动有关的组织	7433	9.7%
体育、娱乐组织	463	0.6%
其　　他	11418	14.9%
合　　计	76512	100%

资料来源：Caucus of Development NGO Networks，*NPO Sector Assessment*：*Philippine Report*，Report Prepared for the NPO Sector Review Project，Charity Commission for England and Wales，2008，p. 25.

第三章

菲律宾非政府组织的发展轨迹

　　菲律宾非政府组织的发展有特定的地域空间和历史语境,这些也造就了其独特的发展轨迹。本章将通过考察菲律宾非政府组织的发展轨迹,研究其发展水平领先于多数发展中国家的主要原因。在菲律宾非政府组织的发展历史上,出现过三个发展高峰,正是这三次大发展使菲律宾非政府组织形成了当前的规模和特点。第一个发展高峰在美国殖民时期,美国殖民政府将美式非政府组织体制引入菲律宾,造成慈善取向的非政府组织大量涌现,奠定了菲律宾非政府组织的雏形;第二个发展高峰在菲律宾独立初期,非政府组织的工作重心从城市转向农村,发展取向的非政府组织大量兴起,并带动了农村基层非政府组织的蓬勃发展;第三个发展高峰在马科斯下台后的重建民主时期,新宪法提高了非政府组织的政治地位,鼓励非政府组织参与政治决策。因此,倡导取向的非政府组织大量涌现,全面参与社会发展的决策与监督,以及各个层级的国家治理。这三个发展高峰分别对应的是科腾(David C. Koten)所界定的三代非政府组织。

第一节　西班牙殖民时期(1565—1898 年)

　　一般认为,菲律宾非政府组织的出现可以追溯到西班牙殖民早期,16世纪西班牙殖民者带来的社会福利组织是菲律宾最早的非政府组织。在此之前,菲律宾各岛原住民是以亲族关系为基础的社会群体,没有形成统一的中央集权统治,也没有真正意义上的非政府组织。但当时的社会生活及生产模式带来了一种深厚的公社制结构和相互合作意识,称为"分享内在自我"(pakikipagkapwa),在菲律宾现代社会中,表现为人际互助和互惠取向。

这种意识对菲律宾非政府组织的诞生和发展产生了极大影响,一些菲律宾学者认为,"分享内在自我"是菲律宾人最早的核心价值观,当代许多社会行为都建立在这一价值观之上,包括非政府组织行为。① 萨拉蒙等学者则认为菲律宾社会中的分享精神,倡导集体重于个体,这种社会凝聚力帮助菲律宾人度过许多危急时刻,在表达类组织里表现得尤其突出,体现为利他主义以及相互的帮助。②

一、西班牙殖民早期菲律宾非政府组织的诞生

西班牙殖民早期,菲律宾非政府组织处于萌芽状态,数量少、规模小,且具有深远的天主教背景。与西方同期一样,该时期的菲律宾非政府组织多为具有宗教背景的医疗救助机构和互助团体,主要由菲律宾天主教教会或其成员创办、经营和资助,某种程度上可以看作教会服务功能的一种社会延续。由于当时菲律宾实行的是政教合一的殖民体制,天主教教会权力很大,在其庇护下,非政府组织不但可以较为自由地发展,甚至还具有一些官方色彩,成为政府福利机构的代替者或前身。虽然它们的服务对象主要是天主教教会成员、西班牙人和少数上层菲律宾人,在公益性上存在很大局限性,但按照科腾的"四代非政府组织"的定义,"第一代非政府组织的工作重点放在社会救济与福利性服务上,直接为特定的社会群体提供服务"③,这些慈善性质的机构团体无疑已经具备了第一代非政府组织的明显特征,是菲律宾最早的非政府组织。

西班牙殖民早期的菲律宾非政府组织主要有两类:一是天主教医疗救助机构,主要包括菲律宾天主教教会成立的医院、精神病院、孤儿院、聋哑学校等。这些组织一般是由具有普世宗教精神的天主教传教士发起成立,义务提供救助和医疗服务,之后在天主教教会、殖民政府、社会上层的资助和

---

① Grace H. Aguiling-Dalisay, Jay A. Yacat, Atoy M. Navarro, *Extending the Self*: *Volunteering as Pakikipagkapwa*, Quezon City: Center for Leadership, Citizenship and Democracy, National College of the Public Administration and Governance, University of the Philippines, 2004, p. 4.

② [美]莱斯特·萨拉蒙、沃加斯·索可洛斯基:《全球公民社会——非营利部门国际指数》,陈一梅等译,北京:北京大学出版社,2007年,第227~228页。

③ David C. Koten, *Getting to the 21st Century*: *Voluntary Action and the Global Agenda*, West Hartford: Kumarian Press, 1990, p.113.

参与下逐渐扩大规模,发展成正规的非营利医疗机构。以著名的圣简德迪奥斯医院(San Juan de Dios Hospital)和圣拉扎罗医院(San Lazaro Hospital)为例,这两家医院的前身都是圣方济各会传教士克莱门特(Fray Juan Clemente)在1578年建立的医疗救助机构。圣简德迪奥斯医院免费向天主教教徒提供医疗服务,后来由菲律宾天主教教会接手管理,发展成为教会医院。圣拉扎罗医院则义务收容和救治麻风病人,后来由西班牙殖民政府接手管理,成为官方传染病治疗机构。菲律宾天主教教会建立这些医疗救助机构的主要目的是通过慈善行为来宣传教义,增加当地天主教教徒人数。从该时期与日俱增的天主教信仰人数来看,这些机构所拥有的进步医学知识和治疗手段,的确产生了一些作用。[①] 出于相同的目的,菲律宾天主教教会还成立了一些教区学校,通过普及教育来吸收教徒,但也主要限于社会上层。

二是天主教互助团体。为推动菲律宾民众信仰天主教,菲律宾天主教教会还把欧洲基督教社会的"兄弟会"(confraternity)、"姊妹会"(sodality)和"荣誉守护者"(guardians de honor)移植到菲律宾。通过学习教义、遵守教规、关怀教友等日常互助活动,增进教会与教徒之间的教亲关系。绝大多数的互助团体规模小、成员少,功能上接近于宗教信仰组织,但其中一些规模较大的"兄弟会"已经超出了日常礼拜活动的范围,开始协助举办教会庆典,从事社会慈善活动。这些互助团体更接近于宗教服务组织,具有一定的公益性,比较著名的有慈悲兄弟会(Hermandad de la Misericordia)。该会成立于1594年,目的是为圣简德迪奥斯医院扩建募款,1596年起负责管理该医院,1645年因地震将医院管理权转让给圣约翰兄弟。在慈悲兄弟会存在的150年间,各界通过多种途径共向菲律宾捐款500万比索。[②] 该时期天主教互助团体创办和运作的资金主要来自菲律宾天主教教会,部分来自天主教教徒直接捐款。少数互助团体由于资金较多,还成立了慈善基金,贷款给商人。慈悲兄弟会就是第一个带有基金功能的互助团体。1840年,菲律宾慈善基金的数量达到15个之多,基金总额达350万比索。1841年,西

---

① 李毓中:《菲律宾简史》,南投:"国立"暨南国际大学东南亚研究中心,2003年,第31页。

② Ledivina V. Carino, *Defining the Nonprofit Sector: The Philippines*, Baltimore, Maryland: Center for Civil Society Studies, The Johns Hopkins University, 2001, p.10.

班牙殖民政府为便于管控，把慈善基金缩减到 4 个，1851 年又将这几个基金合并。①

在西班牙殖民早期，并非所有的非政府组织都带有天主教色彩，仍存在少数独立于教会之外的非政府组织，其中最著名的是巴斯科总督（Jose de Bascoy Vargas）在 1781 年协助建立的国家之友经济协会（Sociedad Economica de Amigos del Pais）。许多菲律宾学者认为该协会是菲律宾第一个在殖民政府支持下创立的非政府组织。该协会在成立后积极地对菲律宾群岛上的矿物、动植物资源展开调查，并对岛内原住民进行专业技术训练，推广产业知识，引进高价值经济作物。由于该协会在促进菲律宾工农业发展及专业人才培育上颇有建树，之后的各任总督都非常支持协会活动。一直到西班牙殖民统治结束前，该协会仍然在积极地发挥着作用。② 一些菲律宾学者还认为该组织通过普及教育，间接促进了菲律宾民族意识的觉醒。

二、西班牙殖民晚期菲律宾非政府组织的发展

西班牙殖民晚期，殖民政府对自然资源的掠夺式开发，破坏了菲律宾的生态环境，使自然灾害不断增多，尤其是 1878 年的大灾荒造成了重大的人员伤亡。然而西班牙殖民政府在抗灾救灾上缺乏能力和决心，导致殖民政府和菲律宾民众之间矛盾激化，直接威胁到西班牙殖民统治。为此，西班牙殖民政府开始提升对非政府组织的重视程度，寄望于通过非政府组织力量来应对自然灾害，维持社会秩序，缓解社会矛盾。殖民政府成立了慈善与公共健康检察总署（General Inspection of Charities and Public Health），指导非政府组织参与社会慈善活动，提高医疗水平和生产技术水平。菲律宾国父黎刹（Jose p. Rizal）在小说《不要碰我》中就提到西班牙殖民政府对促进农业和商业发展的社会组织发放奖励，奖金的来源是斗鸡活动的税收。③ 西班牙殖民政府还与菲律宾天主教教会、社会上层合作，成立一批形式更正规、功能更健全的慈善机构。如 1886 年，殖民政府、天主教教会与阿亚拉家

---

① 金应熙：《菲律宾民族独立运动史》，郑州：河南人民出版社，1989 年，第 23 页。

② 李毓中：《菲律宾简史》，南投："国立"暨南国际大学东南亚研究中心，2003 年，第 31 页。

③ Gerard Clarke, *The Politics of NGOs in Southeast Asia: Participation and Protest in the Philippines*, London and New York: Routledge, 1998, p. 53.

族合作成立了圣文森特保罗协会（Conferencia de San Vicente de Paul），由阿亚拉家族领导人罗刹斯（Marbarita Roxas de Ayala）任首任主席。① 西班牙殖民晚期，菲律宾上层家族热衷于参与非政府组织的慈善活动，主要目的是通过这些活动与天主教教会、殖民政府增进互动。一方面使菲律宾天主教教会承认他们的财富和社会地位，另一方面使殖民政府承认他们的政治地位并保护他们的经济利益。由于殖民政府和上层家族势力的积极参与，这一时期的非政府组织具有更为明显的慈善取向特征。

此时，菲律宾本土精英阶层开始壮大，他们把欧洲的自由民主思想引进菲律宾，促进了菲律宾民族意识的提高。受此影响，一批具有政治目标的非政府组织也随之产生，其中部分组织逐步发展为政治组织或政治运动。这些非政府组织多以"兄弟会"形式出现，成员多为城镇附近的农民，主要活动是要求改革，宣传独立，反对殖民统治。许多组织因此被西班牙殖民政府认定为非法组织（asociaciones ilicitas），其中最著名的是圣约瑟兄弟会（Cofradia de San Jose）。该组织于 1841 年由克鲁兹（Apolinario de la Cruz）成立，在南他加禄地区拥有众多会员。其最初只是一个菲律宾本土天主教团体，但一直被西班牙殖民政府和菲律宾天主教教会打压，随后发展成为反西班牙起义，不久被殖民军队镇压。另一个更具进步意义的非政府组织是宣传运动②（Propaganda Movement）中的菲律宾共济会（Masonic Lodge）。共济会起源于西班牙，由宣传运动领袖创办，主要任务是向菲律宾民众宣传殖民地管理自由化、资产阶级民主改革、消除种族歧视和限制教会权力等政治主张，并为宣传运动筹集资金。1892 年，第一家菲律宾共济会成立，1893 年达到 35 家，1896 年达到 200 家以上。③

---

① Gerard Clarke, *The Politics of NGOs in Southeast Asia: Participation and Protest in the Philippines*, London and New York: Routledge, 1998, p.62.

② 宣传运动：1872 年由菲律宾在欧洲的移民精英、学生、自由主义者组成，初期形式接近于共济会，主要领导人是被称作"菲律宾国父"的黎刹（Jose Rizal）。该组织宣传民族主义、民主思想，普及教育，追求改革和民权。随着影响的不断扩大，宣传运动发展成为以马德里和马尼拉为中心的和平改良运动，后因遭到西班牙殖民政府的镇压而失败。

③ Ledivina V. Carino, *Defining the Nonprofit Sector: The Philippines*, Baltimore, Maryland: Center for Civil Society Studies, The Johns Hopkins University, 2001, p.13.

一些菲律宾学者还认为,在菲律宾历史上具有深远影响的卡蒂普南革命①(Katipunan)也是在非政府组织的基础上发展成为政治运动的。卡蒂普南革命的前身是 1892 年 7 月 3 日由黎刹成立的菲律宾联盟(La Liga Filipina)。该组织成立的宗旨是在任何困难和必要时,互相照顾,鼓励教育、农业和商业,研究并实行改革。② 这一宗旨表明该组织在组织形式上为非政府组织,但具有较强的政治性。

在卡蒂普南革命以及后来的菲美战争期间,菲律宾民众还自发建立了许多慈善机构救助战争伤员,如菲律宾知识阶层妇女成立的菲律宾红十字会。③ 这些组织秘密为革命筹集资金,为伤员提供治疗,为菲律宾民族解放事业做出了重要的贡献。

菲律宾最早的合作社也出现在西班牙殖民晚期。许多留学欧洲的菲律宾人受到欧洲经济运动的影响,将合作社引入菲律宾。合作社是纯经济性的非政府组织,一般不具有宗教性和政治性。黎刹、桑迪科(Teodoro Sandiko)等人都曾经在 1890 年代尝试建立不同种类的合作社,如合作制学校、合作制商店等。其中较为著名的是黎刹创办的阿马卡制造合作社(Society of Abaca Producers)。该合作社运作时间虽短,仍获得了少量赢利,证明了合作社在菲律宾的可行性。西班牙殖民晚期菲律宾合作社的规模很小,没有得到社会各界的关注,属于实验性质的合作社,但为合作社在菲律宾的推广和盛行提供了宝贵的经验。

菲律宾华人社团的兴起也始于西班牙殖民晚期。在 19 世纪之前,由于西班牙殖民政府强力推行天主教,菲律宾华人不得兴建家乡风格的庙宇或宗祠作为聚会场所,故菲律宾华人神缘、地域社团与文教诸事业的发展,远迟于南洋其他地区。④ 19 世纪后,菲律宾华侨社会内聚力开始增强,他们利

---

① 卡蒂普南:全称民族儿女最尊贵协会(Katipunan ng mga Anak Pawis sa Pilipinas),1892 年由博尼法西奥成立,是一个世俗的反宗教组织,支持通过革命实现菲律宾独立。该组织的出现在菲律宾历史上具有重要意义,它很快发展成为轰轰烈烈的卡蒂普南革命,标志着小资产阶级领导的民族独立战争的开始,直接动摇了西班牙在菲律宾长达 300 多年的统治基础。

② 金应熙:《菲律宾民族独立运动史》,郑州:河南人民出版社,1989 年,第 53 页。

③ Asian Development Bank, *Overview of NGOs and Civil Society:Philippines*, 2007, p.1. 该会与后来的菲律宾国家红十字会没有关系。

④ 庄国土、清水纯、潘宏立:《近 30 年来东亚华人社团的新变化》,厦门:厦门大学出版社,2010 年,第 37 页。

用"甲必丹制"在管理上的相对独立性,依照中国传统结社方式,在华侨社会内组织起各种社会团体。其中以血缘组织和地缘组织最为普遍,慈善、行业、文化、宗教类组织随着人口增长也明显增加,但此时并未出现全菲性质的华人社团。1817 年和 1820 年的金兰郎君社与长和郎君社是菲律宾华人最早的社团,它们以音乐团体的名义掩盖秘密会社的实质;1850 年成立的"广东会馆"是最早的同乡会;最早的福建籍同乡会则是杂姓会,后改名为闽商会馆;1878 年左右成立的四知堂是最早的宗亲会,后来改称弘农俱乐部;1888 年成立的崇宁社和关夫子会是较有影响力的同业公会,分别是中华木商会与福联和布商会的前身,不过在此之前也出现了米商同业公会和华人马车运输同业公会的相关记录[①];1879 年成立的中华崇仁医院是第一所华人非营利性医疗机构,以中医中药治病,为贫苦华侨提供免费医疗服务;1899 年成立的小吕宋华侨中西学校是第一所新式的华人非营利性教育组织;1873 年华人公社(Communidad de Chino)是当时规模较大的慈善组织,负责管理华侨义山和中华崇仁医院的运作,设有董事 15 人,其中粤籍 3 人,由广东会馆委派,其余 12 名在闽籍华侨中选举产生。[②]魏安国还认为,这一时期天地会可能在菲律宾地区已经成立,但影响力较小。这些华人非政府组织的成立,不仅通过凝聚华人社会力量维护华人利益,还有力地促进了菲律宾华人以文化、语言为基础形成具有群体意识的族群,构成了现代意义上的菲律宾华人社会。

第二节　美国殖民时期[③](1901—1941 年)

1898 年,菲律宾人民通过武装斗争摆脱了西班牙统治,获得了短暂的独立,成立了马洛洛斯共和国。但美西《巴黎条约》的签订,导致菲律宾在三年后又沦为美国殖民地。在美国殖民时期,菲律宾非政府组织发展呈现出由殖民政府主导的特点。殖民政府对非政府组织进行了大力扶持和资助,希望通过发展非政府组织在菲移植美式民主,达到排挤天主教和西班牙势

---

① Edgar Wickberg, *The Chinese in Philippine Life*, *1850—1989*, New Haven and London: Yale University Press, 1965, pp. 102~110.

② 黄滋生、何思兵:《菲律宾华侨史》,广州:广东高等教育出版社,1987 年,第 268~278 页。

③ 包括 1935—1941 年菲律宾自治政府时期。

力、削弱菲律宾人民民族意识、巩固美国殖民统治的目的,迅速将菲律宾转化为美国的原材料供应产地、商品倾销市场和投资场所。菲律宾自治政府时期,自治政府也积极支持非政府组织本土化,使它们摆脱美国影响力,以稳固本土政权。政府的积极主导使这一时期的菲律宾非政府组织获得了较大的发展。虽然该时期的菲律宾非政府组织仍属于第一代慈善取向的非政府组织,但其相关法制体系已经基本成型,为菲律宾非政府组织的进一步发展铺平了道路。

一、美国殖民政府对非政府组织发展的促进

1890—1920 年,美国世界第一经济体地位确立,全美范围内的大规模工业化和城市化基本形成。1894 年美国《税法》(*Tariff Act*)中免税组织的法律概念正式出现,美国非政府组织随之迎来了发展高峰,这股高峰不可避免地影响到了美国的新殖民地菲律宾。美国占领菲律宾后,极力推行"宗主国化",把美国的政治、社会体制移植到菲律宾,以取代西班牙殖民体制,其中就包括仿照美国模式对菲律宾非政府组织进行扶植和管理。第一任总督塔夫塔(William Howard Taft)曾公开表示,美国托克维尔式的民主制度鼓励与支持社会组织的成长与发展,该制度应该移植到菲律宾。[①] 1906 年,美国殖民政府对公共福利机构、慈善机构、非营利机构进行了详细的界定,并颁布了第一部非政府组织立法文件——1906 年《菲律宾社团法》(*Philippine Corporation Law*)。从法律上肯定了非政府组织的合法性,鼓励建立私人慈善机构,给予免税优惠措施和一定程度上的法律自主权,包括罢工权、集会权等。在这部法律中,菲律宾天主教教会医院、学校被列为非股份制社团,接受政府和教会的双重领导,以加强社会服务功能。美国殖民政府还开明地支持菲律宾计划生育组织(FPOP)、菲律宾妇女投票组织(Filipina Suffragette Organization)的成立,这些政策和措施在西班牙殖民时期是不可想象的。此外,社会教育水平的提高、资本主义观念的涌入、社会流动的自由开放,也为菲律宾社会注入新的活力。在这些因素的刺激下,菲律宾迎来了慈善取向非政府组织的大发展。

1915 年,随着各式各样慈善机构的增多,美国殖民政府成立了公共福

---

① Karnow Stanley, *In Our Image:America's Empire in the Philippines*, New York:Random House, 1989, p. 228.

利委员会(Public Welfare Board),帮助殖民政府协调和管理私人慈善机构的活动。[①] 殖民政府还对非政府组织进行资助,以弥补政府社会福利功能的不足以及天主教慈善机构缩减带来的影响。拨款主要流向从事医疗卫生、救灾赈灾活动的非政府组织。1921年,美国殖民政府资助非政府组织的金额达15万美元,主要用于麻风病防治,这相当于殖民政府年度开销的2.2%。[②] 美国殖民政府的高级官员还注意与非政府组织建立良好关系,如塔夫塔总督与菲律宾婴儿保护协会(La Proteccion de la Infancia)共同成立了牛奶基金(Gote de Leche),为孤儿提供牛奶;塔夫塔总督还出任过美国红十字会菲律宾分会的主席;福比斯总督(Cameron Forbes)对青年基督教协会(YMCA)进行过大力资助,并出任菲律宾业余运动员协会第一任会长。[③]美国殖民政府的重视和支持激发了菲律宾上层社会参与非政府组织活动的热情,上层人士纷纷加入主要的非政府组织,并以担任领导要职为荣。阿方森(Aluit Alfonson)曾描述20世纪10年代美国红十字会菲律宾分会的委员会成员名单就像是当时菲律宾上层人物的花名册,所有重要人物都集合其中。[④]

殖民政府的主导和上层社会的积极参与使该时期菲律宾非政府组织的社会地位不断提高,在促进社会发展、维护美国殖民统治上也发挥了作用。1922年,伍德总督(Leonard Wood)在政府报告中称,众多的菲律宾妇女组织为地方政府提供了有力的支持。这些组织的工作卓有成效,特别在儿童福利、公共健康、公共建设、社会道德等方面维护了殖民政府的利益。[⑤]

随着美国殖民统治的深入,大批美国非政府组织也随之涌入菲律宾,在菲律宾建立分部。这一趋势在20世纪20年代末达到高峰,期间建立的组

---

① 施雪琴:《菲律宾的非政府组织发展及其原因》,《南洋问题研究》2002年第1期,第67期。

② Cameron Forbes, *The Philippines Islands*, *2 Volumes*, Boston: Houghton Mifflin Co., 1982, p. 224.

③ Gerard Clarke, *The Politics of NGOs in Southeast Asia: Participation and Protest in the Philippines*, London and New York: Routledge, 1998, p. 54.

④ Aluit Alfonson, *The Conscience of the Nation: A History of the Red Cross in the Philippines 1896—1972*, Manila: Philippine National Red Cross, 1972, p. 182.

⑤ *Annual Report of the Governor General of the Philippines*, 1922, p. 31.

织有菲岛医疗协会（PIMA）[①]、美国红十字会菲律宾分会（Philippine Chapter of the American Red Cross）、防治肺结核协会（Anti-Tuberculosis League）、菲律宾防止虐待动物协会（Philippine Society for the Prevention of Cruelty to Animals）、国际扶轮社菲律宾分社（Rotary International Philippine Branch）等[②]。这些协会在制度、机构、运作上完全模仿美国总会，其人事组成也大量吸收殖民政府官员和美籍人士。它们的成立对菲律宾非政府组织的发展产生了积极示范作用，加深了菲律宾民众对公益慈善的认知，也为殖民政府在各行业中培植亲美势力、排挤亲西班牙势力提供了支持。以当时的医疗协会为例，在美国殖民统治之前，菲律宾最重要的医疗协会为菲律宾医疗药品大学（Colegio Medico Farmaceutico de Filipinas, Inc.），该协会为亲西班牙组织。1902年，在美国殖民政府的支持下，十多名美国及菲律宾本土医生成立了马尼拉医疗协会（MMS），并向美国医疗协会（American Medical Society）申请成为分会，次年获批成立菲岛医疗协会。该协会的章程、制度、医疗道德准则均照搬美国总会，1920年之前的主席均为美国人，是一个完全亲美的医疗组织。菲岛医疗协会的主要成员来自殖民政府卫生机构，并被派往菲律宾各地，成为推动殖民政府医疗政策、普及美国医疗标准的关键组织。由于有殖民政府的扶持，菲岛医疗协会很快取代了菲律宾医疗药品大学的社会地位，成为菲律宾医疗界的带头协会，消除了亲西班牙势力在菲律宾医疗界的影响力。

在宽松的制度环境下，一批本土非政府组织也应运而生，如菲律宾妇女协会（Asociacian de Damas Filipinas）、天主教妇女联盟（Catholic Women's Federation）、马尼拉慈善总会（Associated Charities of Manila）等大型组织以及为数众多的劳工组织、农民组织、学生组织、青年组织、互助协会等小型组织。其中影响力最大的组织是1901年成立的民主工人联盟（UOD），它的出现标志着菲律宾现代群众运动的开始。部分劳工组织还具有明显的左翼意识形态，如菲律宾农民联盟（Katipunan ng mga Anak Pawis ng Pilipinas），该组织后来与菲共有密切联系。不愿意进入菲岛医疗协会的本

[①] 该协会在菲律宾独立后改名菲律宾医疗协会（Philippine Medical Association），因为"菲岛"之称殖民色彩过重。

[②] Ledivina V. Carino, *Defining the Nonprofit Sector: The Philippines*, Baltimore, Maryland: Center for Civil Society Studies, The Johns Hopkins University, 2001, p.113.

土医生在 1930 年成立了菲律宾私人医疗联盟（PFPMP），该组织也具有反殖民统治的意识形态。20 世纪 20—40 年代，菲律宾穆斯林非政府组织开始出现，如穆斯林青年协会、和乐之子协会、哥达马都穆斯林青年联合会等。①

二、各类非政府组织发展情况

（一）天主教背景的非政府组织

1900 年后，为迅速建立起新型殖民体制，美国殖民政府一面向菲律宾派遣大批新教教士，分化原本忠于西班牙的菲律宾天主教教会；一面对天主教教会的基层势力进行限制，同时也限制那些具有民族主义倾向的独立教会，如阿格利教派。美国殖民政府通过立法手段切断了菲律宾天主教教会与非政府组织的直接联系，导致天主教教会在非政府组织中的影响力迅速降低。卡里诺认为，1917 年成立的马尼拉慈善总会标志着在政教分离短短二十年后，慈善已经与救赎灵魂脱钩，成为非宗教的、纯人道的事业。② 菲律宾计划生育组织，这一违背天主教教义的非政府组织也被美国殖民政府批准成立。在教育、医疗领域，随着一系列公立学校、医院的建立，菲律宾天主教教会所属教育、医疗机构的重要性大为降低。

新教教会各派系也利用这一时机，在菲律宾划分势力范围，分别成立各自的宗教服务组织。如新英格兰教派在 1903 年成立了圣如克医院（Saint Luke Hospital），卫理公会教派在 1906 年成立的玛丽约翰斯顿医院（Mary Johnston Hospital）。青年基督教协会（YMCA）是其中影响力最大非政府组织，它既是新教的宣扬者，又是新教与天主教发生冲突时的协调者。菲律宾天主教本土教会也对新兴的基层非政府组织进行资助，如菲律宾独立教会（IFI）在这一时期大量资助基层农民、工人组织，菲律宾第一个工会联盟——民主工人联盟正是在它的帮助下创立的。

① 许利平：《东南亚伊斯兰非政府组织的产生、发展及其作用》，《当代亚太》2008 年第 5 期，第 146~147 页。

② Ledivina V. Carino, *Between the State and the Market*：*The Nonprofit Sector and Civil Society in the Philippines*，Quezon City：Center for Leadership，Citizenship and Democracy，National College of the Public Administration and Governance，University of the Philippines，2002，pp. 38~39.

虽然在美国殖民政府的制约下，菲律宾天主教教会无法再像过去那样主导非政府组织的发展，但为了自身的生存与发展，天主教教会在逐渐转向效忠美国的同时，积极在基层建立各种非政府组织，以争取民众的支持。而美国殖民当局在削弱菲律宾天主教教会影响力的同时，也试图将天主教教会作为对抗共产主义的意识形态武器，允许其在基层发展非政府组织。20世纪30年代，天主教教会以马尼拉大学（Ateneo de Manila University）为中心发动"帮助穷困和被压迫人民的社会行动"，建立了一个反共产主义的天主教非政府组织网络，并将该网络向农村渗透，以对抗在共产主义运动中势力不断增长的左翼商业联合会和农民协会。该网络以宗教形式在社会各阶层中吸收成员，规模和影响力不断扩大，成立了众多基层非政府组织，其中影响力较大的有天主教妇女联盟（Catholic Women League）、百乐麦福音联盟（Bellermine Evidence League）、切斯特顿福音联盟（Chesterton Evidence League）等。[①] 菲律宾天主教教会建立和资助这些非政府组织的目的不仅是教会适应菲律宾社会发展进步的新趋势，更重要的是为了对抗反宗教、反天主教的思想宣传。这些非政府组织在二战后不断壮大，引发了一场涉及意识形态、政治和宗教三大领域的社会民主运动，深刻地改变了菲律宾的社会结构。

（二）合作社

美国殖民时期，旨在保护和发展农业的合作社制度也正式确立起来。美国殖民政府通过了两项重要的合作社法令——《农村信用法》（*Rural Credit Law*）和《市场合作法》（*Cooperative Marketing Law*），为菲律宾合作社的发展奠定了基础。布兰肯地区长官桑迪科（Teodoro Sandiko）由于积极引入欧洲合作社制度，并推动相关立法，被称为"菲律宾合作社之父"。桑迪科早年在德国留学，对欧洲合作社制度留下了深刻的印象。在成为地区长官后，他决心将合作社制度引入菲律宾。他起草了相关法案提交立法机构，并联络一些议员加以推动。该法案几经波折最终于1914年2月11日通过，称为《农村信用法》，法令规定合作社的主管单位为农业部。1916年10月18日，菲律宾第一个正式合作社——卡布南图安农业信用合作社

---

① Gerard Clarke, *The Politics of NGOs in Southeast Asia：Participation and Protest in the Philippines*, London and New York：Routledge, 1998, p. 59.

(Agricultural Credit Cooperative Association of Cabanatuan) 成立。到
1926 年,菲律宾共成立了 544 个农业合作社,分布在 42 个省,1930 年这一
数字上升到 571 个。1920—1930 年,仅马尼拉附近的农村地区就成立了数
百个农业合作社,成员号称超过 10 万人。[①] 1927 年 12 月 9 日,另一部重要
的合作社法令——《市场合作法》也获得通过,该法令是《农村信用法》的配
套法令,主要目的是通过合作社模式推动农产品的销售。但该法令未能充
分调动起农民的积极性,到 1939 年,仅成立了 164 家市场合作社,成员
5000 人。

美国殖民时期的菲律宾合作社虽然取得部分成绩,但由于经营不当,大
部分合作社很快陷入了名存实亡的困境,无法正常运作。到 1935 年,90%
的农业信用社由于资金耗尽,不得不停止运作。市场合作社方面也面临同
样问题,1939 年,仅有 35 家市场合作社向商业部上报了销售情况,这表明
80% 的市场合作社没有实际运作。[②] 该时期合作社经营不善的主要原因是
单纯地模仿欧洲合作社运作机制,而缺乏对合作社运作原则的掌握和对目
标的制定,导致农民缺乏参与热情。

(三)华人社团

美国殖民时期,民众结社自由不再受限制,菲律宾华人民族意识觉醒,
经济实力增长,导致各式华人社团日益增多。在当时复杂的菲律宾国内形
势下,这些非政府组织成为维护华人利益的重要柱石。到抗日战争前后,菲
律宾华社有各种社团组织 200 多个,[③]主要有商会、工会、同乡会、宗亲会、
经济互助团体、青年团体、文化团体等,其中商会占主要地位,并逐步形成了
商会在华社中起主导经济和政治作用的模式,这与当时华人社会的就业情
况相符。1904 年 8 月在驻菲中国领事馆支持下成立的小吕宋中华商务

---

① Asian Development Bank, *Overview of NGOs and Civil Society: Philippines*, 2007, p. 2.

② Cooperative Development Authority of Philippines, http://www.cda.gov.ph/ website/html/cda_history.html, 2011-11-17.

③ 庄国土、陈华岳:《菲律宾华人通史》,厦门:厦门大学出版社,2014 年,第 676 页。

局[1],是华人社会跨领域社团,逐步发展成为全菲华人社会的中心组织和第一个全菲性质的华人组织。其活动包括商务、侨社两个方面。该会的历次章程,都以维护华侨商务、保护华侨利益为宗旨。尤以1927年增订的章程规定得最为明确:(1)保持菲岛华侨利益;(2)发展菲岛华侨商务;(3)联络华侨团体感情;(4)增进菲华国际贸易。其中第2、4项明确了该会的商务职能范围,第1、3项则标示它对整个菲律宾华人社会承担的责任。[2] 1921—1926年,该组织领导了簿记法抗争,迫使美国殖民政府修改了不许华商用中文记帐的法案。簿记法抗争是菲律宾华侨历史上的转折性行动,这一事件表明,以社会组织为基础的菲律宾华侨社会已经完全成熟,同时也使中华商会得到显著的发展,几乎每一个地区都建立了中华商会。[3] 1929—1933年的经济危机中,更名后的马尼拉中华商会组建华侨商业救济委员会,设法挽救华侨经济免于衰退;1937年,商会组织抗争税务问题和表明货价案;1938—1939年,商会发起并领导华侨商业复兴运动。马尼拉中华商会还关心祖国和民族的安危,多次发起赈济祖国灾民、支援祖国抗战的活动。"9·18事变"后商会组织抵制日货,捐助抗日,保护难民,为抗日事业做出了重要的贡献。

第一次世界大战后,受到工人运动的鼓舞,菲律宾华侨工人也建立了自己的工会组织,如华侨工人联合会、华侨工人东庆堂、华侨洋衣工团、粤侨出入口帮工界联合会等,其中,华侨工人联合会后来改名为菲律宾华侨各劳工团体联合会。抗日战争爆发后,该组织发动全菲各业华侨工人、店员积极开展各种救亡活动,支援祖国抗战事业,并推动成立了店员救亡协会、文化界抗日救亡协会,创办《建国报》、建国中学,动员爱国青年回国参军、参战或到延安学习。

洪门组织是美国殖民时期另一大类华人组织。最早的洪门组织是洪顺堂、义英堂,随后出现了义福堂、菲律宾洪门秉公社、菲律宾洪门竹林协义团等一系列组织。1935年8月,各洪门组织响应抗日号召,联合组成菲律宾

---

① 1904年成立时称小吕宋中华商务局,1906年更名为小吕宋中华商务总会,1927年改名菲律宾中华总商会,1931年改名为菲律宾马尼拉中华商会。

② 黄滋生、何思兵《菲律宾华侨史》,广州:广东高等教育出版社,1987年,第343页。

③ 黄滋生:《论近代菲律宾华侨社会的形成》,载吴文焕编:《菲华问题论辩——黄滋生教授论文选编》,马尼拉:菲律宾华裔青年联合会,1999年,第63页。

中国洪门联合会,配合祖国抗日斗争开展活动,并创办洪光学校、尚武国术社等,以传播中华文化。[①]

菲律宾中国洪门联合会、菲律宾华侨各劳工团体联合会、马尼拉中华商会是美国殖民时期菲律宾的三大华人非政府组织,而当时同乡会、宗亲会及其他性质的华人社团数量虽多,规模却较小。

第三节　菲律宾独立初期(1946—1971 年)

1945 年日本投降后,美国重回菲律宾,按照美菲"十年自治政府"的协议,菲律宾于 1946 年 7 月 4 日正式独立。从独立到 1972 年马科斯实行军事管治为止,笔者称之为菲律宾独立初期。这个时期,菲律宾先后经历了罗哈斯(Manuel Roxas)、季里诺(Elpidio Quirino)、麦格赛赛(Ramon Magsaysay)、加西亚(Carlos Garcia)、马卡帕加尔(Diosdado Macapagal)、马科斯(Ferdinand Marcos)六届民选政府。该时期菲律宾经济发展迅速,甚至一度高于同期的日本;政治相对平稳,被美国称为"东方民主橱窗"。但外部的繁荣无法掩盖内部的政治、经济矛盾。当时菲律宾最大的危机来自农村土地问题,由于一系列土地改革的失败,中吕宋地区生活困苦的基层农民转向支持菲共领导的"胡克"运动。运动范围不断扩大,直接威胁到菲律宾政府的统治和美国在东南亚地区的利益。菲、美政府认识到仅仅依靠武力无法彻底平息菲律宾农村动乱,只有解决了农村土地问题,才能消除动乱根源,因此他们动员和借助非政府组织的力量,参与农村发展。而菲律宾政府与菲共在农村地区的斗争,客观上也为非政府组织创造了向农村发展的空间与机会。克拉克认为,"在菲律宾,非政府组织的兴盛,伴随并先于菲律宾共产党的边缘化。在这个意义上,非政府组织间接地受惠于国家对左派运动的压制。"[②]在这样的大环境下,一批旨在消除农村贫困、促进农村发展的发展取向非政府组织应运而生,使菲律宾非政府组织进入一个崭新的发展阶段。阿雷格雷(Alan Alegre)将这一时期称作"非政府组织初期的风景

---

① 黄滋生、何思兵:《菲律宾华侨史》,广州:广东高等教育出版社,1987 年,第 347 页。

② [美]杰勒德·克拉克:《发展中地区的非政府组织和政治》,朱德米译,《国外社会科学文摘》2000 年第 7 期,第 15 页。

线"(the incipient NGO landscape)。①

一、发展取向非政府组织的兴起

发展取向的菲律宾非政府组织首先在农村地区兴起。导致非政府组织将工作重心由城市转向农村,由慈善取向转向发展取向的原因主要有三点:第一,二战后,为遏制共产主义在菲律宾蔓延,代表大资产阶级和大地主阶级利益的菲律宾政府,强行解散了以农民为主要成员的抗日人民军(Hukbong Bayan Laban Sa Hapon),取消了得到农民支持的民主联盟(Democratic Alliance)在 1946 年国会选举中获得的 6 个席位,引起农民的不满。而政府的一系列土地改革政策因触及大地主阶级利益无法实施。土地所有制的不平等进一步激化了政府与农民的矛盾,菲共利用这一情况,重组了人民军,即"胡克"(Hukbong Mapagpalaya ng Bayan),发动了声势浩大的"胡克"运动。到 1950 年,菲共及其创建的劳工组织联盟(CLO)、人民军的成员达到 10 万人,菲律宾政府对中吕宋农村地区失去了控制。② 为彻底消除农村动乱根源,菲律宾政府在采取武力镇压的同时,把目光转向非政府组织,引导它们参与农村发展,消除农村贫困,以瓦解菲共在农村的群众基础。

第二,菲律宾大地主阶级和大资产阶级在农村具有广泛的切身利益,随着菲律宾经济的发展,农村作为重要的工业原材料产地、产品销售地和劳动力来源,在国家工业环节中的地位不断提高。但菲律宾政府无法在农村地区有效地保障农村居民的正常生活和教育,这必然将损害大资产阶级和大地主阶级的长远利益。因此他们希望通过非政府组织的工作,促进农村发展,恢复农村正常秩序,并愿意向非政府组织提供农村发展资金。

第三,由于意识形态上的差异,菲共在农村的活动深刻触及了菲律宾天主教教会和新教教会的利益,教会希望通过在农村发展非政府组织以应对这一威胁。从 20 世纪 40 年代末开始,菲律宾天主教教会就注重加强与基层农民、工人的联系,并致力于建立健康、教育、经济发展等类型的基层组

---

① Alan Alegre, *Trends and Traditions*, *Challenges and Choices*: *A Strategic Study of Philippine NGOs*, Quezon City: Ateneo Center for Social Policy and Public and Public Affairs, 1996, p. 7.

② Benedict Kervliet, *The Huk Rebellion*: *A Study of Peasant Revolt in the Philippines*, Berkeley: University of California Press, 1977, p. 43.

织,以对抗共产主义在农村地区的影响。而 1962 年的梵蒂冈第二届大公会议又进一步增强了菲律宾天主教教会建立非政府组织、参与社区发展项目的趋势。1970 年在马尼拉召开的亚洲主教大会(Asian Bishops Conference)也倡议天主教及其相关组织为穷人服务。

为鼓励非政府组织向农村发展,菲律宾政府于 1952 年颁布《科学法》(Science Act),修订非政府组织管理办法,鼓励民间建立促进社会发展的非政府组织。在该法令的推动下,一批旨在建设农村的新型非政府组织建立起来,并在农村扎根发展,协助政府维持农村地区的社会秩序。菲律宾社会福利局(SWA)是这些组织的主要官方资助者,1953—1957 年,该部门平均每年拨款 190 万比索资助非政府组织。① 1952 年,菲律宾国会还通过了《农业信贷及合作资助计划法》(ACCFA Financing Program),并成立农业信贷及合作资助部(ACCFA),通过建立一套完整的农村信贷体制,吸引农民进入基层合作社,稳定农村经济秩序。美国政府及其非政府组织也积极向菲律宾非政府组织进行资助,如美国天主教援助服务(Catholic Relief Service)一直向菲律宾社会福利局提供资金,仅 1957 年一年就高达 400 万比索;美国中央情报局和美国国际开发署(USAID)通过福特基金会、洛克菲勒基金会及亚洲基金会向菲律宾非政府组织提供资金;美国政府还为菲律宾农村重建运动(PRRM)提供部分资金,并帮助该计划获得"国际大众教育运动"(International Mass Education Movement)提供的配套资金。②

二、非政府组织的发展与贡献

参与到农村社区发展项目的第一批菲律宾非政府组织大多具有宗教背景。虽然菲律宾天主教教会在本土化过程中政治地位有所下降,但一直是各种政治力量的重要结盟对象。菲律宾新教教会和独立教会的崛起,也增强了天主教教会的力量,维系了菲律宾天主教教会对非政府组织的影响力。1947 年,菲律宾天主教教会成立了社会秩序机构(Institution of Social Order)、自由工人联盟(FFW)与自由农民联盟(FFF),希望以这些组织削

---

① Gerard Clarke, *The Politics of NGOs in Southeast Asia: Participation and Protest in the Philippines*, London and New York: Routledge, 1998, p.57.
② 施雪琴:《菲律宾的非政府组织发展及其原因》,《南洋问题研究》2002 年第 1 期,第 70 页。

弱和取代菲共下属的劳工组织联盟。菲律宾天主教教会还成立了亚洲社会学院(Asian Social Institute)，作为菲律宾社会问题的研究智库。① 菲律宾新教教会及其他本土教会也积极在农村拓展基层组织，建立合作社、互助团体及教育机构。宗教背景的非政府组织还联合建立了菲律宾全国教会协会(NCCP)。② 20世纪60年代中期，各类发展取向的非政府组织搁置意识形态与宗教信仰上的争议，联合建立了菲律宾泛基督教社区组织理事会(PECCO)③，共同促进菲律宾农村的发展与转型，这是菲律宾非政府组织超越意识形态开展内部合作的重要尝试。④

相比之下，不具有宗教背景的非政府组织在菲律宾农村发展中所起的作用更为突出，如农民合作社协会(FCA)、菲律宾农村重建运动(PRRM)、农村进步俱乐部(RIC)等。1970年，经济发展理事会(CED)、菲律宾商业理事会(PBC)、社会行动联合会(ASA)等企业界非政府组织联合组建了菲律宾工商社会进步基金会(PBSP)，探求利用社会力量解决当时社会经济问题的新途径。该会的所有成员企业承诺拿出税前年收入的1%支持低收入群体发展项目，其中20%交给该会统一支配，80%由企业所创办的基金会支配。当时基金会成员企业中有158家拥有自己的基金会。⑤ 菲律宾医疗协会(PMA)也通过农村贫穷地区医疗支援(MARIA)、伸出援手(Helping Hands)等项目改善农村医疗条件，并向缺少医生的地区派遣医生。

该时期对菲律宾农村社会经济发展影响最大的非政府组织是菲律宾农村重建运动。它是20世纪50年代菲律宾及东南亚地区最为重要的农村发

---

① Asian Development Bank, *Overview of NGOs and Civil Society：Philippines*, 2007, p.2.

② Ledivina V. Carino, *Between the State and the Market：The Nonprofit Sector and Civil Society in the Philippines*, Quezon City：Center for Leadership, Citizenship and Democracy, National College of the Public Administration and Governance, University of the Philippines, 2002, p.43.

③ 1977年，由于内部矛盾和外部压力，该组织分裂成为菲律宾事业社区组织(COPE)，和泛基督教社区力量人民行动(PEACE)。

④ Ledivina V. Carino, *Defining the Nonprofit Sector：The Philippines*, Baltimore, Maryland：Center for Civil Society Studies, The Johns Hopkins University, 2001, p.16.

⑤ Philippine Business for Social Progress, *Annual Report 1992*, Manila：Philippine Business for Social Progress 1992, p.1.

展非政府组织,也是发展取向非政府组织的典型代表模式。菲律宾农村重建运动是由社会改良组织"国际大众教育运动"资助发起,主要目标是探寻农村发展方式,包括消除农村贫困,发展农村教育,促进农村医疗卫生,建立农村自治等。1953 年 7 月,在美、菲政府的支持下,菲律宾农村重建运动正式建立。次年,该组织协助执行麦克赛赛政府的圣路易斯安置计划(San Luis Katubusan Project),成功安置了归降的 300 名"胡克"运动成员。之后该组织选择中吕宋的新伊斯加(Nueva Ecija)作为其"社会实验室",在每一个村子分别建立农村重建男子协会(RRMA)、农村重建妇女协会(RRWA)和农村重建青年协会(RRYA),组织农村居民参与农业发展项目、公共卫生项目和教育发展项目。农村重建妇女协会主要负责管理公共医疗项目,而农村重建青年协会则负责推动教育发展和公民责任感培育项目。菲律宾农村重建运动还帮助这些村的居民成立了农会、合作信贷社、乡村诊所、扫盲班和学校,并资助成立了巴里欧委员会(Barrio Councils)进行统一管理。该组织的农村扶贫四大项目不仅成为菲律宾农村发展的重要模式,并在亚洲其他发展中国家如泰国、印尼、孟加拉等国加以推广,对治理这些国家的农村贫困起到了一定的促进作用。[①]

菲律宾独立初期,发展取向的非政府组织成功地在协助安置叛乱农民、缓解农村穷困、发展教育医疗、建设新型农村等方面做出了一些卓有成效的工作。虽然没有彻底解决农村贫困问题,但有效地配合了政府军瓦解"胡克"运动的军心士气,使运动逐渐失去了农村群众基础,遏制了农村动乱的蔓延。非政府组织还推动了菲律宾政府加快权力下放,扩大农村基层权力,如促使菲律宾国会于 1955 年和 1958 年通过共和国 1245 号法令和 2370 号法令,扩大村自治权利及基层选举、纳税、贷款、基础建设等方面的自主权。

20 世纪 50 年代起,菲律宾国家科学与发展委员会(National Science and Development Board)鼓励建立民间基金会与科研组织,带动一批西式民间基金会成立。其中比较著名的有阿亚拉基金会(Ayala Foundation)、罗莎修女基金会(Mother Rosa Memorial Foundation)、阿波科学基金会(Mt. Apo Science Foundation)、经济发展基金会(Economic Development

---

① PRRM, *50 Years Strategic Planning Process: Memories, Legacies, Achievements, Learning and Emerging Ideas for PRRM Future*, Unpublished Paper, 2002, p. 8.

Foundation)、阿波伊提兹基金会(Ramon Aboitiz Foundation)等。这批有着较强经济实力的基金会,积极投入菲律宾公益领域,对非政府组织的发展起到重要推动作用。

在宽松的政治环境下,菲律宾工会也发展起来,1946 年菲律宾各地的工会达到 200 多个。而据统计,在 1946 年之前,菲律宾工会的成员只有 10 万人左右,但在战后几年间,工会的成员迅速增加到 354000 人。[①]

1949 年,菲律宾出现了第一个全国性的大型非政府组织网络——菲律宾福利基金理事会(CWAPI),带动了菲律宾非政府组织网络化趋势。该理事会是由多个基金会与其他各式非政府组织联合在一起,共同应对当时的社会发展问题。该组织后改名为菲律宾国家社会发展理事会(NCSD),是非政府组织发展公约网络(CODE-NGO)的创始成员。

20 世纪 60 年代,由于菲律宾政府在棉兰老岛大量安置"胡克"运动成员,导致当地穆斯林非政府组织联合抵制,也刺激了穆斯林非政府组织的发展。菲律宾穆斯林协会(Muslim Association of Philippines)、阿加玛伊斯兰社会(Agama Islam Society)、菲律宾伊斯兰最高协会(Supreme Islamic Council of Philippines)等组织的政治影响力均有明显增强。[②]

在菲律宾独立初期,华人社团的数量也大为增加,并出现了明显的网络化、多元化、本土化特征。20 世纪 50 年代中后期,菲律宾华人建立了 5 个华人非政府组织网络,即菲华商联总会、菲律宾华侨各宗亲会联合总会、菲律宾华文学校联合会、菲律宾华侨文化协会总会、菲律宾华侨反共抗俄总会。原本在华人社会中充当领导角色的马尼拉中华商会相对边缘化,而菲华商联总会成为新的领导组织。20 世纪 60—70 年代,为适应华人社会的发展需要,一些较小的华人宗亲会、同乡会、同业行会、校友会、文艺体慈善福利团体也纷纷成立。华人社团的多元发展趋势明显加强,职能也不断调适为面向本土,以适应华人社会结构和环境的改变。如 1951 年,中华商会成功交涉准予华侨医生领取执照,并协助解决偷渡入境问题;商总自成立之

---

① Leo C. Stine, Philippine Labor Problems and Policies, *Far Eastern Survey*, Vol. 18, No. 14, 1949, p. 164.

② Ledivina V. Carino, *Between the State and the Market: The Nonprofit Sector and Civil Society in the Philippines*, Quezon City: Center for Leadership, Citizenship and Democracy, National College of the Public Administration and Governance, University of the Philippines, 2002, p. 45.

初即致力于华人集体归化工作,经过 20 年的努力,促使政府在 1972 年通过了 298 号法令,在 1975 年通过了 270 号法令,为华人入菲籍打开通路,保障华人合法生存空间;[①]菲律宾太原王氏宗亲总会修订宗旨时增补"赞助国家建设"的条文。[②]

总体上看,独立初期菲律宾非政府组织在消除农村贫困、重建农村秩序上做了大量的工作,一定程度上协助政府削弱了"胡克"运动在农村的群众基础,维护农村社会经济秩序的相对稳定。虽然该时期菲律宾非政府组织的力量和影响仍然有限,既没有改变菲律宾政治经济体制的能力,也没有彻底解决农村贫穷问题的能力,但菲律宾非政府组织仍然在这一时期,利用政府的支持和农村基层势力空窗期,取得了很大的发展。一大批制度健全、功能完善的发展取向非政府组织开始崭露头角,带来了菲律宾非政府组织的第二个发展高峰。

第四节　马科斯集权时期(1972—1986 年)

马科斯集权时期是菲律宾非政府组织发展历程中的一个特殊时期。1972 年马科斯颁布《军事管制法》后,非政府组织受到政府严格管控,大部分非政府组织,特别是发展取向非政府组织转入地下或停止运作。行政管控和政治打压迫使非政府组织走向社会基层,并与基层建立起牢固的联系,积蓄发展动力。20 世纪 70 年代末,由于菲律宾国内政治、经济形势恶化以及国际压力增大,马科斯政府不得不与非政府组织进行一定程度的和解与合作。非政府组织迅速恢复活力,将前期积蓄的力量逐步释放出来,并作为一种事实上的"政治存在",在反马科斯运动中,特别是 1986 年 2 月的第一次人民力量运动中发挥巨大作用。这个时期的菲律宾非政府组织为第一代、第二代非政府组织并存,但部分非政府组织在与反对党的合作中,体现出了第三代倡导取向非政府组织的重要特征。

---

① 庄国土、陈华岳:《菲律宾华人通史》,厦门:厦门大学出版社,2014 年,第 700 页。

② 庄国土、清水纯、潘宏立:《近 30 年来东亚华人社团的新变化》,厦门:厦门大学出版社,2010 年,第 276～278 页。

一、非政府组织的低潮及进一步走向基层

1972 年 9 月 21 日,马科斯签署命令,宣布菲律宾全国进入紧急状态,实行军事管制,终止宪法,解散国会,禁止一切政党活动,管制新闻自由,推行"新社会"(new society)政策。由于传统民主政治模式未能保障社会稳定和经济发展,而军事管制在恢复社会秩序上又确实取得了短期成效,所以菲律宾民众对施行军事管制的反弹并不强烈,非政府组织也较为平静地接受这一政治巨变。

军事管制初期,马科斯政府对非政府组织进行了严格审查和监控,甚至动用白色恐怖手段对付个别组织的领导人和成员,排挤非政府组织在国家经济、政治生活中的影响力。首先,政府从控制非政府组织活动资金的来源入手,降低非政府组织活动能力。政府严格控制慈善取向非政府组织从政府及企业获得的捐赠,并在社会经济计划中排除发展取向非政府组织的参与,截断运作中发展项目的资金输入。由于这个时期菲律宾非政府组织直接获得国际援助的渠道较少,因此政府控制资金输入的措施对非政府组织造成了极大冲击。

其次,在削弱非政府组织社会影响力的同时,马科斯政府也努力完善国家社会福利功能,代替非政府组织在社区发展方面的作用。一是重新建立农村福利体系。重建了村一级的行政机构——巴朗盖(Barangay),作为国家福利资金的发放单位。在巴朗盖的基础上,建立了一整套基层官方福利机构:巴朗盖会议联盟(Kabataang ng mga Barangay)、巴朗盖青年组织联盟(Kabataang Barangay Pampook)、巴朗盖灌溉服务协会(BISA)等,希望以这些机构取代基层相关非政府组织所发挥的作用,但除了巴朗盖灌溉服务协会,其他机构并不成功。二是进行土地改革。1973 年,马科斯政府颁布 27 号总统令,推行土地改革计划,要求加入计划的农民参加政府互助合作社(SN),意图通过吸引农民参加土地改革,减少农村非政府组织。在一年半的时间内,共成立了 15451 个政府互助合作社,吸引了 663489 名农民参加,减少了农村合作社和其他农村非政府组织的数量和影响力。[1] 虽然

---

① Agricultural Policy and Strategy Team, *Agenda for Action For The Philippine Rural Sector*, Manila: University of Los Banos Agricultural Policy Research Program and the Philippine Institute for Development Studies, 1986, p. 570.

该土地改革计划不够彻底,没有惠及绝大多数的农村无土地者,但在中吕宋的部分地区仍然取得成功,为马科斯提供了基层支持力量。三是主持社会发展计划。政府通过建立官方社区发展机构,控制资金流向,建立"政府—基层"资金通道,取代发展型非政府组织的作用。1981 年,政府成立人道安置部,启动生活发展运动(KKK),向基层发放小额贷款,预算高达 10 亿美元。类似的项目还有自救运动(KKS)、农民组织(Samabang Kabubayan)、社区协会(Bagong Lipunan)、携起手来(KABISIG),以及"菲律宾思想同志"(Kabisig sa Diwang Pilipino)等。①

由于马科斯政府的排挤和破坏,菲律宾非政府组织正常运作秩序被打乱,进入一个活动低潮期。沃费尔(David Wurfel)认为在 20 世纪 70 年代中期,除教会背景的非政府组织外,菲律宾正常运作的大型非政府组织已经所剩无几。② 继续活动的非政府组织,部分与政府进行合作,参与"新社会"政策的实施工作,部分则转入地下,以学术机构或者宗教机构为掩护开展工作,规避安全部门的审查。这一时期以菲律宾天主教教会为掩护开展工作的非政府组织主要有社会行动全国秘书处(NASSA)、关注社会发展协会(CDSC)、分享与关怀穷苦居民传道会(SCAPS)、菲律宾主要宗教首长协会(AMRSP)、菲律宾城市与农村传教会(URMP)、菲律宾部落传教会(ECTF)、社区力量人民行动(PEACE)、菲律宾政治犯救援工作小组(TFDP);以教育、学术为掩护开展工作的非政府组织有社区教育服务机构(ACEC)、发展研究培训组织(OTRADEV)、社会服务中心(CCS)、社会发展指数(INDEX)、小渔民服务机构(SBSF)、种子农业服务基金会(BASF)等。这些组织都具有反马科斯集权统治的"政治—意识形态色彩"。③ 其中影响力最大的是社会行动全国秘书处,该组织于 1967 年成立,并于 1974 年建立了吕宋社会行动秘书处、米沙鄢社会行动秘书处、棉兰老—苏禄社会行动秘书处三个地方分支组织。至 1981 年,该组织共建立了 68 个分支组织,

① Gerard Clarke, *The Politics of NGOs in Southeast Asia: Participation and Protest in the Philippines*, London and New York: Routledge, 1998, p.67.

② David Wurfel, *Filipino Politics: Development and Decay*, Ithaca: Cornell University Press, 1988, p.119.

③ Alan Alegre, *Trends and Traditions, Challenges and Choices: A Strategic Study of Philippine NGOs*, Quezon City: Ateneo Center for Social Policy and Public and Public Affairs, 1996, p.15.

这些组织不但从事社区发展项目,还为民众反抗军警专制提供支持和保护,并通过下属基层天主教社区—社区组织项目(BCC-CO)来组织教徒反抗马科斯集权统治。许多小型宗教礼拜组织在该组织的引导下转型成为反集权的基层非政府组织。社会行动全国秘书处支持创立的经济发展理事会(CED)、菲律宾工商社会进步基金会(PBSP)也成为反马科斯运动的重要资助者。

1972年,基金联合会(AF)成立,目的是更合理地分配非政府组织资金,以对抗政府对非政府组织资金来源的控制。该组织成立后整理出版了第一份菲律宾基金会目录,并与日本国际交流中心合作,为菲律宾非政府组织争取国际援助。1977年,部分不愿意被马科斯政府收编的合作社联合组建了菲律宾合作社培训中心(NATCCO),以对抗政府压力。以菲律宾政治犯救援工作小组(TFDP)、自由法律援助团体(FLAG)为首的一批非政府人权组织通过法律援助、社会宣传、绝食抗议等形式,积极解救被非法关押的政治犯。媒体自由与责任中心(CMFR)为了争取舆论自由与马科斯政府进行了激烈的斗争。此外,汤多一区(ZOTO)也被认为是具有一定反集权统治性质的城市穷人组织,该组织建立的目的是保护马尼拉地区穷人的住所免于拆迁。

马科斯集权时期之初,非政府组织并不具备反抗马科斯的民意基础。但随着集权统治弊端不断浮现,菲律宾社会经济、政治秩序陷入新的困境,社会服务混乱无序,土地改革基本失败,军队肆意侵犯人权,基层民众对马科斯政府极度不满。"新社会"等社区发展项目很快沦为政治宣传的手段和中饱私囊的工具,非但没有能够代替非政府组织的作用,还导致了社会经济秩序的紊乱和基层社会服务领域的大量空白,为非政府组织向基层发展提供了广阔空间。菲律宾非政府组织利用这一时机,以宗教和教育机构为掩护,进一步向全国基层发展,向新兴的公益领域发展,密切与基层民众的联系,获得了基层民众,特别是穷困民众的信任。此外,马科斯政府取缔各种地方私人武装,也为非政府组织在基层顺利发展创造了条件。如1972年后蔗糖庄园主私人武装被取缔,由庄园工人和农村穷人成立的基层基督教组织(BBC)才得以在各庄园立足,并成为全国糖业工人联合会(NFSW)的基层组织。①

二、非政府组织恢复运作及积蓄政治力量

20世纪70年代末期,马科斯政府的贪污腐败导致菲律宾经济形势不断恶化,"新社会"政策面临彻底失败。基层社区对政府工作能力完全失去信任,转而寄希望于非政府组织的发展援助项目来改变社会现状。而菲律宾非政府组织出于自身发展需要,进一步自发走向基层,与贫困社区结盟合作,使马科斯政府削弱非政府组织影响力的策略逐步失效。此时适逢国际援助机构的援助战略发生巨大变化,联合国、世界银行、国际货币基金组织、国际劳工组织均开始倡导一种"自下而上"社区参与发展模式,鼓励援助资金直接流向非政府组织。② 这些国际机构认为菲律宾的发展潜力在农村,需要基层农民的广泛参与才可能实现经济进步,因此加大了对菲律宾援助资金的流向审计,或越过菲律宾政府直接向菲律宾非政府组织提供援助。菲律宾非政府组织与国际援助机构的直接合作,使马科斯政府越来越难以控制非政府组织,也使非政府组织的运作能力得到增强。卡里诺还认为20世纪60—70年代的越战、国际学生骚乱、梵蒂冈教会革新、宗教自由化、中东抗议活动等事件对菲律宾非政府组织也产生了影响,使他们在反马科斯集权统治上达成了共识。③

1978年,马科斯政府迫于国内外巨大压力,不得不重回"民主"路线,实行国家正常化。1978年政党重新合法化,国会重新召开,1981年取消军事管制。由于恢复非政府组织社会地位是菲律宾国家正常化的重要指标之一,马科斯政府不但解除了对非政府组织的控制,还主动寻求与非政府组织在公共服务上的合作,通过了一系列有利于非政府组织发展的法令,如《地方政府法》(*Local Government Code*)、《城市发展及住房法》(*Urban*

---

① 李文、赵自勇、胡澎:《东亚社会运动》,北京:社会科学出版社,2009年,第309页。

② 施雪琴:《菲律宾的非政府组织发展及其原因》,《南洋问题研究》2002年第1期,第70页。

③ Ledivina V. Carino, *Between the State and the Market:The Nonprofit Sector and Civil Society in the Philippines*, Quezon City:Center for Leadership, Citizenship and Democracy, National College of the Public Administration and Governance, University of the Philippines,2002, p. 44.

Development and Housing Act)、《国家建设及发展中的妇女条例》(*Women in Development and Nation Building Act*)等。政府还重新开放非政府组织参与部分社会经济发展项目,在1978—1982年的五年发展计划中,政府提出要在社区发展和社会服务领域与非政府组织进行合作,并特别提出加强双方联系,共同应对人口问题。

由于政府管制放松,大批菲律宾非政府组织恢复运作,各类新非政府组织纷纷成立,菲律宾非政府组织的数量急剧反弹。1979—1985年,在"农村工作局"注册的农村合作社开始增多,达到459家。这一时期,菲律宾非政府组织接收了大量官方发展援助,增强了菲律宾非政府组织的经济实力和活动能力。仅在1980—1991年间,美国国际开发署向菲律宾的200多个非政府组织提供了4500万美元的援助,主要流向慈善取向的非政府组织。[①]在国际非政府组织的帮助和支持下,部分菲律宾非政府组织还跨出传统社会福利领域,将工作范围扩展到了劳动教育、疾病预防、救灾、消费者权益、环保、两性等新领域,活动范围逐步向南部发展,从吕宋岛扩展到菲律宾全境。非政府人权组织也将工作范围由解救非法关押政治犯拓展到反对国家强制机关的非人道行为,如法外处决、强制失踪等。1983年5月,80多个非政府人权组织发动了声势浩大的废除总统关押命令运动(MAPCO)。

1982年,以1971届军校毕业生为主的菲律宾军人组成了军队改革运动(RAM),该组织可以看作是菲律宾军队内的非政府组织。初期成员有2500多名,主要宗旨是反对军队内部的贪污腐败、利用军队选举舞弊等。1985年,军队改革运动已经壮大到1.5万人。

虽然马科斯政府放松对非政府组织管控的目的是希望利用非政府组织力量来保证执政地位,但客观上释放了非政府组织长期被压制的发展动力。非政府组织数量迅速大幅增长,并通过结成地区或全国网络形成集体保护,所积蓄的政治力量不断增加。更重要的是,在与马科斯政府的对抗中,菲律宾非政府组织认识到简单的政治中立已经成为社会公益与国家发展的障碍,不应再回避政治议题。1983年,反对派领导人阿基诺(Benigno Aquino)在机场被刺杀后,非政府组织迅速联合组织了"阿基诺的正义,所有人的正义"(JAJA)和"追求正义、自由、民主的民族主义者联盟"

---

① Gerard Clarke, *The Politics of NGOs in Southeast Asia: Participation and Protest in the Philippines*, London and New York: Routledge, 1998, p. 64.

(NAJFD),明确表达反马科斯立场。① 非政府组织积蓄的政治力量不断增强,最终在第一次人民力量运动中爆发出来,为推翻马科斯集权统治做出巨大贡献。

三、非政府组织与第一次人民力量运动

1986 年 2 月,马科斯在大选中公然舞弊,使得社会各界的不满情绪集中爆发。菲律宾天主教主教辛海棉(Jaime Cardinal Sin)发布主教谕书,谴责马科斯政府"收买选票,威胁恫吓,实行国家恐怖主义,谋杀成风,利用权力进行犯罪活动,在选举中进行了前所未有的犯罪行径"。菲律宾民众走上街头支持阿基诺夫人,从而引发第一次人民力量运动(EDSA)。政府、军队高级官员在人民力量运动的巨大压力下纷纷倒戈,国内政治力量对比发生质变。美国政府也转向支持阿基诺夫人,最终迫使马科斯外逃,集权统治结束。虽然菲律宾非政府组织并不是第一次人民力量运动的领导者,但各种类型的非政府组织出于政治、宗教或其他理由团结到一起,将前期积蓄的力量充分展现出来,为人民力量运动的胜利发挥了关键的动员和组织作用。

在人民力量运动中作用最为突出的非政府组织是菲律宾自由选举运动。该组织在国际社会的支持下,对 1986 年的菲律宾大选进行了严格、公正的监督,挑战马科斯政府所掌控的选举机器。2 月 7 日的投票结束后,菲律宾自由选举运动宣布马科斯政府操纵选举委员会大肆舞弊,篡改计票结果,威胁该组织的工作人员,点燃了菲律宾民众长期压抑的愤怒情绪。12日,该组织又宣布其计票结果为阿基诺夫人以 650 万票的差距获胜,为发动人民力量运动提供了直接的证据支持。而社会行动全国秘书处、关注社会发展协会、五一运动等其他规模、类型不一的非政府组织则在 2 月 12 日至25 日的一系列群众示威抗议活动中,全力动员、号召菲律宾民众走上街头,使非暴力抗议的规模不断扩大,震惊了菲律宾国内外。军队改革运动部分成员参与了菲律宾公民自由选举运动,在全国军营内举行祈祷会抗议选举舞弊,并在马尼拉发动军队起义,响应人民力量运动,为推翻马科斯集权统治发挥了关键作用。第一次人民力量运动能够在不流血的情况下获得成功,很大程度上得益于非政府组织的广泛动员。而通过运动,菲律宾非政府

---

① Gerard Clarke, *The Politics of NGOs in Southeast Asia: Participation and Protest in the Philippines*, London and New York: Routledge, 1998, p. 173.

组织也确立了"人民力量"代表的政治地位,从而进入一个高速发展时期。

第五节　重建民主时期(1986—2001 年)

1986 年 2 月,马科斯政权被推翻,菲律宾一定程度上恢复了宪政秩序,非政府组织迎来了相对友好的几届政府。在阿基诺夫人(Maria Corazon Cojuangco Aquino)与拉莫斯(Fidel Valdez Ramos)任期的 12 年内,菲律宾政府重新审视非政府组织的地位和作用,将其视为重要的政治合作伙伴,给予其更大的自由发展与政治参与空间。在埃斯特拉达(Joseph Ejercito Estrada)执政的两年多时间内,政府也基本延续了这些政策。埃斯特拉达与非政府组织关系不和谐的主因是个人的贪腐问题,政府与非政府组织之间没有深刻矛盾。在重建民主时期,菲律宾非政府组织开始重新调整与政府的关系,积极参与政府各项政策的制定和执行,以维护自身利益,促进自身发展。1986—2001 年,菲律宾非政府组织迎来了新一轮的发展高峰,包括倡导取向非政府组织在内的各类非政府组织如雨后春笋般出现,在社会公益、经济发展和政治参与等多个领域广泛发挥作用。这个时期的菲律宾已经成为发展中国家里非政府组织数量最多、组织最完善、经济实力最雄厚、政治作用最强的国家之一。

一、菲律宾政府转变对非政府组织政策的原因

重建民主时期的各届菲律宾政府之所以积极调整与非政府组织的关系,提高非政府组织的政治地位,并将非政府组织视为政治合作伙伴,有以下几点主要原因。

(一)政府需要通过与非政府组织的合作来提高执政能力

从政府方面来看,阿基诺、拉莫斯、埃斯特拉达三届政府被媒体称为"弱势政府"或"软弱政府"。阿基诺总统虽然有很高的威望,但亲马科斯的反对势力一直在寻找推翻她的机会,在其执政期间发生了七次未遂政变,政局不稳,经济恢复缓慢;军人出身的拉莫斯总统虽有军队支持,但在大选中仅获得 23% 的选票,其政党在国会中也没有主导权;埃斯特拉达的民意支持度较高,但支持基本来自社会最底层,缺少上层社会和中产阶级的支持。从国会和地方政府来看,传统政治精英的各个派系长期以来把持着国会两院大

多席次和地方政府的行政权,许多地区的官员和民意代表一直由某个家族成员轮流出任,使政府难以有效行使立法权和地方行政权。1987 年新宪法颁布后的几届国会成员大多为传统政治精英,这些人代表了菲律宾大土地财阀的利益,被称作"caciques"。以 1992 的众议院为例,200 名众议员中,有 130 名属于传统政治精英家族,另外 39 人与这些家族有直接关系,仅有 31 人与这些家族没有关系。参议院情况也类似,24 名参议员中仅有部分不属于传统政治精英家族,但也与这些家族有直接关系。[①]

复杂的政治环境使政府在行使权力时受到很大限制,许多社会、经济方面的改革政策难以实行。政府不得不把目光转向非政府组织,希望利用非政府组织的执行力和影响力,提高政府的行政能力与工作效率,并在一定程度上制约腐败的菲律宾官僚体系。陆德(Steven Rood)认为,"菲律宾非政府组织为政府提供了与社会经济特权团体之间的绝缘层。"[②]克拉克(Gerard Clarke)认为,"菲律宾非政府组织的集体政治参与不但可以加强公民社会,还可以为政府加快政策改革施加有利影响。"[③]由此可见菲律宾政府通过与非政府组织加强合作来摆脱传统政治精英势力的干扰,提高执政能力无疑是正确的思路。

(二)政府需要通过非政府组织来消化国际援助资金

从 1986 年起,以官方发展援助(ODA)为主的大批国际援助涌入菲律宾,主要来自北美、澳大利亚、欧洲和日本。1986 年菲律宾吸收的官方发展援助为 9.558 亿美元,较 1985 年的 4.604 亿美元翻了一番,1987—1989 年略有下降,保持在 7.5 亿~8.5 亿之间,1990 年创纪录地达到 12.767 亿美元。但从图 3-1 中可以发现,实际上每年承诺提供给菲律宾的官方发展援助都远远大于菲律宾实际获得的援助。1988—1990 年这三年承诺提供给菲律宾的官方发展援助总额为 56.581 亿美元,实际吸收仅为 29.758 亿美

① Gerard Clarke, *The Politics of NGOs in Southeast Asia: Participation and Protest in the Philippines*, London and New York: Routledge, 1998, p.74.

② Steven Rood, *The State and Non-government Organizations*, Paper Presented at the Fourth International Philippine Studies Conference, Australian National University, Canberra, July 1—3, 1992.

③ Gerard Clarke, *The Politics of NGOs in Southeast Asia: Participation and Protest in the Philippines*, London and New York: Routledge, 1998, p.72.

元,为承诺提供援助的 52.6%。

单位: 亿美元　　　◆— 承诺的援助　　■— 获得的援助

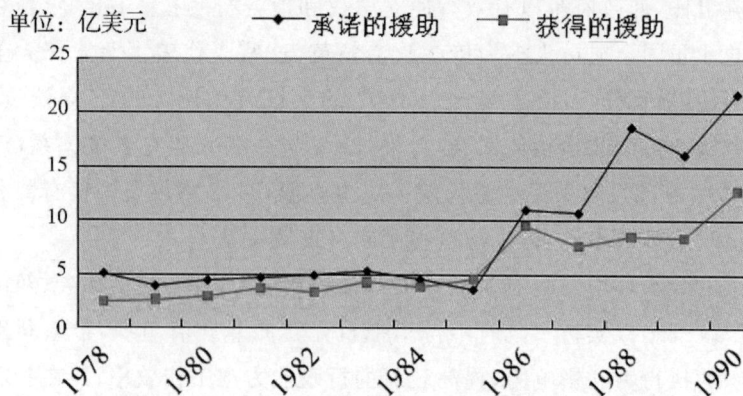

图 3-1　1978—1990 年菲律宾所获官方发展援助

资料来源:Asian Development Bank,*Key Indicators of Developing Asian and Pacific Countries*,Manila,1992,p.71.

2001 年,菲律宾政府在《官方发展援助于 20/20 行动框架中的表现》(*ODA Performance within the 20/20 Initiative Framework*)[①]报告中,承认 1994—2001 年间,菲律宾官方发展援助的资金仅有 8%～11% 用于社会服务,而超过 50% 用于基础建设;用于社会服务的官方发展援助的使用率也不尽人意,且呈不断下降趋势。1995 年为 76.2%,1997 年为 74.3%,1999 年仅有 62%,基础教育、健康、用水、排污等领域的下降最为明显。在执行过程中,许多项目进展缓慢,被迫延长工期。[②] 上述情况说明当时菲律宾政府没有能力完全吸收官方发展援助资金,因而需要非政府组织参与到各项发展计划中,加快援助资金使用,减少政府运作支出,缩短项目周期。

(三)非政府组织体现出巨大的政治影响力

在马科斯集权时期的后半段,非政府组织作为一种政治存在已经开始发挥政治干预作用。以社会行动全国秘书处、菲律宾工商社会进步基金会、

① "20/20 行动"是提供官方发展援助的发达国家与接受官方发展援助发展中国家间的一个合作意向,即发展中国家将不少于 20% 的官方发展援助与不少于 20% 的政府预算投入到社会服务领域。

② Consuelo Katrina A. Lopa,*The Rise of Philippine NGOs in Managing Development Assistance*,New York:The Synergos Institute,2003,p.3.

国家自由选举运动为首的一批非政府组织为反马科斯运动提供了关键支持,成为制衡政府的重要力量。同时非政府组织也在不断地进行着自身机制调整,扩大、完善非政府组织网络。在某些地区,非政府组织已经成为强大的政治力量,其领导人甚至在地方选举中获得重要胜利,非政府组织体现出的政治影响力,使新政府为之侧目。阿基诺、拉莫斯总统经常参加马尼拉地区大型非政府组织的活动,在全国各地考察访问时,也常常在大批媒体的陪同下,高调拜访当地非政府组织,以显示对非政府组织的重视。

二、倡导取向非政府组织成为菲律宾政府的合作伙伴

1986 年前,菲律宾各届政府对非政府组织的态度都比较复杂,经常出现"既拉拢又打压"的两极化政策,基本立场是将非政府组织为己所用的同时,弱化其影响力。1986 年后,菲律宾政府对非政府组织的政策出现根本变化,政府不再把非政府组织看作对手与潜在威胁,而是重要的政治合作伙伴。不但将非政府组织纳入各级行政体系,还向非政府组织释出部分行政权力,让其深入参与国家的各项治理。这一有利条件使非政府组织迎来了新一轮发展,许多非政府组织转型成为倡导取向的非政府组织。

(一)非政府组织的政治合作伙伴地位得以确认

阿基诺总统上台后推行"人民力量制度化"、"建立新制度"等社会改革措施,于 1986 年制定了"人民力量发展政策议程"(policy agenda for people-powered development),其中确认了非政府组织在国家可持续发展中的重要作用,并倡议建立政府与非政府组织深入合作的法律机制。在这一议程的指导下,菲律宾国会对宪法进行了有利于非政府组织的修改,明确非政府组织作为"人民力量"代表的法律地位,并赋予它们直接参与各级行政决策的权利。

1987 年宪法第 2 章第 16 条规定:"人民及其组织有效合理地参与各级社会、政治和经济议题决策的权利不可剥夺,国家应通过法律手段确保充分协商机制的建立。"1991 年,阿基诺政府重新颁布了《地方政府法》(*Local Government Code*),明确规定了非政府组织在地方各级行政、立法机构中享有的权利。并要求在每一个省、市地方政府中建立一个地方发展理事会(Local Development Council),负责起草跨部门综合性发展规划,包括地方政府的土地使用规划、环境保护规划等,理事会的成员构成中,至少要有1/4

来自于非政府组织和企业。地方发展理事会被认为是该时期菲律宾非政府组织发展的推进剂，通过它的带动，菲律宾民众的政治参与意识得以提高，包括乡村在内的各界民众开始向政府争取最基本的公共服务保障。①

阿基诺政府还于 1990 年 3 月颁布 6938 号、6939 号法令，设立合作社发展局（CDA），作为唯一的合作社登记管理机构，改变之前由农业发展合作社局（BACOD-DA）、蔗糖调控部（SRA）、运输合作社办公室（OTC）、国家电力部登记部（NEA）等部门多头管理合作社的混乱局面，进一步明确了合作社的职能与权益，促进了合作社的新发展。

在拉莫斯时期，政府推行与非政府组织建立战略同盟的政策，进一步促进了倡导取向非政府组织的发展。到 1993 年，共有 16834 个非政府组织正式参与了各级地方机构。②

在埃斯特拉达时期，政府为整合非政府组织资源应对贫困问题，成立了国家反贫困委员会（NAPC），总统亲自担任委员会主席。该委员会在地方不设相应的下属行政部门，具体工作全部由非政府组织承担。委员会仅在各行政区设立 3～5 人的联络机构，协调政府与非政府组织之间的扶贫工作。在非政府组织的广泛参与下，该机构的扶贫工作一度开展得十分活跃，得到了基层民众的认可。

上述法律和政策奠定了重建民主时期菲律宾非政府组织作为政府政治合作伙伴的地位，极大地促进了非政府组织政治参与的热情，并使它们发挥出巨大的政治倡导能力。这在其他发展中国家，特别是东南亚国家中是绝无仅有的。

（二）非政府组织配套机制机构不断健全

为动员非政府组织参与政府在各领域的发展计划，阿基诺政府于 1990 年在 18 个政府部门和 5 个特别政府机构中建立了非政府组织联络处，并成立人权问题总统委员会（PCHR）、司法重组委员会（JRC）、政治犯问题总统

---

① 世界银行专家组：《公共部门的社会问责：理念探讨及模式分析》，宋涛译，北京：中国人民大学出版社，2008 年，第 92 页。

② 世界银行专家组：《公共部门的社会问责：理念探讨及模式分析》，宋涛译，北京：中国人民大学出版社，2008 年，第 72 页。

委员会(PCPD)来配合非政府组织工作。[①] 1990年,阿基诺政府模仿印度尼西亚"Panca Sila"组织打造"携起手来"(Kabisig),号召非政府组织加入,协助政府推动各项发展计划。拉莫斯政府除继续支持阿基诺时期建立的机制机构外,还学习墨西哥、韩国等国家的成功经验,设立"菲律宾2000"等社会经济发展改革计划,加强与非政府组织全面合作,寻求更广泛的社会基础。菲律宾政府还通过"政党名单系统"[②](party-list system)来保障非政府组织在立法机构的政治参与,非政府组织可以以较小的选举成本在众议院获得席位。

1995年纳加市通过一个非政府组织授权条例,目的是在政府和公众之间建立一个有效参与的组织结构。条例规定了非政府组织参与该市公共服务的资格与权益,以及在与市政府合作中承担的相应责任。该条例将符合条件的非政府组织吸引到一个自治理事会——纳加市人民委员会(NCPC)中,协助市政府在基础设施、保障设施和生活必需品项目等方面谋求发展,以提高公众生活质量和城市发展水平。该会拥有以下权利:(1)城市发展项目、公共活动及发展规划制定过程中的参与权;(2)在政策制定中的投票权;(3)在政策执行中的监督权和评估权;(4)在城市立法机构中的立法建议权与投票权;(5)作为公众履行宪法权利的代表;(6)接触公共事务文件和官员行为记录等信息资料的知情权。[③]

(三)非政府组织资金管控的放松

1986年后,在菲律宾非政府组织的要求下,国家经济发展署(NEDA)不再对输入非政府组织的国际资金进行管控,而是通过非政府组织发展公约网络(CODE-NGO)等较大的非政府组织网络来获取非政府组织年度财务状况。非政府组织甚至被允许越过政府机构直接争取官方发展援助

---

① National Economic Development Authority, *1991 Philippine Development Report*, Manila: National Economic Development Authority, 1992, p. 232.

② 加入政党名单系统的小型政治组织和非政府组织可参与政党名单选举(但不能提名候选人直接参加国会选举),每获得2%的选票,即可获得一个众议院席位,但最多不超过3个。

③ Ledivina V. Carino, *Mobilizing for Active Citizenship*, Quezon City: Center for Leadership, Citizenship and Democracy, National College of the Public Administration and Governance, University of the Philippines, 2005, p. 32.

（ODA）。1989 年国家经济发展署出台的《政府——非政府组织合作大纲》中明确规定，非政府组织可以直接与外国政府或机构就援助具体事项进行谈判，获得的援助资金可以不经过菲律宾政府而直接由非政府组织自行支配。[①] 为了鼓励非政府组织参与政府项目竞标，阿基诺政府还给予非政府组织 10％的竞标优惠。[②]

（四）非政府组织成员进入政府

1986 年以前，菲律宾政府经常吸纳非政府组织领导和成员进入行政体系，但主要目的是为了弱化非政府组织领导力量，或模仿非政府组织的成功运作模式，建立新组织，以降低非政府组织的作用和影响力。而阿基诺、拉莫斯政府吸纳非政府组织领导和成员的目的主要是为了加强与非政府组织的沟通配合，提供的多是政府内阁成员或政府顾问等实职，如在 1987 年宪法的起草委员会中，48 名委员有 10 名以上来自非政府组织。如表 3-1 所示，阿基诺、拉莫斯时期进入政府担任重要职务的非政府组织领导有 14 位，在其他政府岗位上的非政府组织成员为数更多。非政府组织成员大批进入政府一定程度上带动了倡导取向非政府组织的转型。

表 3-1　重建民主时期非政府组织领导成员入阁名单

姓名	原属非政府组织	新任政府职务
阿基诺时期		
Joker Arroyo	Free Legal Assistant Group	总统府行政部长
Augusto Sanchez	Free Legal Assistant Group	劳工部长
Rene Saguisag	Free Legal Assistant Group	总统府发言人
Mita Pardo de Tavera	Kapwa Kilusang Pangkalusugan	社会福利部长

---

① Consuelo Katrina A. Lopa, *The Rise of Philippine NGOs in Managing Development Assistance*, New York：The Synergos Institute，2003，p. 2.

② 即非政府组织参与政府项目竞标时竞标金额允许比企业高 10％。

续表

姓名	原属非政府组织	新任政府职务
Karina Constantino-David	Philippine Partnership of the Development of Human Resources in Rural Areas	社会服务与发展部副部长
Jose Diokno	Free Legal Assistant Group	人权问题总统委员会委员
Sr. Mariani Dimaranan	Task Force Detainees of the Philippine	人权问题总统委员会委员
Fulgencio Factoran	Ecumenical Movement for Justice and Peace	环保及自然资源部长
Salvador Enriquez	National Economic Protectionism Association	内阁成员
Florencio Abad	National Economic Protectionism Association	土地改革部长
拉莫斯时期		
Ernesto Garilao	Philippine Business for Social Progress	土地改革部长
Dr. Angel Alcala	Haribon Foundation*	环境与自然资源部长
Dr. Juan Flavier	International Institute for Rural Reconstruction	卫生部长
Salvador Enriquez	National Economic Protectionism Association	预算管理部长

注：* 该环保组织以寓言故事《国王与小鸟》(*Hari and Ibon*)为名。

资料来源：整理自 Gerard Clarke, *The Politics of NGOs in Southeast Asia: Participation and Protest in the Philippines*, London and New York: Routledge, 1998; Asian Development Bank, *A Study of NGOs: Philippines*, 1999; Ledivina V. Carino, *Between the State and the Market: The Nonprofit Sector and Civil Society in the Philippines*, Quezon City: Center for Leadership, Citizenship and Democracy, National College of the Public Administration and Governance, University of the Philippines, 2002.

　　此外，政府内阁成员在非政府组织兼任荣誉职务的现象也非常普遍。

如 1992 年拉莫斯内阁中有十位官员在菲律宾工商社会进步基金会（PBSP）任董事会成员，包括外交部长拉姆洛（Alberto Romulo）、金融部长拉萨里诺（Ramon del Rosario）、商贸与工业部长纳瓦罗（Rizalino Navarro）、农业部长塞巴斯地安（Roberto Sebastian）、中央银行主席库伊西亚（Jose Cuisia）等。[①]

三、非政府组织的整体发展与倡导成就

1986 年后，由于宽松的法制环境、充足的国外援助以及非政府组织整体政治觉悟与组织水平的提高，菲律宾出现了第三个非政府组织发展高峰。根据菲律宾非营利部门研究项目统计（如表 3-2 所示），1997 年菲律宾非政

表 3-2　1997 年菲律宾非政府组织的分布情况

单位：万个

类型	低估数量	比例	高估数量	比例
经认证人民组织	10.9	44％	11.4	23％
其他人民组织	6	24％	19.9	40％
发展型非政府组织	3.4	14％	6.8	14％
非股份制社团	2.1	8％	7.5	15％
合作社	2.5	10％	4.1	8％
合计	24.9	100％	49.7	100％

资料来源：Ledivina V. Carino，*Between the State and the Market：The Nonprofit Sector and Civil Society in the Philippines*，Quezon City：Center for Leadership，Citizenship and Democracy，National College of the Public Administration and Governance，University of the Philippines，2002，p. 85.

府组织的总数在 24.9 万～49.7 万之间。这些组织广泛活跃在社会福利、经济发展与政治倡导的第一线，作为菲律宾政府的政治合作伙伴，监督国际援助资金流向，协助制定地方建设预算，执行社会经济发展计划。至拉莫斯时期，菲律宾国民生产总值增长率大幅提高，财政赤字缩小，外汇储备充足，

---

① Philippine Business for Social Progress，*Annual Report 1992*，Manila：Philippine Business for Social Progress，1992，p. 41.

外国投资增加。1997 年,菲律宾人均国民生产总值达到 1203 美元,被国际舆论称为亚洲的又一只"准小虎"。^① 这些成绩的取得与非政府组织的积极参与分不开。更重要的是,非政府组织通过立法、政策制定、行政监督等政治倡导工作,促进了政府体制改革,减少了行政腐败,成为一支举足轻重的政治力量,并进一步加强了自身的网络化趋势与获取援助的能力。

(一)非政府组织的倡导工作及成就

重建民主时期,菲律宾非政府组织作为政府政治合作伙伴,被赋予制定、执行和监督国家发展计划等政治倡导任务,在"国家中期发展计划"(Medium-Term Philippine Development Plan)等一系列发展项目中扮演了关键的制衡角色,发挥了重要的倡导作用。1987—1992 年菲律宾的"国家中期发展计划"被认为是发展中国家非政府组织与政府全面合作的典范。以其中的社区就业发展计划(Community Employment and Development Programme)为例,非政府组织在政府的授权下对该计划的资金运作进行监督,减少了执行环节中的贪污和腐败。^②

该时期菲律宾非政府组织的政治倡导平台主要有五个:一是"携起手来"(Kabisig)计划。该计划由阿基诺政府制定,在拉莫斯时期得到了菲律宾非政府组织机构(PINGOI)的大力支持,间接获得了美国国际开发署(USAID)的资金援助。大批非政府人权组织通过该计划参与政府的"道德恢复计划"(Moral Recovery Programme)。1993 年的"社会一揽子计划"(Social Pact)与该计划类似;二是农村发展总统委员会(PCCD)。该委员会成立于 1992 年 6 月,主要从事农村的发展建设,致力于农村发展的非政府组织在其中扮演了关键角色;三是可持续发展总统委员会(PCSD)。该委员会的成立受到了 1992 年联合国环境与发展会议(United State Conference on Environment and Development)的影响,环保组织是该委员会的主要成员;四是社会改革议程(Social Reform Agenda of 1992)。非政府组织参与政府、国会在解决贫穷问题方面的研究,增加对贫穷问题的投

---

① 李毓中:《菲律宾简史》,南投:"国立"暨南国际大学东南亚研究中心,2003 年,第 122 页。

② National Economic Development Authority,*1987 Philippine Development Report*,Manila:National Economic Development Authority,1988,p. 17.

入;五是国家反贫困委员会(NAPC),菲律宾非政府组织作为该委员会的下属部门,协助制定扶贫计划,并承接所有的具体工作。

该时期菲律宾非政府组织在倡导工作上的成就很多。如1992年,22个非政府组织联合成立了地方治理全国委员会(NCC-LG),并于1993年在布拉坎(Bulacan)与菲律宾政府举行了一次重要的会议,检查《地方政府法》执行情况。① 此外许多非政府组织还成立临时联合会,就妇女、儿童、主权、人权、改革等特定社会问题进行研究,推动相关法律的制定或修订。如人民土地改革联合会(CPAR)由15个非政府组织组成,成功起草了《农村综合改革法》(*Comprehensive Agrarian Reform Law*,Republic Act 6657),之后于1991年解散;菲律宾原住民联盟(KAMP)联合了各地原住民组织,要求修改宪法中不利于原住民土地权益的条款,在该联盟的努力下,1987年宪法强调:"国家应保护原住民拥有传统土地及附属权益,确保其经济、社会、文化利益。"②类似的组织还有致力于渔业改革的渔业及水产业改革国家联合会(NACFAR),致力于减少暴力的和平联合会(Coalition for Peace),致力于减轻人民负担的免除债务联合会(FDC),致力于环保的绿色论坛(Green Forum)等。

这个时期菲律宾非政府组织推动的其他重要法令还有保障弱势群体居住权的《城市发展及住房法》(*Urban Development and Housing Act*)和《综合保障住房融资法》(*Comprehensive and Integrated Shelter Financing Act*),确认国家经济、政治和社会生活中妇女地位的《国家建设中的妇女法》(*Women In Nation-Building Act*),保障市场低价药品的《通用药品法》(*Generic Drugs Act*)以及《反强奸法》(*Anti-Rape Bill*)、《撤销反侵占用地法》(*Act Repealing the Anti-Squatting Law*)、《原住民居民权利法》(*Indigenous Peoples' Rights Act*)、《渔民法》(*Fisheries Code*)、《国家反贫穷法》(*National Anti-Poverty Act*)、《国家药品法》(*National Drug Policy*)。这些法律的通过,扩大了非政府组织的政治影响力,同时也为非

---

① 施雪琴:《菲律宾的非政府组织发展及其原因》,《南洋问题研究》2002年第1期,第71页。

② Constitution Article XII, Section 5: The state, subject to the provision of this Constitution and national development policy and programs, shall protect the rights of indigenous cultural minorities to their ancestral lands to ensure their economic, social and cultural well being.

政府组织的政治倡导工作提供重要法律依据。

（二）非政府组织资金来源扩大

菲律宾非政府组织的政治倡导工作提升了其整体工作能力与政治影响力，从而增加了资金来源，进一步带动整体发展。如菲律宾非政府组织在1987—1992 年国家中期发展计划的自雇贷款援助项目（Tulong Sa Tao Self-Employment Loan Assistance Programme）中获得 2980 万比索，在非政府组织小额信用项目（NGO Micro Credit Programme）中获得 3000 万比索，在小型企业发展项目（Micro-Enterprise Development Programme）中获得 1 亿 3000 万比索。仅 1991 年，就有 1027 个非政府组织获得了贸易与工业部的经费。[1] 菲律宾非政府组织还从国际援助机构获取了大笔经费，如加拿大国际开发署在 1985—1993 年共提供 2500 万美元的援助，资助菲律宾非政府组织实施"第二代"发展项目，包括菲律宾合作发展援助项目、菲加人力资源发展项目、菲律宾非政府组织发展援助项目、非政府组织发展与妇女保护项目等。[2] 双方在这个时期建立起牢固的合作关系。

此外，1991 年，菲律宾国会仿照总统社会基金（Presidential Social Fund）的形式，出台了农村发展基金（CDF）政策，给予副总统[3]及每一名参议员、众议员一定数额的基金，总金额高达 30 亿比索。1992 年，拉莫斯为争取国会的支持，设立了国会主动配额，向国会议员提供另一笔基金，总金额比农村发展基金还庞大。这些基金大多流向与议员关系密切的非政府组织，既拉近了国会议员与非政府之间的关系，也带动了一批新非政府组织的成立。农村发展基金与国会主动配额、1991 年《地方政府法》、国际援助，成为该时期菲律宾非政府组织的三大发展动力。

（三）非政府组织网络的发展

非政府组织的政治倡导工作还进一步加强了非政府组织网络的兴起。

---

[1] Gerard Clarke, *The Politics of NGOs in Southeast Asia：Participation and Protest in the Philippines*, London and New York：Routledge, 1998, p. 77.

[2] Gerard Clarke, *The Politics of NGOs in Southeast Asia：Participation and Protest in the Philippines*, London and New York：Routledge, 1998, p. 111.

[3] 菲律宾副总统不具有行政权力。

据调查,1996 年时,菲律宾 77 个省中的 50 个均成立了各式非政府组织网络。① 这些超越地理条件、行业边界与意识形态而建立的网络,使非政府组织通过集体形式发展对外关系,获取资源,扩大影响力,保持自主性,从而提高整体倡导能力。1990 年 5 月,全菲十大非政府组织网络组成了菲律宾非政府组织公约网络(CODE-NGO),该组织是菲律宾非政府组织的最高组织形式,与"立即土地改革"(AR Now)、渔业改革非政府组织网络(NGOs for Fisheries Reform)、反矿业联盟(Alyansa Tigil Mina)是当时倡导功能最为显著的非政府组织网络。②

亚洲土地改革和农村发展非政府组织联合会(Asian NGO Coalition for Agrarian Reform and Rural Development)、非政府组织驻亚洲开发银行工作机构(NGO Working Group on ABD)等国际非政府组织网络不但把总部设在菲律宾,而且在其中发挥主要作用的也是菲律宾非政府组织。菲律宾移民权利集团(PMRG)则是一个由海外劳工、倡议者、菲律宾非政府组织以及来自其他国家的非政府组织组成的国际性非政府组织联盟。它包括四个全菲性的菲律宾非政府组织联盟(即菲律宾人权倡议联盟、菲律宾移民权利观察、公共服务与劳工独立联盟、劳工教育与研究联盟),和一个亚洲劳工保护组织(即亚洲移民论坛),以及来自亚太与中东地区的 24 个移民权益保护的倡议集团、妇女组织与工会。③

(四)华人社团倡导功能加强

1986 年后,菲律宾华人社团的倡导功能也得到了发展。这除了菲律宾内部环境因素影响,还与三个外部因素有关:一是菲律宾与中国政治关系的改善,1980 年年初,中国政府明确向菲律宾等国家表示,无论在物资上或道义上,中国都不会支持当地与政府对抗的左翼组织;二是中国经济的崛起及

---

① Asian Development Bank, *A Study of NGOs: Philippines*, 1999, p. 11.

② Macario Torres Jusayan, *The Philippine Civil Society Organizations: Its Participation in Implementing ODA Funded Projects and Practices in Promoting Accountability*, Paper Prepared for the Central Asia, Southeast Asia and the Pacific Regional Workshop on CSOs and Aid Effectiveness, Hanoi, Vietnam, October 9—12, 2007, p. 5.

③ 施雪琴:《全球化、妇女迁移与亚洲公民社会——移民女工权利保护与菲律宾 NGO 的角色》,《东南亚研究》2009 年第 6 期,第 20 页。

中菲经贸关系的飞速发展,推动了华人社团的复兴;三是大批中国新移民进入菲律宾,为华人社团注入新活力。① 华人社团在血缘、地缘上的天然优势,使其在中菲关系上的政治影响力迅速提高,这种政治影响力又转化为其在菲律宾内部事务上的政治倡导能力。

1992 年,菲律宾各宗亲会联合会召开理事会,决定正式拜会中国大使馆,随后五名常务理事冲破台湾当局压力完成了破冰之旅,此次活动对各大华人社团与大陆的联系日趋紧密起到重要的示范作用。华人社团纷纷投入到促进中菲关系发展的具体工作之中,带动其整体政治地位的提高和政治倡导功能的加强。华人社团中倡导功能最显著的当属菲律宾华裔青年联合会(KAISA),该组织成立于 1987 年 8 月,是菲华社会中一个规模不大却颇具影响的新型政治性社团,具有明显的第三代非政府组织特征。它产生于菲律宾华人面临着是否认同、融合于菲律宾大社会的历史抉择时期,1986 年菲律宾重建民主也促进了该组织的诞生。华裔青年联合会将争取和维护华人合法权益、改善菲华关系、促进菲华融合作为首要工作目标,政治功能是其核心功能。它在宣言中明确提出:"我们认为参政是华人作为菲律宾公民的权利和义务,我们将以各种方案和行动,为争取和维护华人的合法权益与平等社会地位而努力。"②1988 年,华裔青年联合会通过上层游说、媒体宣导,促使政府实行了短期非法移民合法化方案,使数千名华人非法移民取得了合法居留权。为了创造有利的政治倡导条件,该组织还与菲律宾政府部门、国会保持经常性交往联络,并将所创办的《桥》月刊赠送给政府各部门以及参众两院的 200 多名议员,还聘请了菲律宾天主教主教辛海棉、众议员许尔绮和社会服务部部长沓未拉等三人为该会顾问。

1986 年后,菲华商联总会逐步完成了政治立场转变,在积极与中国联系的同时,也确立了立足菲律宾、立足菲华关系、促进菲华融合的新路向,彻底摆脱了两岸问题的政治困扰,将工作重心放在菲律宾社会,以实现菲华社会的需要和利益为先,政治倡导能力因此有了很大的提高。菲华商联总会多次参与了政府经贸政策的制定,陪同政府官员出访中国、日本等国,成为

① 庄国土、清水纯、潘宏立:《近 30 年来东亚华人社团的新变化》,厦门:厦门大学出版社,2010 年,第 8~10 页。
② 宋平:《承继与嬗变——当代菲律宾华人社团比较研究》,厦门:厦门大学出版社,1995 年,第 102~107 页。

菲律宾政府在经济事务、华人华侨事务以及中国事务上的重要咨询对象。阿基诺总统在 1991 年出席菲华商联总会的第 18 届全国代表大会时，发表了重要讲话，高度赞扬协会对政府的辅助作用。[1] 1999 年第 22 届代表大会上，商总明确提出鼓励华裔参政的议案，被视为商总在政治功能上的转变。

此外，1998 年从菲华商联总会中分离出来成立的菲华工商总会（CFBC）也体现了很强的政治倡导功能。该组织针对为数众多的土生土长华侨因法律规定无法获得菲律宾国籍的情况，在 1998 年 9 月向菲律宾参众两院提交了《土生土长外侨简化入籍法案》。虽经司法阻挠、政权交替等困难，终于在 2001 年 6 月 8 日促成了《土生土长外侨简化入籍法》（9193 号法令）的签署。从此只要是诞生在菲律宾的外侨，都可以通过该法案申请成为菲律宾公民，众多新老华侨因此法入籍，进一步促进了菲华融合。[2] 2001年，以促进两岸和平统一为宗旨的中国和平统一促进会正式成立，菲华各界知名人士均加盟此会。[3] 近年来该组织相当活跃，不仅在菲律宾本土，而且在世界各地不遗余力地倡导两岸和平统一。

四、非政府组织在其他领域的新成就

在重建民主时期，发展取向和倡导取向非政府组织成为菲律宾非政府组织的中坚力量。受到该时期国际非政府组织的影响，它们越来越多地关注环保、健康、土地改革等活动领域。而相对弱势的环保、卫生、土地改革等政府部门，基于自身需要，也积极寻求与非政府组织的合作。通过合作，非政府组织在这些领域中取得了众多成就，得到了民众认可，提高了自身影响力。

（一）环保领域

森林保护是菲律宾环保领域的首要问题，多年滥砍滥伐导致森林面积不断减少，随之而来的泥石流、洪水等灾害严重威胁了各地区人民的生活。

---

① Corazon C. Aquino, Filipino-Chinese Group Cited for Setting Example for Civic Service, *Manila Bullitin*, 1995−3−16.

② 菲华工商总会：《土生土长外侨简化入籍法案签署纪实》，马尼拉：菲华工商总会，2001 年，第 2～4 页。

③ 庄国土、清水纯、潘宏立：《近 30 年来东亚华人社团的新变化》，厦门：厦门大学出版社，2010 年，第 290 页。

20 世纪 80—90 年代,菲律宾平均每年发生水灾二十多次,泥石流十多次,此外还有地震、火山爆发等自然灾害。1990 年 7 月,奥莫克城(Ormoc City)的一场暴雨引发了山洪决堤和泥石流,夺走了 1700 人的生命,震惊菲律宾全国。[①] 然而负责菲律宾环保工作的环境及自然资源部(DENR)多年来一直与林业利益集团相勾结,无心应对日益严峻的环保问题。各地方政府为短期经济利益也不惜以牺牲自然环境为代价,过度开发自然资源。为改变这一局面,阿基诺总统任命人权律师法克特伦(Fulgencio Factoran)为环境及自然资源部部长,菲律宾环境与自然资源联合会(PFENR)会长冈那平(Delfin Ganapin)为副部长,借助非政府组织的力量重整环境及自然资源部的工作秩序。在非政府组织的协助下,1986—1992 年,环境及自然资源部吸引到了 10 亿美元的环保专项低息贷款。其中较大的一个项目是再造森林承包项目(Contract Reforestation Programme),从亚洲银行和日本海外经济合作基金各获得 1.2 亿美元的贷款;另一个为自然资源管理计划(Natural Resources Management Program),从美国国际开发署获得了 1.25 亿美元的贷款。[②] 1990 年,400 多个非政府组织组成了菲律宾绿色论坛(Philippine Green Forum),从政治倡导、公众教育以及专业研究三个方面,促进菲律宾自然资源的可持续发展。

1992 年,各大环保组织向新上任的拉莫斯总统推荐哈里本基金会(Haribon Foundation)成员阿卡拉(Angel Alcala)为环境及自然资源部部长,获得拉莫斯总统的任命,冈那平续任副部长,环保组织人士继续担任该部门领导。在各大环保组织的建议下,拉莫斯政府还成立可持续发展总统委员会(PCSD),23 名委员中有 7 人来自环保组织。该委员会起草的《菲律宾议程 21》(*Philippine Agenda 21*),被认为是非政府组织与政府在环保领域合作的典范。

在非政府组织的努力下,菲律宾环境及自然资源部的腐败情况有所缓解。伐木许可证的发放数量大幅下降,滥伐现象有所减少,森林面积缩减速度减缓,森林资源得到了一定的保护。但由于环保组织,特别是基层环保组

① Emmanul M. Luna, Disaster Mitigation and Preparedness: The Case of NGOs in the Philippines, *Disasters*, Vol. 25, No. 3, 2001, p. 216.

② Yasmin Arquiza, Funding Agencies Shape RP Agenda, *Philippine Daily Inquirer*, 1993−11−2.

织在数量、专业性和经验上都有明显不足，实际工作效果受到了极大制约。克拉克认为菲律宾非政府组织要在森林保护上有所作为，首先得面对一个由非法伐木集团、地方政府官员、军队成员、国家政客所组成的庞大的利益网络。[①]

(二)健康领域

菲律宾是天主教国家，因此社会上有很强的反对计划生育的势力，人口出生率一直居高不下，并导致一系列的社会问题。重建民主时期，政府在健康领域的力量严重不足，难以有效开展工作。1993 年，拉莫斯总统制定菲律宾计划生育项目(PFPP)时，菲律宾卫生部仅有 200 人从事人口控制工作，比马科斯时期的 1000 人相去甚远。[②] 要依靠政府的人力和财力来完成降低人口出生率的目标基本上是不可能的，因此卫生部只能向非政府组织求援。当时参与该项目的非政府组织有菲律宾人口、健康与福利非政府组织联盟(PNGOC)和菲律宾计划生育组织(FPOP)，这两个组织实力雄厚，后者的工作人员达到 12000 人之多。[③] 此外，还有很多非政府组织向该项目提供活动资金。非政府组织的参与有力地推动了菲律宾的人口控制工作，使人口增长率由 1990 年的 2.35% 降至 2010 年的 1.9%。

由于人口急剧增加，菲律宾医疗资源条件也日益恶化。虽然 20 世纪 90 年代菲律宾公共卫生开支高达国内生产总值的 5.6%，为东南亚地区最高，但开支没有用到实处，全国平均 6579 人中仅有一名医生，2680 人中仅有一名护士。农村地区的医疗条件非常恶劣，医护人员的工资远低于国家规定标准。在这样的情况下，人民健康联合会(Bukluran Para sa Kalusugan ng Bayan)等非政府组织与卫生部结成合作同盟关系，积极向农村地区提供医疗、救援设施，并对医护人员发放高达基本工资三倍的工作补

① Gerard Clarke, *The Politics of NGOs in Southeast Asia: Participation and Protest in the Philippines*, London and New York: Routledge, 1998, p. 87.

② Cory Now Balance for Overpopulation, *Philippine Daily Inquirer*, 1993—7—20.

③ Gerard Clarke, *The Politics of NGOs in Southeast Asia: Participation and Protest in the Philippines*, London and New York: Routledge, 1998, p. 143.

助,[1]极大地改善了菲律宾农村地区落后的医疗条件。

1990 年以前,菲律宾卫生部不了解基层民众的需要,每年的基层社区卫生项目就是建厕所,民众对此意见很大。1991 年起,菲律宾卫生部将社区卫生保健职能全部转移给地方政府,再由地方政府移交给非政府组织。1993 年,卫生部成立了资格认证委员会,遴选出具备项目执行能力的非政府组织,授予三年期的认证资格。由于非政府组织了解民众的需要,也拥有一定的技术和人员优势,基层社区卫生保健工作很快在全国开展起来。通过与政府的合作,一批健康类非政府组织的工作能力得到加强,菲律宾基层卫生条件也得到改善,实现了双赢。

（三）土地改革

土地问题长期困扰菲律宾。20 世纪 80 年代中期,5％的人口拥有全菲83％的耕地,1000 万农业劳动人口没有自己的土地。[2] 随着人口增加和贫富分化加剧,土地问题所带来的压力越来越重,这一情况甚至比独立初期更严重。为了应对土地问题,菲律宾土地改革部（DAR）积极寻求与非政府组织合作。1987 年,菲律宾土地改革部通过食品与农业组织（FAO）、亚洲土地改革与发展非政府组织联合会（ANGOC）的合作,制订了一系列土地改革方案,并组建了人民土地改革会议（CPAR）。该网络的 13 个非政府组织成员都是菲律宾全国咨询协会的成员,其中菲律宾农民运动（KMP）、菲律宾农民权力、菲律宾农渔民统一协会等组织的成员都在 100 万左右。人民土地改革会议创建后提出了《民众土地改革原则宣言》,并积极推进相关立法工作,并对 1988 年土地改革综合计划（Comprehensive Agrarian Reform Programme）的最终出台起到关键的协助作用。[3] 该计划为期十年,预算高达 103.5 亿美元,被评为菲律宾历史上最符合农民利益的土地改革政策。[4]

① Gerard Clarke, *The Politics of NGOs in Southeast Asia：Participation and Protest in the Philippines*, London and New York：Routledge, 1998, p. 92.

② James Putzel, *A Fractured State in the Philippines：Clan Politics, the Military and the Left on the Eve of the 1992 Elections*, 1992, p. 23.

③ ［日］五十岚诚一:《菲律宾的民主化与市民社会》,东京:成文堂,2004 年,第 200页。

④ James Putzel, *A Fractured State in the Philippines：Clan Politics, the Military and the Left on the Eve of the 1992 Elections*, 1992, p. 249.

　　除了协助政府制定土地改革政策，菲律宾非政府组织还承担起土地改革的配套支持工作，如信用贷款、技术服务、商业咨询、设施维修等。菲律宾农村发展机构等组织还对土地改革的进展进行客观调查，提供一手数据。亚洲土地改革与发展非政府组织联合会等机构在对实行土地改革的地区调查后发现，这些地区在改革后的两年时间内，农民收入翻番，农业产量提升，以合作社为主的基层组织数量明显增加。① 虽然由于各种原因，菲律宾土地改革阻力重重，进展缓慢，但由于非政府组织的积极参与，土地改革毕竟还是迈出了成功的一步。土地改革部部长加里劳（Ernesto Garilao）在 1993年表示，如果没有非政府组织的积极作用，土地改革部根本无法实施土地改革综合计划。②

（四）妇女权益保护与教育

　　妇女权益保护与教育是重建民主时期菲律宾妇女权益组织主要关注的领域。以妇女健康关怀基金会（WGCF）和社会研究学院（ISS）为首的一批非政府组织在妇女保护上取得了众多成就。菲律宾是个高生育率、高生育风险率的国家，20 世纪 90 年代，菲律宾妇女平均生育 3.7 个，生育过程孕妇死亡率高达千分之二点八。③ 为此，妇女权益组织将推广计划生育手段、降低生育率作为首要任务，在普及计划生育知识，提供计划生育服务，发放计划生育用品等方面极大地弥补了政府的不足。1986 年妇女健康关怀基金会联合其他非政府组织成功地否决了一项关于禁止出售避孕药品的行政法令。同时非政府组织还在性病传播的教育和防治上做出了卓有成效的工作，提高了菲律宾妇女的健康水平和自我保护意识。

　　菲律宾妇女地位低下，针对妇女的暴力问题严重。20 世纪 90 年代，在妇女权益组织的倡导下，多项旨在保护妇女免于暴力侵害的法令得以通过，如 1995 年通过的国家 7877 号法令禁止对职业女性性骚扰；1997 年的国家

---

① Antonio Quizon, G. Riguer, A. Arostique, *Comparative Land Management Schemes in Three Former Haciendas in Capiz*, CARRD, ANGOC and ILC, 2003, p. 22.

② P3.6 billion for Land Reform, *Manila Bulletin*, 1993－6－4.

③ P. Jimenez, J. Aluning, eds., *RTIs：Current Developments and Issues, Policies and Prospects*, Manila：Social Development Research Center, De La Salle University, 1996, p.4.

8353 号法令加重了对未成年人性侵害的处罚力度,最重可判死刑;1997 年的国家 8505 号法令加强了对妇女的司法保护机制。[①] 1992 年,非政府组织和政府联合推出了社区整治暴力侵害妇女计划,由社区统一实施,以教育和服务作为主要干预机制,减少城市贫穷妇女遭受暴力侵害。计划执行单位是自力更生倡议与知识利用研究会(在马尼拉市城市贫困社区服务的一个非政府组织)和妇女法律局(该局为受暴力侵害的妇女提供法律帮助和服务),提供支持的单位有各法律团体和菲律宾妇女作用全国委员会。[②] 此外,非政府组织还建立了妇女庇护所、妇女法律援助中心、心理辅导中心等机构来帮助受侵害妇女。

在妇女教育方面,1995 年慈善活动圣母基金会—妇女事业发展组织(NDFCAI-WED)与联合国教科文组织亚太文化中心(Asia/Pacific Cultural Center for UNESCO)合作创立了菲律宾女性文化资源中心(Literacy Resource Center for Women and Girls in the Philippines),并以此为基础促进菲律宾妇女教育组织网络的形成,通过制定发展策略,争取国际援助,输入活动资金,有力地促进了菲律宾边远地区妇女教育事业的发展。1999 年 2 月,菲律宾南部地区的非政府组织还与政府共同举办了棉兰老文化峰会(Mindanao Literacy Summit),商讨棉兰老地区妇女教育问题。与会的班沙摩洛妇女和平与发展基金会(BWFPD)、拉瑙文化服务提供协会(LCLSP)、达沃地区文化合作协会(LLCCDS)、马京达瑙发展基金会(MDF)等非政府组织还组成了棉兰老文化网络(MLN)。[③]

1990 年,菲律宾支持服务部门协会、菲律宾农村人力资源开发协会和全国合作社联合会联合建立了贫穷妇女生计周转与能力培养基金会,用以提高菲律宾妇女自力更生的能力。自力更生倡议与知识利用研究会代表菲

---

① M. Sanchez, P. Sanchez, *The Southeast Asia Conference on Violence Against Women: Best Practices in Combating Violence Against Women*, Canada International Development Agency and Kauswagan Community Social Center, Cebu City, 1998, p. 12.

② 卡里纳·康斯坦丁诺—戴维、马里克里斯·瓦尔特:《菲律宾的贫困、人口增长和城市化影响》,《国际社会科学杂志(中文版)》1995 年第 3 期,第 121 页。

③ Myrna B. Lim, Expanding NGO Involvement in Literacy for Women in Muslim Mindanao: The Philippine's Experience, http://www.accu.or.jp/litdbase/break/pdf/PHLf905A.pdf,2011-03-12,p. 2.

律宾支持服务部门协会,负责基金管理单位和计划秘书处。菲律宾政府则通过菲律宾妇女作用全国委员会提供财政帮助。贫穷妇女生计周转与能力培养基金成立后,共为 380 个项目提供了资金,这些项目分布在菲律宾 13 个地区中的 12 个,直接受益的有 2300 名社会最底层的妇女(年龄从 14 岁到 80 岁)和约 14168 个家庭成员。至 1995 年,菲律宾共有 144 个非政府组织参加了该基金的活动。①

(五)菲律宾非政府组织的自律

重建民主时期,许多菲律宾政客、官员、企业家以非政府组织为掩护,利用各种漏洞,侵吞援助资金,享受优惠政策,破坏社会改革,造成了非政府组织内部良莠不齐。《地方政府法》规定了地方各级政府、立法机构中的非政府组织席位,但没有统一的准入标准,认定权和批准权集中在地方政府手中,使地方势力有机可乘。政客、军队、财团组建的傀儡组织,以及为避税而成立的幽灵组织占据了地方政府中原本属于非政府组织的席位,瓜分捐赠资金和国际援助,争夺政府的发展项目。

为改变这一现象,加强内部自律和团结,非政府组织发展公约网络应运而生,并着手改良非政府组织内部运作机制,通过自律压缩虚假非政府组织的活动空间,维护非政府组织的整体形象,提高会员组织的专业化和正规化。1991 年 12 月,该网络召开了第一届全国会议,共有 1500 个非政府组织参加,商议非政府组织行业规范,签订了《菲律宾发展公约》(*Covenant on Philippine Development*),为非政府组织制定了 7 项发展目标,即维护国家主权,保护环境,维护社会平等,促进民主治理,和平解决武装冲突,保卫自由与人权,促进公民参与,发展本土文化;还制定了 11 项非政府组织责任,规范非政府组织的行为准则以及与政府、企业、公民社会捐献者、职员的关系。②

1995 年,面对日益增长的财政压力,菲律宾财政部着手增加中央税收,与国税局联合出台了一个税收改革方案,建议取消对非政府组织捐赠的税收减免,以增加国家税收收入。如果该建议获得通过,捐赠者将失去从可纳

---

① 卡里纳·康斯坦丁诺—戴维、马里克里斯·瓦尔特:《菲律宾的贫困、人口增长和城市化影响》,《国际社会科学杂志(中文版)》1995 年第 3 期,第 120～121 页。

② Asian Development Bank, *A Study of NGOs*: *Philippines*, 1999, p. 16.

税收入中扣除捐赠金额的优惠待遇。一些非政府组织领导人意识到该方案将对非政府组织的捐赠收入带来很大的影响，于是他们与菲律宾财政部进行交涉。财政部提出一个折衷方案，即由非政府组织成立一个自治性团体，对非政府组织进行认证，通过认证的非政府组织将成为受赠机构，依照新标准获得捐赠免税待遇。1997 年 1 月，非政府组织发展公约网络（CODE-NGO）、基金联合会（AF）、教会—商界人权发展协会（BBC）、企业基金会联盟（LCF）、菲律宾国家社会发展基金理事会（NCSD）、菲律宾工商社会进步基金会（PBSP）六大菲律宾非政府组织联合成立了非政府组织认证协会（PCNC），并与财政部签订了备忘协议。协会的启动资金得到福特基金会的赞助，评估培训得到美国国际开发总署的支持，研究项目得到了日本世川和平基金会的援助。协会的管理机构是一个由 11 人组成的理事会，从已得到认证的组织中选举产生，外加一位国税局代表。该理事会每月举行一次会议，主要职责是认证评估结果，并做出最终裁决。1999 年非政府组织认证协会正式运作，这标志着菲律宾政府把非政府组织的认证权力部分移交给非政府组织自身。通过认证的非政府组织即拥有了受赠免税、优先参与政府项目等一系列优惠。协会在审查中还通过规范非政府组织活动和公开财务情况，促进了内部职业标准、问责制和透明度的提高，也清除了部分打着慈善和社会发展旗号的虚假非政府组织。

五、非政府组织与第二次人民力量运动

2001 年 1 月导致埃斯特拉达下台的大规模社会运动被称为第二次人民力量运动，它与第一次人民力量运动有很多相似之处，常常被相提并论。但事实上，菲律宾非政府组织在第二次人民力量运动中所发挥的作用与第一次人民力量运动相去甚远，一定程度上反映其政治影响力开始由盛转衰。

埃斯特拉达是贫民出身的动作电影明星，因常在屏幕上扮演劫富济贫的英雄，在基层民众，特别是穷人中拥有极高的知名度和支持度。1971 年他竞选圣胡安市市长成功，开始步入政坛；在担任市长 16 年后当选参议员，1992 年当选菲律宾副总统；1998 年，埃斯特拉达竞选总统，提出了优先发展农业，并以此带动经济振兴，消除贫困，发展教育，打击贪污犯罪，严惩腐败，受到广大选民欢迎，也得到了许多非政府组织的支持。埃斯特拉达上任后延续了宽松的非政府组织政策，对扶贫非政府组织给予大力支持。从菲律

宾证券交易委员会中登记的非股份制社团数量来看,1997 年为 10.2 万个①,2002 年高达 15.2 万个②,可见非政府组织在埃斯特拉达任内保持了正常的发展态势。

埃斯特拉达的贫民特性导致他无法获得菲律宾社会中上层的支持。部分代表中产阶级利益的非政府组织与菲律宾传统政治精英、天主教教会组成了反对埃斯特拉达联盟。同时由于埃斯特拉达无法落实竞选纲领,解决贫困问题,而个人贪腐问题又日益浮现,使得越来越多的非政府组织加入了反对埃斯特拉达的阵营。这些非政府组织与反对党、宗教机构积极加强联系,争取国内民众与国际势力支持,为逼迫埃斯特拉达辞职和弹劾埃斯特拉达创造政治氛围。如基层影响较大的非政府组织 IBON 基金会,通过召开会议和演讲,对埃斯特拉达的生活方式、腐败作风、行政能力和政府管理能力提出尖锐的批评与攻击。③ 2000 年 10 月 23 日,11 个大商会联合发表声明,担心比索直线下跌和外国投资流失,要求埃斯特拉达辞职。随后 160 多个非政府组织发动了名为"菲律宾人民议会Ⅱ"(KOMPIL Ⅱ④)的抗议活动。⑤ 菲律宾非政府组织的行动进一步动摇了埃斯特拉达的执政基础,埃斯特拉达的支持率从 1999 年 6 月的 78% 骤跌到 2000 年年底的 31%。部分非政府组织还依照宪法第 6 章第 3 条的规定,以公民身份发起了对埃斯特拉达的弹劾,得到了 1/3 以上众议员的支持。11 月 13 日众议院正式启动弹劾程序,12 月 7 日,参议院成立弹劾法庭。

然而事态的发展出现转折,2001 年 1 月 16 日,参议院否决一项公开银行证据的请求,反对党遂放弃弹劾,转向街头社会运动。17 日,菲律宾天主

---

① Ledivina V. Carino, *Between the State and the Market*:*The Nonprofit Sector and Civil Society in the Philippines*,Quezon City:Center for Leadership, Citizenship and Democracy, National College of the Public Administration and Governance, University of the Philippines, 2002, p.72.

② Caucus of Development NGO Network, *Assessing the Philippine NGO Environment*:*Regulation*,*Risks and Renewal*,Summary for the Philippine Nonprofit Organization Sector Report,Quezon City, 2009, p.7.

③ 沈红芳:《埃斯特拉达:菲律宾特色民主的产物与替罪羊》,《南洋问题研究》2001 年第 2 期,第 29 页。

④ KOMPIL 为马科斯时期反集权统治性质的政治性组织。

⑤ Masakata Kimura, The Emergence of the Middle Classes and Political Change in the Philippines,*The Developing Economies*,No. 6,2003, p.282.

教教会主教辛海棉在当地电视台呼吁群众响应号召,集中到埃德萨大道举行祈祷集会。当日,辛海棉、前总统阿基诺夫人、副总统阿罗约、部分国会议员和数以万计的群众聚集在埃德萨大街进行抗议。18 日傍晚,抗议群众已达十多万,在埃德萨大道组成长达十公里的人链,政府部分主要的内阁成员纷纷辞职。19 日下午,菲律宾军队与警察部队相继倒戈,转向支持示威群众。20 日中午菲律宾副总统阿罗约在菲最高法院首席法官达维德的主持下宣誓就任总统,当天下午埃斯特拉达被迫离开总统府。

客观上看,菲律宾非政府组织积极参与了对埃斯特拉达的弹劾,并发挥关键作用,体现了较强的政治影响力,但在第二次人民力量运动的街头抗争阶段,非政府组织并未发挥重要作用,只有部分非政府组织作为参与者走上街头。这与第一次人民力量运动时,非政府组织所担任的组织动员角色有本质的区别。当时大部分非政府组织的诉求是通过完整的司法程序让埃斯特拉达合法下台,而不是以社会运动或军事政变的形式达到政权更迭的目的,这与当时的主流民意相符合。

第六节　阿罗约时期(2001—2010 年)

2001 年 1 月,阿罗约(Maria Gloria Macapagal-Arroyo)接任埃斯特拉达成为菲律宾新总统,由于任期只有三年多[①],她得以参加 2004 年的总统大选,并成功当选。在长达九年半的任期时间内,虽然弹劾、兵变、街头运动不断,菲律宾政局动荡不安,阿罗约还是艰难地完成了任期。总体上看,阿罗约政府延续了前几届政府对非政府组织的宽松政策,鼓励非政府组织与政府合作,并支持非政府组织以公私合营模式参加基础设施建设。但阿罗约政府也尝试对菲律宾非政府组织进行限制,试图增强对非政府组织的管控能力。如 2007 年,阿罗约政府颁布 671 号行政令,收回了非政府组织认证协会(PCNC)对非政府组织的认证权。在相关非政府组织的强烈抗议下,政府不得不于 2008 年颁布 720 号行政令,恢复该协会的认证权,但要求

---

① 1987 年《宪法》规定菲律宾总统一任六年,不得连任。

在该协会的委员会中增加政府代表数量。①

阿罗约时期,政府与非政府组织的关系经历了一个从紧张到缓和再到紧张的过程。2001 年,通过第二次人民力量运动上台的阿罗约并未得到菲律宾非政府组织的广泛认可,工会对阿罗约的反弹特别强烈。通过三年的执政,阿罗约逐渐争取到了许多非政府组织的支持。如菲律宾三轮车经营者及司机联合会明确表示支持阿罗约,为其连任成功提供 275 万张选票。但 2004 年大选的舞弊录音事件、第一家庭受贿事件的曝光,又使众多的非政府组织转而反对阿罗约。此外由于阿罗约时期人权状况的恶化,非政府人权组织与政府的关系也趋于紧张。从整体上看,阿罗约时期菲律宾非政府组织进入了一个相对平稳时期。

一、非政府组织的变化趋势

从 20 世纪 80 年代到 90 年代前期,菲律宾非政府组织高速发展,数量剧增,到 20 世纪 90 年代中期,这一趋势有所减缓。1995 年非股份制社团的增长率仅为 5.35%,是 1984 年以后增长率最低的年份。② 2001 年后由于阿罗约政府对非政府组织管控的加强,这一趋势更为明显,许多类型的非政府组织甚至出现负增长。2006 年阿罗约政府发布证券交易委员会第 2、3、8 号备忘录通告(memorandum circular),要求在证券交易委员会中登记的非政府组织提交更为详细的财务报告与经营资料,否则取消注册资格,大批非股份制社团因此被注销。2002 年时在证券交易委员会登记的非股份制社团高达 152000 个,但到 2008 年,仅剩下 76512 个。③ 由于 2001—2008 年登记成为非股份制社团的非政府组织有 51363 个,因此被淘汰的非股份制社团的数量高达 12 万家以上。同时阿罗约政府还加强对合作社的审查,2008 年 2 月,菲律宾合作社管理局中登记的合作社为 70154 家,其中运作

---

① Caucus of Development Networks, *NPO Sector Assessment: Philippine Report*, Report Prepared for the NPO Sector Review Project, Charity Commission for England and Wales, 2008, p.41.

② Gerard Clarke, *The Politics of NGOs in Southeast Asia: Participation and Protest in the Philippines*, London and New York: Routledge, 1998, p.156.

③ Caucus of Development NGO Network, *Assessing the Philippine NGO Environment: Regulation, Risks and Renewal*, Summary for the Philippine Nonprofit Organization Sector Report, Quezon City, 2009, pp.57~61.

中的有 21068 家,审查中的有 21473 家,较 2001 年有明显的下降。同年为整顿合作社,阿罗约政府颁布了新的《合作社法》及补充法令,所有合作社重新向合作社管理局进行登记,进一步减少了合作社的数量。此外,农村地区的各类非政府组织的数量也均在下降,如 4H 俱乐部从 1999 年的 4303 个下降到 2011 年的 3189 个,土地改革协会从 1999 年的 2464 个下降到 2011 年的 1698 个,渔民组织从 1999 年的 2205 个下降到 2010 年 1881 个,农村妇女俱乐部从 1999 年的 829 个下降到 2011 年的 196 个。[①]

从菲律宾非政府组织的数量变化和地区分布来看,阿罗约时期非政府组织的发展重心进一步向城市倾斜,这与菲律宾同期的经济发展模式相对应。1997—2011 年,在劳动就业部登记的劳工组织数量增加了 49.8%,但同期农村工人协会的数量不仅没有增加,还有所减少。2006 年农村工人组织只有 12187 个[②],比 1997 年下降了 13%。而主要在农村地区运作的合作社的数量也在不断下降,2001—2008 年,合作社的数量下降了 28%。从非股份制社团的抽样分析上可以发现,非政府组织有向马尼拉及周边地区集中的趋势,首都区、南他加禄区和中吕宋区 2000 年之前注册的非股份制社团的比例为 54%,其中首都区 35.2%,南他加禄区 11.8%,中吕宋区 7%,而 2001—2008 年注册的非股份制社团中,这三个区达到 71.5%,其中首都区 37.7%,南他加禄区 22.3%,中吕宋区 11.5%[③]。

此外,上文提到 2001—2008 年,七年间登记成为非股份制社团的非政府组织共有 51363 个,由于部分组织在审查中被取消,实际登记组织应超过上述数目。同时,另一个非政府组织的主要登记形式——合作社的新登记数量出现了下降,2010 年新登记的合作社仅有 1376 家。而菲律宾劳动者协会作为非政府组织的主要成分之一,数量虽有上升,但上升幅度相对较

① Emmanuel E. Buendia, *People Participation in Governance*, Quezon City: National College of the Public Administration and Governance, University of the Philippines, 2001. 此外,还有菲律宾农业部、农村改革发展、渔业资源部、劳工部等菲律宾政府部门内部登记资料。

② Caucus of Development NGO Network, *NPO Sector Assessment: Philippine Report*, Report Prepared for the NPO Sector Review Project, Charity Commission for England and Wales, 2008, p.23.

③ Caucus of Development NGO Network, *NPO Sector Assessment: Philippine Report*, Report Prepared for the NPO Sector Review Project, Charity Commission for England and Wales, 2008, p.26.

小。1999 年在劳工与就业部中登记的工会组织共有 26550 个,2011 年 4 月,登记的工会组织共有 41609 个,12 年间增加 15059 个。① 由此可以看出,向证券交易委员会登记成为非股份制社团已经成为 2001 年以后菲律宾非政府组织的主要登记形式。

综上所述,2001 年以后菲律宾非政府组织的变化趋势主要有三点:一是整体数量下降,更迭频率加快;二是向城市集中,在农村减少;三是非股份式社团地位更加突出。这一时期非政府组织的经济和政治发展情况将在后面两章中具体分析。

二、海外公民权益保护成为非政府组织新兴领域

阿罗约时期,菲律宾非政府组织在环保、卫生、人权等传统领域取得了许多成就,同时将海外公民权益保护纳入重点工作范畴,跨越地域限制开展工作。自 1974 年海外劳工政策纳入菲律宾国家经济发展战略以来,越来越多的菲律宾劳工加入海外务工浪潮,2010 年菲律宾海外劳工人数已达 1000 万人。菲律宾海外公民成为庞大的社会弱势群体,随之带来了各式各样的问题,因此,以劳工为主的海外公民权益保护逐渐成为菲律宾非政府组织重点关注的领域。1995 年,菲律宾政府颁布了《海外菲律宾劳工与海外公民保护法案》(8042 号法令)。该法案第二条(h)款规定:菲律宾政府承认非政府组织作为政府重要合作伙伴,促进实施海外公民权利保护。这一规定为非政府组织参与海外公民权利保护提供了法律依据,对推动非政府组织进入该领域产生了积极影响。阿罗约时期,菲律宾非政府组织的海外公民权益保护工作集中在以下四个方面。

(一)保护海外劳工权益

20 世纪 90 年代的一系列海外劳工事件,如 1994 年阿联酋菲佣萨拉被控谋杀事件,1995 年新加坡菲佣孔泰西翁被判死刑事件,引起了菲律宾社会极大关注。因此,以菲律宾移民权利观察(PMRW)为首的非政府组织,通过网络形式联合国内外力量,将促进海外劳工权益保护提升到新的高度。如表 3-3 所示,2001 年来,菲律宾移民权利观察每年都举办各式宣传、研

---

① Department of Labor and Employment, http://www. blr. dole. gov. ph/StatisticalReports. html, 2011－7－1.

讨、咨询与国际合作活动,受到海外劳工及国内家属的欢迎。教会关心移民与旅行者主教委员会则开办了亚洲移民课堂,联合亚太地区各国的天主教教会,为菲律宾海外劳工提供服务与保护。社会气象站(Social Weather Stations)开展"公众对海外菲律宾妇女劳工的态度:菲律宾劳务输出政策的意义"民意调查,搜集民众对海外劳工权益保护的意见。

表 3-3　2003—2008 年菲律宾移民权利观察主办/协办的主要活动

时间	活动名称	主题内容
2008	23 届国家移民星期日(NMS)	呼吁国家与社会关注经济衰退对移民及其家庭的影响
2008	"国际移民日"论坛	"让移民成为不是唯一的选择",关注移民工人与家庭状况
2008	PMRW 与媒体	通过媒体宣传移民工人与家庭的生活
2008	"国际天主教移民委员会"亚洲协议会	教会 NGO 讨论亚太地区移民问题
2008	移民与发展全球论坛	协商移民、发展与非政府组织角色
2008	PMRW 能力建设交流会	NGO 在移民权利保护方面的经验交流、能力培训
2007	"国际移民日"论坛	一致行动,促进移民权利
2007	台北 PMRW 成员组织代表会议	工作总结,经验交流,组织建设
2007	台北"全球化与移民/工人权利"研讨会	研讨移民、工人及其权利保护
2007	"菲律宾工人福利与保护"论坛	非法劳工招聘与归国工人状况
2007	"有效倡议与游说"研讨会	加强 NGO 的倡议与游说能力
2007	"移民故事·移民心声"书展	让公众了解移民的生活
2007	"媒体与移民"论坛	移民权利保护
2005	"PMRW 倡议分子培训课程"	NGO 的倡议、游说能力培训
2005	"海外菲律宾人缺席投票修正案"协商会	保障海外菲律宾移民的投票权利

续表

时间	活动名称	主题内容
2004	"菲律宾劳工跨国迁移前景"国际研讨会	菲律宾劳工海外就业与权利保障
2003	"全球菲律宾劳工代表"圆桌会议	关注海外菲律宾劳工状况
2003	"联合国移民工人与家庭"论坛	关注移民工人及其家庭
2003	"缺席投票"论坛	关注海外移民工人的投票权利

资料来源:施雪琴:《全球化、妇女迁移与亚洲公民社会——移民女工权利保护与菲律宾 NGO 的角色》,《东南亚研究》2009 年第 6 期,第 19 页。

此外,在菲律宾海外劳工部(OWWA)的支持下,以海外劳工身心健康与人身安全为目标的海外劳工非政府组织也纷纷成立。以新加坡劳工协会(FOWS)为例,该组织根据菲律宾各个劳工输出地的地缘关系组成,不仅关心在新加坡菲律宾劳工的心理健康、宗教信仰,而且还为他们提供技术培训,促进和保护他们的福利与权益。[①]

(二)争取海外菲律宾公民的选举权

由于交通、工作等原因,每次菲律宾大选都有数百万的海外选民无法回国投票。为保障海外菲律宾公民基本政治权益,在菲律宾移民倡议中心、菲律宾移民权利观察、菲律宾移民权利集团、欧洲菲律宾移民组织、海外菲律宾人政治授权全球联盟、荷兰菲律宾人联合会等非政府组织的长期努力下,菲律宾于 2003 年通过了《海外缺席投票法案》(*Overseas Absentee Voting Act*)。该法案规定,18 岁以上的海外菲律宾公民可登记为海外选民,拥有投票选举总统、副总统、参议员以及党派代表的权利。[②] 这一法案的通过无疑是海外菲律宾公民参政议政权利得到认可和尊重的重大举措,也是菲律宾政治体制走向成熟的重要标志,被视为 2000 年后菲律宾非政府组织的主

---

① 施雪琴:《中菲民间组织的交流与合作:对现状与前景的初步探讨》,《南洋问题研究》2005 年第 4 期,第 69 页。

② Ellene A. Sana, Political Empowerment of Overseas Filipinos Through the Ballot, *KASAMA*, Vol. 17, No. 2, 2003.

要成就之一。2004 年菲律宾全国大选,在 84 个海外地点,共登记了 36 万名菲律宾选民,其中有 23 万人参加了 2004 年的选举投票,占登记人数的 65%。[1]

(三)成立海外公民非政府组织

受国内非政府组织影响,菲律宾海外劳工及移民也热衷于通过非政府组织形式集合在一起,主要形式有同乡会、专业团体、文化团体、校友会、体育俱乐部、教会团体等,其中荷兰菲律宾人组织联合会等组织最为活跃,曾经举办海外菲律宾人政治参与论坛,推动了海外移民政治权利的倡导工作。菲律宾人权倡议联盟、菲律宾移民权利观察、公共服务与劳工独立联盟、劳工教育与研究联盟、亚洲移民论坛,与来自亚太与中东地区的 24 个移民权利保护的倡议集团、妇女组织与工会组成菲律宾移民权利集团(PMRG)。[2]虽然这些组织的主要功能是为了成员间的互助,但也经常举办慈善活动。如香港的菲律宾劳工协会多次举办选美比赛,为家乡筹集资金;德国的菲律宾文化和妇女团体经常筹办舞台剧表演舞蹈,为孤儿院募捐。为了进一步促进菲律宾移民慈善事业,海外非政府组织还自发成立了"菲律宾人的捐助"网站,有效管理菲律宾移民捐助的善款。[3]

近年来,美国菲律宾移民特别热衷于建立非政府组织以保护自身权益。根据欧米纳诺尔(Jeremaiah M. Opiniano)和卡斯特罗(Tricia Anne Castro)所作的一份有关澳大利亚、加拿大、美国海外菲律宾人社团组织的问卷调查的结果,在澳大利亚注册的海外菲律宾人社团有 112 个,加拿大有 674 个,美国则大约有 3000 个。其中较有影响力的有反对 187 议案的菲律宾人(Filipinos Against Proposition 187)、赞助行动的菲律宾人(Filipinos for Affirmative Action)、美国菲律宾裔全国委员会(National Filipino

---

[1] Economic and Social Council, UN: *Implementation of the International Covenant on Economic, Social and Cultural Rights*, Periodic Reports Submitted by States Parties under Articles 16 and 17 of the Covenant, Combined Second, Third and Fourth Periodic Reports of the Philippines, 2007−9−7.

[2] 施雪琴:《全球化、妇女迁移与亚洲公民社会——移民女工权利保护与菲律宾 NGO 的角色》,《东南亚研究》2009 年第 6 期,第 20 页。

[3] 李涛:《海外菲律宾人与菲律宾的社会经济发展研究(1974—2009 年)》,厦门大学南洋研究院未刊博士学位论文,第 189 页。

American Council)等组织。这些组织已经成为亚洲法律核心小组（Asian Law Caucus）、亚洲太平洋岛屿裔美国人健康论坛（Asian Pacific Islander American Health Forum）等美国亚裔组织机构的领导者和积极参与者。①

（四）辅导海外性工作者

2000 年以后，以发展行动妇女网络为首的一批妇女权益保护组织致力于帮助海外菲律宾性工作者重新融入家庭与社会，通过开展生产职业技能培训、社会宣传倡议，反对对妇女的暴力与歧视，建立广泛的社会支持网络来援助在海外饱受创伤的菲律宾妇女及其子女。发展行动妇女网络实施的具体项目，包括医疗健康援助、法律事务援助、职业技能培训、综合社会服务（即个案跟踪管理、旅行寻亲服务、临时住所提供、信息咨询、教育协助等）、宣传与研究、立法游说、跨国合作等。在国际反贩卖妇女联盟（Coalition against Trafficking in Women）的支持下，菲律宾非政府组织持续推动反对性产业合法化和性工作者迁移的活动，并与海外菲律宾人委员会、菲律宾非政府组织及其他有关机构合作，在市级或省级地方政府建立起移民咨询和信息网（Migrants Advisory and Information Network）②，进一步打击人口贩运犯罪。

在众多非政府组织中，发展行动妇女网络在援助海外菲律宾性工作者这一方面的成绩最为突出。首先，该组织的救助活动效果显著。截至 2006 年，共有 386 名从日本回来的菲律宾女性及 503 名日菲混血儿童加入发展行动妇女网络，并获得实际帮助，重新融入菲律宾社会。其次，该组织的立法倡议活动取得突破，促成了 2003 年的《菲律宾反人口贩卖法案》、《海外菲律宾人选举法案》的通过。并成功游说菲律宾政府，使其不再反对有利于菲籍妇女权益保护的日本入境政策改革。再次，该组织与国际妇女人权保护组织建立了合作机制。2006 年 2 月，在发展行动妇女网络成立 10 周年之际，其与国际著名的非政府组织——生命之声全球伙伴（Vital Voices Global Partnership）举办了主题为"承认妇女尊严与权利，关注妇女迁移与

---

① 李涛：《海外菲律宾人与菲律宾的社会经济发展研究（1974—2009 年）》，厦门大学南洋研究院未刊博士学位论文，第 186 页。

② 李涛：《海外菲律宾人与菲律宾的社会经济发展研究（1974—2009 年）》，厦门大学南洋研究院未刊博士学位论文，第 119 页。

人口贩卖"的国际学术会议。会议得到国际社会的广泛支持,时任美国国会参议员、现任美国国务卿希拉里也致电祝贺,赞扬该组织对打击人口走私、保护妇女人权所做出的贡献。[①]

小结:菲律宾非政府组织
具有较强的资源环境适应能力

豪尔(Richard H. Hall)认为,组织是受制于外在环境的,没有一个组织能够完全独立,因此,组织的结构、活动方式与活动结果必须置于组织所在的环境因素中加以理解。为了维持生存,组织必须引进、吸收、转换各种资源,而这些资源往往来自于环境中的其他组织,因此,组织间资源相互依赖的关系网络形成了。[②] 这种关系网络即是资源环境。非政府组织对外部资源的依赖程度远比企业更深,必须始终与资源环境主体进行互动,适应资源环境变化,在确保组织生存与发展的基础上努力实现组织的公益性。从菲律宾非政府组织的发展轨迹来看,特殊的殖民背景、历史变迁、宗教信仰、文化传统、经济水平以及政治体制,使菲律宾非政府组织塑造了较强的资源环境适应能力。每当资源环境发生变化时,菲律宾非政府组织都能够积极、主动地自我调适,适应资源环境变化,并促使资源环境发生有利于组织的改变。而菲律宾非政府组织从慈善取向向倡导取向进化的过程,正是通过拓展自身功能,适应资源环境的变革过程。这一过程加强了菲律宾非政府组织的政治、经济影响力,反过来又进一步增强了对资源环境的适应能力。

菲律宾非政府组织较强的资源环境适应能力主要体现在:西班牙殖民时期,菲律宾非政府组织能够利用殖民政府与天主教教会之间的社会空间获取资源,并初具发展规模,这是当时其他殖民地国家的非政府组织所不具备的。美国殖民时期,菲律宾非政府组织迅速适应政治体制改变,利用美国殖民政府的扶持,扩大自身实力与工作层面,并在基层发展组织,迎来了第一次发展高峰。1946 年菲律宾独立后,非政府组织预见到农村社区发展工

---

① 施雪琴:《亚太妇女跨国迁移及其性产业与公共治理——菲律宾 NGO 的社会行动探析》,《南洋问题研究》2010 年第 1 期,第 62 页。

② Richard H. Hall, *Organizations: Structure, Process and Outcomes*, New York: Jersey Prectice Hall, 1991, p. 278.

作可带来的大量资源，它们通过农村发展项目争取政府资金，并促进菲律宾政府加快权力下放，利用菲共势力衰退之机在中吕宋农村地区发展基层组织，从而带来了第二次发展高峰。马科斯集权时期，面对着严峻的国内政治环境，菲律宾非政府组织利用地方政治势力削弱的时机，进一步在基层社区发展组织，并争取国际援助，力量迅速得到恢复。阿基诺、拉莫斯执政时期，非政府组织利用在反马科斯运动中所获得的政治信任，努力争取更高的政治地位和更优越的法制环境，将自己塑造成为政府的政治合作伙伴与监督者，同时拓展社会服务功能，提高筹资能力与工作水平，第三次发展高峰随之而来。

综上所述，面对资源环境的变迁，菲律宾非政府组织从被动地适应资源环境变化，发展到主动促使资源环境发生有利于己的改变，实现了自身的三次大发展。菲律宾能够成为发展中国家中三大非政府组织国家之一，与其较强的资源环境适应能力是分不开的，而这一能力为菲律宾非政府组织在经济、政治领域带来了哪些优势？使其与政府、援助机构等资源环境主体又形成了怎样的关系？导致出现哪些新的发展趋势？笔者将从经济、政治视角对菲律宾非政府组织展开进一步研究。

第四章

菲律宾非政府组织的经济影响力与企业化

　　非政府组织作为公共服务的提供者,本身就是一股重要的经济力量,在弥补市场和政府公共服务不足的过程中,创造了巨大的生产价值,提供了大量的就业机会。约翰霍普金斯大学非营利部门比较项目发现,20 世纪 90 年代后期,参与调查的 34 个国家的公民社会部门的年度总支出高达 1.3 万亿美元,占这些国家国内生产总值之和的 5.4%。如果把这些国家的公民社会部门看作一个独立的国民经济体的话,其支出规模可排在世界第七,就业总量为 4550 万个相当全职工作人员,平均每 20 个经济活跃人里几乎就有一位。[①] 萨拉蒙指出,非营利部门在国民就业和近期的就业增长中占据份额之大,远远超出了人们一般认识到的分量,而且它已经成为个人和社会追求各种公共和私人目的的普遍机制。[②] 一般来说,发达国家非政府组织的经济实力相对较强,如美国和西欧国家,而发展中国家非政府组织的经济实力相对较弱,但也有部分发展中国家非政府组织拥有较强的经济实力,菲律宾即是一例。无论从收支还是就业情况来看,菲律宾非政府组织已经成为一个重要的经济部门,并具有较强的经济影响力,这也是菲律宾被称为发展中国家非政府组织大国的一个主要因素。本章将通过分析菲律宾非政府组织的经济地位,与国内企业、国际援助机构的关系,来研究其经济影响力,并重点对其在 2000 年前后开始出现的企业化现象进行探讨。

---

　　① [美]莱斯特·萨拉蒙、沃加斯·索可洛斯基:《全球公民社会——非营利部门国际指数》,陈一梅等译,北京:北京大学出版社,2007 年,第 19～20 页。
　　② [美]莱斯特·萨拉蒙、赫尔穆特·安海尔:《公民社会部门》,载何增科:《公民社会与第三部门》,北京:社会科学文献出版社,2000 年,第 253 页。

第一节　菲律宾非政府组织的经济地位

在漫长的发展过程中,菲律宾非政府组织已成为菲律宾经济领域一支不可忽视的重要力量,在教育、健康等领域,其作用尤为重要。21世纪以来,其经济实力的发展进一步加快,对国民经济的影响力进一步提高,经济地位更加突出。

一、菲律宾非政府组织的基本经济情况

评估非政府组织经济活动一般首先观察其支出情况,其次才观察收入情况,因为支出情况较为完整可信,能够直接地反映真实经济情况。1997年,菲律宾非营利部门研究项目使用抽样调查方法,推估出菲律宾非政府组织年度支出约为364.97亿比索,约合12亿美元,占当年菲律宾国内生产总值的1.5%,政府当年预算的6.5%,[1]其中教育与研究类非政府组织是开支最大的类型,占非政府组织总支出的49%。这一数据大大超出了菲律宾政府的预料,菲律宾国家统计协调局在1990年时推算非政府组织的总支出仅占国内生产总值的0.35%。[2]

通过对菲律宾各类非政府组织收支比率的抽样调查,菲律宾非营利部门研究项目推估出1997年各类菲律宾非政府组织的收入(如表4-1),据此得出菲律宾非政府组织1997年的收入约为407.565亿比索(约合13.5亿美元)。

---

[1]　Ledivina V. Carino, *Between the State and the Market : The Nonprofit Sector and Civil Society in the Philippines*, Quezon City: Center for Leadership, Citizenship and Democracy, National College of the Public Administration and Governance, University of the Philippines, 2002, p. 221.

[2]　National Statistical Coordination Board, *Social Accounting Matrix*, Makati, 1990, p. 234.

表 4-1　1997 年菲律宾非政府组织收支情况调查结果

单位:亿比索

组织类型	抽样比例	支出		收支比	收入	
		推估值	比例		推估值	比例
文化和娱乐	1.83%	9.874	2.71%	0.77	7.62	1.87%
教育和研究	22.1%	177.758	48.71%	1.24	221.276	54.28%
健康	0.96%	12.497	3.42%	1.13	14.093	3.46%
社会服务	4.26%	7.103	1.95%	0.88	6.264	1.54%
环境	1.8%	4.474	1.23%		4.877	1.2%
发展和住房	28.57%	44.026	12.06%	1.24	54.4	13.35%
公民和倡导	1.52%	2.527	0.69%	0.96	2.435	0.6%
慈善中介	10.28%	17.641	4.83%		19.229	4.72%
国际	0.07%	1.439	0.39%		1.569	0.38%
宗教活动	20.08%	52.871	14.49%	1.06	56.163	13.78%
商业和专业联合会	8.53%	34.756	9.52%	0.56	19.63	4.82%
合计	100%	364.966	100%	1.09	407.556	100.00%

　　资料来源:根据菲律宾非营利部门研究项目资料整理,未推算出收支比率的组织类型按平均收支比 1.09。

　　虽然菲律宾非政府组织的收支情况与西方发达国家非政府组织相比还有很大的差距,但与发展中国家,特别是亚洲地区的发展中国家相比,属于中上水平。从表 4-2 可以看出,菲律宾非政府组织的支出水平与南美各国相当,却远高于亚洲的印度和巴基斯坦,也高于有相似殖民经历的墨西哥。

表 4-2　1997 年发展中国家非政府组织支出情况比较

单位:亿美元

	菲律宾	巴西	哥伦比亚	墨西哥	秘鲁	印度	巴基斯坦
支出	12	106	17	13	12	28	2.123
GDP 比例	1.5%	1.5%	2.1%	0.5%	2.0%	0.6%	0.3%

　　资料来源:约翰霍普金斯大学非营利部门比较项目。

二、21 世纪以来菲律宾非政府组织的经济发展情况

进入 21 世纪后,菲律宾非政府组织的数量增长放缓,经济实力却保持大幅上升的势头。2008 年,非政府组织发展公约网络(CODE-NGO)对在菲律宾证券交易委员会和合作社发展局中注册的非政府组织分别进行了抽样调查,从菲律宾证券交易委员会中随机抽取的 885 家非股份制社团中,上交财务报表的有 214 家,资产总合为 77.89 亿比索,平均为 3640 万比索;年度支出总合为 20 亿比索,平均支出 934.5 万比索,年度总收入 17.2 亿比索,平均收入为 803.5 万比索。[①]

在抽样的非股份制社团中,资产一般在 10 万~100 万比索之间,但也有少数组织财力非常雄厚。最为突出的是马尼拉电力公司雇员存贷协会(Manila Electric Company Employee's Saving and Loan Association),其资产达 51.52 亿比索,年收入达 8170 万比索。如果把马尼拉电力公司雇员存贷协会的资产视为股票市值,该组织与菲律宾华商企业——菲律宾交通银行(Philippines Bank of Communications)资产相当,而 2009 年年底,菲律宾交通银行在所有菲律宾上市公司中排名 84 位,市值 51.56 亿比索。[②]

虽然上交财务报告的非政府组织相对于未上交财务报告的组织来说,规模更大,实力更强,不能一概视之,但即使忽略 885 家非股份制社团中未上交财务报告的组织,把 214 家组织的资产和年度总支出视为 885 家组织的总资产和年度总支出,再乘以抽样比例,仍然可以推估出 2008 年菲律宾非股份制社团的总资产为 7248 亿比索(约合 155 亿美元),年度总支出为 1861 亿比索(约合 40.5 亿美元);年度总收入为 1600 亿比索(约合 35 亿美元),约占 2008 年菲律宾国内生产总值的 2.16%。[③] 这一数字约为 1997 年菲律宾所有非政府组织年度总支出的 3 倍,在国内生产总值中所占比例也高于 1997 年时的 1.5%。

---

① Caucus of Development NGO Network, *NPO Sector Assessment*: *Philippine Report*, Report Prepared for the NPO Sector Review Project, Charity Commission for England and Wales, 2008, pp. 25~28.

② 王晓东:《从上市企业看菲律宾华商企业的发展特点和趋势》,《亚太经济》2010 年第 5 期,第 118 页。

③ 菲律宾 2008 年国内生产总值为 74233 亿比索。详见王晓东、黄耀东:《菲律宾:2009 年回顾与 2010 年展望》,《东南亚纵横》2010 年第 3 期,第 28~33 页。

菲律宾合作社也具有雄厚的经济实力。2008 年在合作社发展委员会中登记的活跃合作社中,有 16193 家属于微型组织,资产总合为 51.1 亿比索;1744 家为小型组织,资产总合为 118.3 亿比索;715 家为中型组织,资产总合为 257.5 亿比索;126 家为大型组织,资产总合为 427.7 亿比索。合作社总资产高达 8560 亿比索(约合 1860 亿美元),其中最大的三家合作社的资产均在 10 亿比索以上。[①] 在合作社发展委员会 2008 年各行政区合作社生产总值报告中(见表 4-3),合作社的生产总值为 3946.5 亿比索(约合 85.7 亿美元),占当年菲律宾 GDP 的 5.32%。

表 4-3　2008 年菲律宾合作社生产总值

单位:亿比索

编号	地区	各区 GDP	各区合作社生产总值	比例
NCR	国家首都区	24487.2	191.3	2.43%
1 区	伊罗戈斯	2156.6	75.7	3.51%
2 区	卡加延河谷	1447.8	64.5	4.45%
3 区	中央吕宋	6161.5	191.3	3.10%
4 区	南他加禄	10842.9	1201.3	11.08%
5 区	比科尔	2076.2	40.1	1.93%
6 区	西米沙鄢	5403.2	259.8	4.81%
7 区	中米沙鄢	5306.1	56.9	1.07%
8 区	东米沙鄢	1568.4	190.8	12.16%
9 区	西棉兰老	1873.4	76.4	4.08%
10 区	北棉兰老	3726.2	408.1	10.95%
11 区	南棉兰老	3348.8	603.0	18.01%
12 区	中棉兰老	2613.8	140.0	5.36%
13 区	卡拉加	967.3	107.0	11.06%
CAR	科迪勒拉自治区	1619.8	215.0	13.27%
ARMM	棉兰老穆斯林自治区	633.8	125.3	19.76%

[①] Caucus of Development NGO Network, *NPO Sector Assessment*: *Philippine Report*, Report Prepared for the NPO Sector Review Project, Charity Commission for England and Wales, 2008, p. 31.

续表

编号	地区	各区 GDP	各区合作社生产总值	比例
总计		74233.0	3946.5	5.32%

资料来源:Cooperative Development Authority, Contribution of Cooperative Enterprises to Regional Gross Domestic Product of 2008 (a Constant 1985 Prices), http://www.cda.gov.ph/website/Downloads/SelectedStats2010.pdf,2011—12—28.

综上所述,2008 年菲律宾非股份制社团与合作社的资产总合约为 15808 亿比索(约合 343 亿美元)。如图 4-1 所示,如果把它们视为上市企业,则资产约为 2009 年年底菲律宾股市市值的 1/4,略少于股市中的外资、华商资产和原住民资产。[①] 而 2008 年菲律宾非股份制社团收入与合作社的生产总值之和约为 5950 亿(约合 129 亿美元),占菲律宾 2008 年国内生产总值的 8.03%。

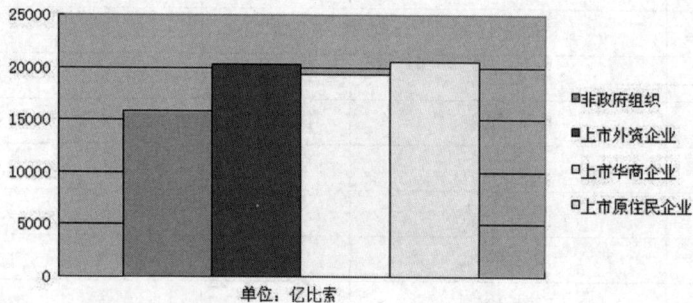

图 4-1　2008 年菲律宾非政府组织与 2009 年菲律宾上市企业资产对比

鉴于以上数据仅为部分非股份制社团与合作社的财务情况,还有大量菲律宾非政府组织的数据没有计入其中,因而这仅是一个低估值,但也已明显反映出 21 世纪后,菲律宾非政府组织大幅增强的经济实力与不断上升的经济地位。

---

① 2009 年最后一周证券交易委员会的数据中,菲律宾股市总市值为 60291 亿比索,外资为 20370 亿比索,华商资产约为 19374 亿比索,原住民企业资产为约为 20547 亿比索。详见王晓东:《从上市企业看菲律宾华商企业的发展特点和趋势》,《亚太经济》 2010 年第 5 期,第 116~118 页。

三、菲律宾非政府组织成为重要的就业部门

根据菲律宾非营利部门研究项目的调查,1997 年菲律宾非政府组织就业人口中,相当全职雇员为 14.5 万人,相当全职志愿者为 18.5 万人(非全职就业统计时按实际时间折合成为全职就业)。相当全职就业人数约占菲律宾就业人口的 1.4%,占非农业就业人口的 2.3%。[①] 在约翰霍普金斯大学非营利部门比较项目中,计算时加入了宗教礼拜组织,因此雇员和志愿者的比例也相应增加。相当全职雇员为 20.7 万人,相当全职志愿者为 33.8 万人,相当全职就业人员约占菲律宾就业人口的 1.9%,占非农业就业人口的 3.2%[②](见表 4-4)。在受调查的发展中国家中,菲律宾非政府组织的就业人数和比例为中上水平。

表 4-4　1997 年菲律宾非政府组织雇员及志愿者数量

	菲律宾非营利部门研究项目	约翰霍普金斯大学 非营利部门比较项目
相当全职雇员人数	144724	207025
相当全职志愿者人数	185663	337694
相当全职就业人员	330387	544719
占就业人口比例	1.4%	1.9%
占非农业人口比例	2.3%	3.2%

资料来源:菲律宾非营利部门研究项目、约翰霍普金斯大学非营利部门比较项目。

把菲律宾非政府组织就业人口数量放到整个菲律宾来看(见图 4-2),其吸收的就业人数相当于建设行业就业人数的 1/3、交通运输人数的 1/4、制造业人数的 1/5,比公共事业行业就业人数多五倍。可见菲律宾非政府

---

① Ledivina V. Carino, *Between the State and the Market：The Nonprofit Sector and Civil Society in the Philippines*, Quezon City：Center for Leadership, Citizenship and Democracy, National College of the Public Administration and Governance, University of the Philippines, 2002, p.229.

② [美]莱斯特·萨拉蒙、沃加斯·索可洛斯基:《全球公民社会——非营利部门国际指数》,陈一梅等译,北京:北京大学出版社,2007 年,第 215 页。

组织已经成为菲律宾一个庞大的就业部门。①

单位:万人

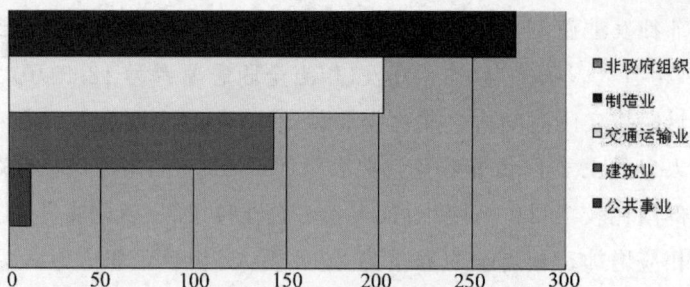

图 4-2　1997 年菲律宾非政府组织与其他部门就业人数的比较

资料来源:[美]莱斯特·萨拉蒙、沃加斯·索可洛斯基:《全球公民社会——非营利部门国际指数》,陈一梅等译,北京:北京大学出版社,2007 年,第 216 页。

从具体就业人口分布来看(见表 4-5),雇员最多的是教育和研究类组织,其次是宗教活动类组织,但这两类组织志愿者较少;发展和住房类组织的雇员比例与志愿者比例相对平衡;商业和专业联合会类组织的雇员、文化和娱乐类组织的志愿者比例远远超过雇员,是最依赖志愿者工作的组织类型。

表 4-5　1997 年菲律宾非政府组织各类型就业人口分布情况

组织类型	相当于全职雇员		相当于全职志愿者		相当于全职就业者	
	人数	比例	人数	比例	人数	比例
文化和娱乐	9008	6.22%	53032	28.56%	62040	18.78%
教育和研究	44669	30.86%	5619	3.03%	50288	15.22%
健康	8797	6.08%	7550	4.07%	16347	4.95%
社会服务	4650	3.21%	5537	2.98%	10187	3.08%
环境	1727	1.19%	268	0.14%	1995	0.59%
发展和住房	21609	14.94%	23148	12.47%	44757	13.55%
公民和倡导	494	0.34%	661	0.36%	1155	0.35%
慈善中介	2334	1.62%	462	0.25%	2796	0.85%

① [美]莱斯特·萨拉蒙、沃加斯·索可洛斯基:《全球公民社会——非营利部门国际指数》,陈一梅等译,北京:北京大学出版社,2007 年,第 216 页。

续表

组织类型	相当于全职雇员		相当于全职志愿者		相当于全职就业者	
	人数	比例	人数	比例	人数	比例
国际	190	0.13%	25	0.01%	215	0.07%
宗教活动	38203	26.40%	10796	5.81%	48999	14.83%
商业和专业联合会	13042	9.01%	78566	42.32%	91608	27.73%
总数	144723	100.%	185664	100.%	330387	100.%

资料来源:[美]莱斯特·萨拉蒙、沃加斯·索可洛斯基:《全球公民社会——非营利部门国际指数》,陈一梅等译,北京:北京大学出版社,2007年,第216页。

四、菲律宾非政府组织的经济贡献

作为一个重要的经济部门,菲律宾非政府组织有着较强的公共服务提供能力,并做出了重大的经济贡献。其参与经济活动的形式多种多样,主要有以下几种。

(一)提供有偿服务

第一,部分菲律宾非政府组织面向组织成员提供有偿服务。如存贷协会、信贷合作社为成员提供借贷服务,商会为会员企业办理进出口手续、参展手续等。甚至一些非政府人权组织也具有一定的经济功能,如菲律宾政治犯救援工作小组(TFDP)在马科斯集权时期,先后推动自立计划(SRP)和家庭自立计划(FSRP)向加入该组织的政治犯家庭提供小额贷款。[①]

第二,部分非政府组织面向社会提供有偿服务。如教育类组织、健康类组织,以社会价格为民众提供有偿教育与健康服务,许多非营利医院、学校与营利性医院、学校在服务收费模式上没有区别;文艺类组织向社会提供文化与艺术服务,而法律类组织则提供法律援助和咨询,根据具体情况收取一定的费用。近年来通过互联网向社会提供服务成为非政府组织发展的新趋势,如社区发展广域网络(CODEWAN)就是菲律宾第一批利用互联网提供

---

① 这类项目的贷款一般难以收回,其政治目的明显大于经济目的。

服务的非政府组织网络。

第三，部分非政府组织面向政府提供服务。从事社区发展的非政府组织多以承包政府发展项目为主要收入来源。如菲律宾农村重建运动在创建半个世纪以来，承接大量政府发展项目，发展成为菲律宾最大的非政府组织之一。又如菲律宾卫生部的社会项目基本都外包给了健康类非政府组织。近年来菲律宾政府在公私合营开发基础设施项目中，也将非政府组织纳为合作对象。

第四，部分非政府组织面向企业提供服务。如菲律宾环球企业家网络（GEN Philippines）是一个旨在帮助菲律宾企业和企业家在全球市场寻找合作伙伴和商机的非政府组织，成为推动菲律宾经济发展的国际化商业平台。类似的商会组织的还有成立于 2003 年的阿布扎比市（Abu Dhabi）的菲律宾商会（The Philippine Business Council of Abu Dhabi）和菲律宾—新西兰商业协会（Philippines-New Zealand Business Council）。①

（二）生产经营

以农业合作社为主的菲律宾合作社群体，已经成为一个举足轻重的生产部门，每年生产、出售大量的农副产品和手工业产品。其他类型的非政府组织也生产大量小商品，如制服、徽章、工作手册等，以满足组织成员和支持者的需要，还出售大量的纪念品，如日历、钥匙扣、手表，用以募集资金。如沙坦干人权发展计划（SHDP），一个小型的基层非政府组织，通过出售手工艺品募集资金，所得利润 30％归手工艺者，50％归当地儿童食品援助计划，20％归当地石匠午餐援助计划，这种经营模式较为普遍。② 许多发展取向非政府组织还出版发行书籍和音像制品，作为组织宣传手段。如媒体自由与责任中心（Center for Media Freedom and Responsibility）、公平守卫者（Bantay Katarungan）等组织都拥有自己的刊物。菲律宾全国教会协会（NCCP）还曾组织马尼拉地区的政治犯在监狱中从事成衣加工、骨雕、编筐

---

① 李涛：《海外菲律宾人与菲律宾的社会经济发展研究（1974—2009）》，厦门大学南洋研究院博士论文，第 57 页。

② Gerard Clarke, *The Politics of NGOs in Southeast Asia：Participation and Protest in the Philippines*, London and New York：Routledge，1998，p.170.

等工作,赚取微薄的生活费用。[①] 菲华宗亲社团善于利用宗亲网络开展经济合作活动,如马尼拉吴氏宗亲会与台湾吴氏宗亲会合作经营椰干生意,印尼宗亲会则提议合作从事渔业捕捞,等等。[②]

(三)提高生产水平

许多菲律宾教育类非政府组织、工会、合作社以提高劳动者技能为主要工作内容;科研类非政府组织致力于提高生产环节中的科技水平和产品的科技含量;商会和行业协会帮助企业会员改善管理手段,寻找商机,制定经济方针。如菲华商联总会经常举办有关劳工、税务、海关、智能产权、生产等方面的法律与策略讲座、讲习班和专题演讲,使会员企业能够改善公司业绩;和劳工与就业部(DOLE)每年举办三次职业介绍会,帮助会员企业引进人才;[③]还在 2000 年后与中国农业技术部门建立了密切联系,协助菲律宾政府引入高产水稻技术。菲律宾农民运动(KMP),一个全国性的农民组织网络,下属 57 个地区组织,拥有直接成员 75 万名,它长期提供农业科技信息,举办农业知识讲座,致力于提高农民经济自立能力。该组织和全国农民运动协会(PAKISAMA)、安提波罗山农民组织(SAMBA)等在保护农业用地上做了大量的工作,阻止耕地因商业化流失。[④] 人才引进网络(BGN)于1993 年 6 月由毕业于斯坦福大学和加州大学伯克利分校的菲律宾研究生与旧金山湾区的菲律宾移民合作成立,是专业工程师、科学家组成的非政府组织,从事高科技商业网络的建立。该组织建立了庞大的人力资源数据库,在海外菲律宾专业人才与菲律宾国内同行之间建立链接,以应对菲律宾人

---

① Gerard Clarke, *The Politics of NGOs in Southeast Asia: Participation and Protest in the Philippines*, London and New York: Routledge, 1998, p. 171.

② 宋平:《承继与嬗变——当代菲律宾华人社团比较研究》,厦门:厦门大学出版社,1995 年,第 38 页。

③ 菲华商联总会:《菲华商联总会成立五十周年金禧纪念特刊》,马尼拉:菲华商联总会,2004 年,第 152~154 页。

④ Ledivina V. Carino, *Between the State and the Market: The Nonprofit Sector and Civil Society in the Philippines*, Quezon City: Center for Leadership, Citizenship and Democracy, National College of the Public Administration and Governance, University of the Philippines, 2002, pp. 257~258.

才流失问题。[1] 各种行业协会还通过制定行业准则,避免成员企业间的恶性竞争,促进行业的整体健康发展。许多基层互助组织则提供免费服务,如照看儿童、邻里互助等,一定程度上减轻了劳动者的家庭压力,间接提高社会生产效率。

除上述样式之外,非政府组织也经常赞助体育文化事业,但与企业不同,其目的并不是获取经济利益或传播品牌,而是宣传组织宗旨,提高组织内部凝聚力和对外知名度,同时使组织成员获得成就感和满足感。如癌症斗士基金会(Cancer Warriors Foundation)和 GOMBUZA(以三位菲律宾神父名字命名的协会),这两个非政府组织常年赞助一项名为"为生命骑行"(bike-for-life)的自行车比赛项目,以鼓励社会大众正视癌症,珍惜生命。

这些看似不起眼的经济活动累积起来,形成了较大的经济影响力,一定程度上刺激社会再分配和经济发展。菲律宾是一个失业率、穷困率、政府赤字居高不下的国家,2009 年财政赤字创历史最高纪录达 2985 亿比索,占当年国内生产总值的 3.9%,9200 万人口中约 1/3 每天的收入不到 2 美元,贫困率超过 35%,失业率维持在 7.6% 的高水平上,[2]因此菲律宾非政府组织在经济方面的贡献尤为可贵。

第二节　菲律宾非政府组织与援助机构的关系

除本国政府和民众的资助与捐赠外,非政府组织还从国内外企业、宗教团体、国际非政府组织、国际金融机构获取经济援助,以维持生存与发展,实现组织的公益性。而这些机构在援助非政府组织的过程中,也与其产生复杂的竞争或合作关系,本书将这些机构笼统地归为援助机构。由于援助机构与非政府组织的关系首先建立在经济基础之上,因此笔者将其放在关于"经济影响力"的一章中进行分析,但双方的关系远远超出经济领域,受到政治及意识形态因素的广泛影响。本节将对菲律宾非政府组织与国内企业、国际援助机构、菲律宾天主教教会的关系进行重点分析。

---

① Dennis Posadas, Where Should the Philippines Build its Silicon Valley Environment?: Editorial for Brain Gain Network Members, http://www. bgn. org/bgn/PageController,2005-9-26.

② 王晓东、黄耀东:《菲律宾:2009 年回顾与 2010 年展望》,《东南亚纵横》2010 年第 3 期,第 28~33 页。

一、菲律宾非政府组织与企业的关系

非政府组织与企业之间的关系是合作与竞争并存,既有合作中的竞争,也有竞争中的合作,但总体上看合作大于竞争,菲律宾非政府组织亦是如此。

(一)合作与竞争

菲律宾非政府组织与企业的合作,主要体现在市场化运作模式下商业项目的互惠上。非政府组织通过企业的资助能够实现公益目标,而企业则通过支持和参与非政府组织的公益项目,来进行企业的形象塑造、产品宣传推广和潜在客户群提升。非政府组织与企业合作的形式主要有三种:第一,与交易关联的公益推广活动:企业将销售收入按一定比例拨出,作为公益活动的赞助资金,这不但有利于非政府组织,也为企业带来实质的利益。第二,共同主题的营销:企业与非政府组织达成协议,通过分发产品或文宣材料、开展广告宣传等方式,共同解决某个社会问题,获得双赢。第三,核发许可证方式的营销:非政府组织在收取一定费用或提取部分收入的条件下,批准企业使用其名称或商标。[①] 菲律宾工商社会进步基金会(PBSP)是菲律宾企业与非政府组织合作的典型模式,该组织于 1970 年由经济发展理事会(CED)、菲律宾商业理事会(PBC)、社会行动联合会(ASA)及 50 多位菲律宾商界领导倡议成立,目前共有近 240 家下属企业或组织。所有成员企业拿出税前年收入的 0.2% 交给协会统一支配,0.8% 交给各自的企业基金会支配,支持社会公益事业。平均每年菲律宾工商社会进步基金会可获得 10 亿比索的企业捐助。[②]

对企业而言,与非政府组织的合作属于商业行为,因此要求得到相应回报,包括投入回报、社会回报、财政回报和感情回报。与非政府组织合作进行企业宣传,不仅成本低廉,而且可以带来免费的知名度和许多公关机会,效果往往好于一般广告。对非政府组织的慈善捐赠,有利于企业塑造长期

---

① 叶常林、许克祥、虞维华:《非政府组织前沿问题研究》,合肥:中国科学技术大学出版社,2009 年,第 65 页。

② Philippine Business for Social Progress Foundation, http://www.pbsp.org.ph, 2012-3-22.

形象，培养潜在市场和提升产品号召力。但由于企业将与非政府组织的合作视为某种形式的商业行为，一定程度上试图影响非政府组织的活动、价值观甚至是意识形态，以保证投入得到回报，这使非政府组织在开展相关活动时，受到企业一定的掣肘。此外，以企业为成员的商会、行业协会或以企业领导人为成员的其他协会形成一定的规模后，就事实上成为社会资源与社会关系的双重网络。企业不仅可以从中获得资金、人才、原材料等有形资源，还可以获得商业信息、市场销路、商业信誉等无形资源。以菲律宾华人企业为例，其领导人热衷于以血缘、地缘、神缘或业缘组织等形式，建立交错复杂的非政府组织及网络。这是因为华人企业重视商业信用和商业关系，而非政府组织恰恰为商业信用和商业关系提供了现实载体。许多经济功能淡漠的同乡会和宗亲会，也发展成为世界性的华人商业网络，经济功能日益增强。

对非政府组织而言，要以市场化运作方式向社会筹资，需要与企业合作，发展以公益事业为目的的营销联盟。同时与企业的合作也可以向其灌输非政府组织价值理念，使企业行为符合其追求的公益性。关于非政府组织与企业的关系，《菲律宾发展公约》（*Covenant on Philippine Development*）是这样规定的：相信公益事业是联结政府、公民社会与企业的纽带，并以此为基础努力创造公开、互敬的合作氛围，努力通过对话、项目合作、分享资源以及宣传倡导来增加与强化社会发展和企业慈善事业之间的共同基础。认可好的商业运作模式，为培养企业公民意识而作出贡献，促进企业的社会意识和社会责任意识，并协助企业开发有意义的服务项目，使企业和社会都受益。[①]

非政府组织与企业之间的竞争，主要原因是随着企业间竞争的加剧和利润空间的挤压，越来越多的企业开始进入非政府组织主导的社会服务领域，而过去企业因利润微薄不愿涉足这些领域。这导致非政府组织不仅要面对同类的竞争，还要越来越多地面对来自企业的竞争。由于菲律宾近年来将政府合同外包这一模式从传统社会服务项目拓展到基础建设项目，并且不设置准入条件，客观上为经济实力扩大后的非政府组织提供机遇以拓展其服务领域，非政府组织与企业之间的竞争范围也随之加大。

---

① Caucus of Development NGO Networks, *The CDOE-NGO Covenant on Philippine Development*, 1991.

（二）相互关系定性分析

总体上看，不同类型菲律宾非政府组织与企业之间的关系有所不同。其中，商会、行业协会属于企业间的组织，代表的是企业的共同利益，与企业关系最为密切，如菲华商联总会不但是菲律宾华人企业的领导机构，还是菲律宾华人社会经济实力的象征；基层合作社可以看作是一个松散型企业，它们与企业的关系更接近于企业间关系；教育型、健康型非政府组织与同领域的企业存在商业竞争关系；环保、人权组织则与企业是相互制约关系；关系最为紧张的是工会组织，与企业存在直接矛盾；基金会除部分独立基金会外，多属于企业基金会，服务于所属企业是它们的首要任务，这类依附于企业的非政府组织被称为 BR-NGOs（Business Run NGOs）。如图 4-3 所示，根据联系与互动程度，菲律宾非政府组织与企业之间关系大致可以分为合产、互补、合作、竞争、对抗、冲突六种。①

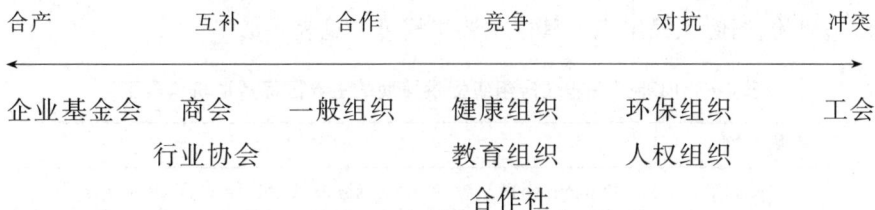

合产	互补	合作	竞争	对抗	冲突

企业基金会	商会	一般组织	健康组织	环保组织	工会
	行业协会		教育组织	人权组织	
		合作社			

图 4-3　菲律宾非政府组织与企业的关系

二、菲律宾非政府组织与国际援助机构的关系

非政府组织运作离不开资金支持，而菲律宾落后的经济水平使国际援助机构成为菲律宾非政府组织重要的资金来源。冈萨雷斯（Eugene Gonzales）在考察菲律宾非政府组织后认为："菲律宾非政府组织对国际援助的依赖性，对获取国内援助的局限性，对其生存、发展潜力（大部分非政府组织的年预算列在 8 万美元以下）、长期规划（由于非政府组织所获得援助

---

① 合产关系是指完全的伙伴关系，也是一种高度互利的关系模式。

周期在 1～3 年,工作规划也基本定在一年左右)造成较大的影响。"[①]1986
年后,菲律宾非政府组织与国际援助机构的关系发展迅速,成为国际援助机
构在菲律宾开展工作的主要合作伙伴,获取了大量援助资金、项目合同以及
关键的技术支持与战略指导,为菲律宾非政府组织的长期发展提供了重要
动力。菲律宾非政府组织在与国际援助机构的合作中不仅提升了自身的工
作能力,还提高了在国家发展中的地位。

(一)相互合作

1986 年后,菲律宾政府对国际援助采取了较为宽松的政策,鼓励非政
府组织与国际援助机构建立直接联系,争取援助项目合同与资金。国家经
济发展署(NEDA)专门在官方网站上公布国际援助机构相关信息,协助非
政府组织申请国际援助项目,菲律宾非政府组织与国际援助机构的关系迅
速升温。向菲律宾非政府组织提供援助的国际援助机构主要分为 6 类,即
国外非政府组织及基金会、国外教会组织、国外政党基金会、官方发展援助、
多边机构、国际人民组织。其中主要机构可参见表 4-6。

表 4-6   向菲律宾非政府组织提供援助的主要国际援助机构类型

机构类型	机构名称
国外非政府组织及基金会	一国机构:福特基金会、荷兰国际发展合作组织、Welthungerhilfe
	国际机构:明爱(Caritas)
国外教会组织	Misereor, ICCO, Christian Aid, Trocaire
国外政党基金会	Freidrich Ebert Stiftung, Konrad Adenauer Stiftung
官方发展援助	美国国际开发署、加拿大国际发展署、瑞典国际发展署、日本国际发展署、丹麦国际发展署、澳大利亚国际发展署
多边机构	联合国组织:联合国发展项目(UNDP)、粮食及农业组织
	多边组织:世界银行、亚洲开发银行、农业发展国际基金
国际人民组织	和平行动组织、国际贸易协会、国际人权组织

资料来源:Asian Development Bank, *A Study of NGOs: Philippines*, 1999,
p. 52.

---

① Alan Alegre, *Trends and Traditions, Challenges and Choices: A Strategic Study of Philippine NGOs*, Quezon City: Ateneo Center for Social Policy and Public Affairs, 1996, p. 103.

菲律宾非政府组织主要从五个方面与国际援助机构进行合作。一是在项目设计和执行过程中,提供符合菲律宾实际情况的方法和思路;二是实施监管,确保项目按照预先计划执行;三是调整项目执行方案,使其有益于当时发展的实际需要;四是协调项目与当地社区、民众之间的联系,争取支持;五是在项目遇到具体困难时协助解决。

1999 年,非政府组织发展公约网络(CODE-NGO)在马尼拉举办了"菲律宾非政府组织基金使用及计划策略研讨会",邀请相关国际援助机构、菲律宾非政府组织、菲律宾政府参加,共同讨论菲律宾非政府组织如何更好地与国际援助机构对接、改善合作制度、有效使用资金、分享信息数据等问题。虽然此次研讨会的实际作用有限,但促进了菲律宾非政府组织与国际援助机构的相互交流。之后,此类研讨会规模越来越大,成为菲律宾非政府组织与国际援助机构重要的合作平台。联合国发展计划署、澳大利亚政府、日本政府、加拿大政府、德国政府、法国政府、瑞士政府、欧盟、美国政府、世界银行、亚洲开发银行都先后派代表来参加后续研讨会。[①]

菲律宾非政府组织与国际援助机构的关系并非单向的援助与受援助关系。在长期合作过程中,菲律宾非政府组织也将目光从单个援助项目转向长期合作机制,以提升自身经济实力与运作能力,使双方的关系逐步过渡到合作伙伴关系。双方的合作形式多种多样,包括结成国际非政府组织网络、项目融资、技术交换、经验交流、制定联合策略等。通过合作,菲律宾非政府组织还提高了获取援助的能力。目前菲律宾非政府组织的国际援助主要来自北美、欧洲、澳大利亚和日本,但菲律宾非政府组织正在积极寻找新的国际援助机构,使国际援助来源多元化,并利用与国际援助机构合作所累积的经验,寻求与企业建立更密切的联系,引导企业认同、支持环保、健康、文化等社区发展项目,并获取援助资金。通过合作,菲律宾非政府组织还提升了自主性,主动对国际援助机构施加影响。当部分国际援助机构坚持只通过菲律宾政府进行援助时,许多菲律宾非政府组织呼吁这些机构要搜集所推动发展项目的第一手数据,要对项目的结果和影响承担更大的责任;当部分国际援助机构坚持以死板的指数和标准来评估项目时,许多菲律宾非政府

---

① Consuelo Katrina A. Lopa, *The Rise of Philippine NGOs in Managing Development Assistance*, New York: The Synergos Institute, 2003, p. 5.

组织提出社区组织、社区网络及倡导工作不应设定框架，要灵活处理。

从国际援助机构的角度来看，菲律宾非政府组织不但可以协助其制定、执行发展项目，还是重要的信息来源和反馈渠道。世界银行在居住计划（World Bank Resident Mission）等援助项目中，长期保持与菲律宾非政府组织的对话。国际农业发展基金于1997年2月与菲律宾政府、非政府组织共同建立了工作机构，以制定专项援助计划。联合国发展计划（UNDP）发起的菲律宾贫困人口问题高级对话也得到了众多国际援助机构和菲律宾非政府组织的参与。1993年，世界银行与菲律宾环保基金会——"综合保护领域的非政府组织"（NGOs in integrated protected areas）达成战略合作伙伴协议。该基金会由14个菲律宾非政府组织组成，类似的基金会还有可持续发展社会基金会、人民土地改革基金会等。

然而，许多国际援助机构出于资金来源、政治倾向、意识形态等原因，在援助过程中存在自身偏好和局限，其所在国家的公民意见、社会压力也会对国际援助机构的运作产生影响。菲律宾非政府组织在与国际援助机构的合作过程中，不可避免地受到国际援助机构的影响。以菲律宾农村重建运动（PRRM）为例，其相当比例的运作资金来源于美国中央情报局（CIA）和美国国际开发署（USAID），这两个部门通过福特基金、洛克菲勒基金及亚洲基金向菲律宾农村重建运动输入大量资金。因此菲律宾农村重建运动在解决农村土地问题的同时，无形中也承担了消除农村暴乱根源、制约共产主义势力蔓延、维护美国在东南亚地区战略利益的任务。

2000年以后，国际援助机构的全球援助重点向非洲、东欧转移，东南亚援助重点则向中南半岛的柬埔寨、老挝、越南转移。如图4-4所示，菲律宾非政府组织所获得的国际援助开始下降。所获官方发展援助从2001年的132亿美元下降到2010年的101亿美元，人均接受金额比例在东南亚最低。[①] 非政府组织发展公约网络（CODE-NGO）所获国际援助项目的资金由2005年的2000多万比索下降到2008年的600万比索。由于菲律宾非政府组织在与国际援助机构的长期合作中，提升了自主性和资源获取能力，因此能够有效应对国际援助减少带来的冲击。基金联合会（AF）于2002年建立了菲律宾基金中心（PFC），整合菲律宾非政府组织的相关信息，通过需

---

① National Economic and Development Authority, *CY 2010 ODA Portfolio Review*, Manila, 2011, p. 15.

求与资源的配对,为非政府组织争取发展项目和资金援助。基金联合会还创办了一批社区基金(CF)作为社区可持续发展的战略手段,动员社区资源,募集经费,提供给社区小型非政府组织开展公益活动,并出版了《社区基金手册》(*The Community Foundation Handbook*)。2007年基金联合会还建立了非政府组织发展援助机制(NSAM),为众多非政府组织提供小额捐赠。

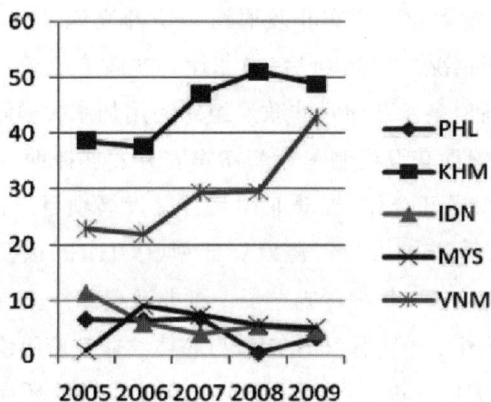

图 4-4　2005—2009 年东南亚部分国家人均官方发展援助接受金额

资料来源:National Economic and Development Authority, *ODA Portfolio Review*, Manila,2011,p. 3.

(二)相互关系

官方发展援助(ODA)是菲律宾最重要的国际援助机构体系。菲律宾非政府组织获取官方发展援助资金的渠道主要有:各国驻菲使领馆负责运作的发展基金;官方发展援助委托菲律宾政府执行的项目;现有项目的资金转移;共同融资。其中既有直接获取,也有以菲律宾政府为中介的间接获取,还有共同融资的联合获取。由于各部门对相关数据未进行审计,菲律宾非政府组织获取的官方发展援助资金数额难以计算,只能从一些侧面进行反映。如1989年对13个主要官方发展援助提供国驻菲大使馆的调查发现,约有9.1%的官方发展援助资金直接输送给菲律宾非政府组织,[①]而

---

①　Asian Development Bank, *A Study of NGOs:Philippines*,1999,p.52.

1989 年实际流入菲律宾的官方发展援助为 8.445 亿美元。① 因此仅 1989 年一年,菲律宾非政府组织直接获得的官方发展援助资金就高达 7685 万美元,而通过菲律宾政府间接输送给非政府组织的官方发展援助则远远超过这一数字。

加拿大国际发展署(CIDA)是首批在项目规划中动员菲律宾非政府组织参与的机构。它在 1989 年成立了"他盖伊塔伊会议"(Tagaytay Conference),一个加拿大—菲律宾非政府组织协商交流平台,以深入掌握援助项目的具体进展情况。1986 年后,由菲律宾非政府组织主导的官方发展援助项目开始逐渐增多。菲律宾非政府组织利用加拿大国际发展署援助资金,建立了相应的援助获取机制——菲律宾官方发展援助计划(PDAP),与加拿大非政府组织展开合作,推动菲律宾社区发展项目。1990 年,两国非政府组织合作启动了菲加人口资源发展计划(PCHRP)以及妇女选择与转型发展倡议。1992 年后,菲律宾成立了一批非政府组织主导的环保信托基金。1993 年,美国国际开发署(USAID)与菲律宾非政府组织合作成立菲律宾环境基金会(FPE),负责美国国际开发署对菲律宾的环保援助规划及以"以环境保护抵销债务"事务,该基金会的委员会主要由菲律宾非政府组织组成,菲律宾财政部只派出无投票权的代表。

菲律宾非政府组织与官方发展援助的深入合作,提高了其直接获得官方发展援助的能力和组织运作的能力,使其拥有更多的可支配资源,在相关项目的设计规划、执行监督上扮演了更重要的角色,并拥有更大的灵活性来实现长期战略发展目标。菲律宾非政府组织在协助设计规划援助项目时,有权植入自身发展理念,如两性平等、可持续发展、环保、公民参与、人权保护等,并监督项目在执行中符合这些理念标准和要求,使这些项目产生超出本身的公益价值。如菲律宾非政府组织与国际援助机构在合作推动扶贫援助项目时,往往要求项目建设方在环境保护上达到相应标准,或要求在项目报告中加入两性平等的数据,或在项目成员的组成上增加非政府组织代表比例等。正因为有了菲律宾非政府组织的加入,官方发展援助在菲律宾显现出与传统国际基金会截然不同的公益推动能力。

在与官方发展援助的合作过程中,菲律宾非政府组织也认识到官方发

---

① Asian Development Bank, *Key Indicators of Developing Asian and Pacific Countries*, Manila, 1992, p. 71.

展援助的局限性,并提出应对之策。如近年来它们多次批评日本官方发展援助已经成为日本进行贸易拓展与政策影响的外交机制,并加剧了菲律宾与日本的经济不平等。①

(三)菲律宾非政府组织与亚洲开发银行的关系

亚洲开发银行(ADB)是亚洲和太平洋地区的区域性援助机构,是联合国亚洲及太平洋经济社会委员会赞助建立的机构。在援助基金的使用上,亚洲开发银行重视发挥成员国非政府组织作用,以增强所援助社区发展项目的效果与影响。由于银行总部设在马尼拉,而菲律宾又是东南亚地区非政府组织最发达的国家,因此银行与菲律宾非政府组织关系较为密切。

根据 1963 年 12 月第一届亚洲经济合作部长级会议决议,亚洲开发银行于 1966 年 11 月正式成立,总部设在菲律宾马尼拉。亚洲开发银行的宗旨是帮助该地区发展中成员国降低贫困,提高人民生活水平,以实现"没有贫困的亚太地区"这一终极目标。银行主要通过开展政策对话、提供贷款、担保、技术援助和赠款等方式支持成员国在基础设施、能源、环保、教育和卫生等领域的发展。银行的援助基金主要有亚洲开发基金(ADF)、技术援助特别基金(TASF)、日本扶贫基金(JFPR)。亚洲开发基金创建于 1974 年 6 月,资金主要是来自亚洲开发银行发达会员国或地区成员的捐赠,用于向亚太地区贫困国家或地区发放优惠贷款。同时亚洲开发银行理事会还按规定从各会员国或地区成员缴纳的未核销实缴股本中拨出 10% 作为基金的一部分。技术援助特别基金成立于 1967 年,用以提高发展中国家会员或地区成员的人力资源素质和加强执行机构的建设。亚洲开发银行理事会 1986 年 10 月 1 日的会议决定,在为亚洲开发基金增资的 36 亿美元中,2% 拨给技术援助特别基金。日本扶贫基金是由日本政府与亚洲开发银行在 2000 年 5 月共同建立的,启动基金为 9000 万美元,2006 年达 3 亿 6000 万美元,基金主要用于成员国建设贫困地区,提高收入水平和生活水平。

由于亚洲开发银行的总部在马尼拉,因此菲律宾得到了亚洲开发银行较多的关注和支持。2001—2010 年,亚洲开发银行向菲律宾注入资金 186

① Arze G. Glipo, *The Japan-Philippines Economic Partnership Agreement: At What Cost*, Task Force Food Sovereignty Integrated Rural Development Foundation, 2007, p.54.

亿美元,扶持菲律宾发展项目。① 而菲律宾非政府组织在协助实施这些项目上也做出了重要的贡献,其与亚洲开发银行的合作主要有两种方式:一是倡导,即监督亚洲开发银行资助的项目是否存在环保、社会发展等方面的问题,确保这些项目符合社会公益,这种方式以菲律宾非政府组织为主导。1988年,由于菲律宾社会对亚洲开发银行资助项目的环保后果存在普遍担忧,一些菲律宾非政府组织开始对亚洲开发银行进行倡导,随之诞生了亚洲地区运动(Asian Regional Campaign),成为菲律宾非政府组织与亚洲开发银行之间的协调管道。二是参与,即参与由亚洲开发银行资助、菲律宾政府运营的项目,这种方式以亚洲开发银行为主导。1987年起,菲律宾政府通过小额信贷计划鼓励亚洲开发银行贷款给菲律宾非政府组织,推动了双方的合作。2000—2006年,菲律宾非政府组织参与亚洲开发银行资助的项目主要有以下几项(见表4-7)。

表4-7　2000—2006年菲律宾非政府组织所参与的亚洲开发银行项目

单位:万美元

项目名称	金额	批准时间
开发基金所资助的项目		
谷物开发项目	17500	2000－4－24
帕西格河环境管理与开发项目	17500	2000－7－20
技术教育及技能培训项目	4500	2000－8－24
农村促进生产基础建设项目	7500	2000－10－31
棉兰老基础城市服务项目	3000	2001－7－27
贫困城市社区开发项目	3050	2003－12－18
健康开发项目	21300	2004－12－15
小额金融开发项目	15000	2005－11－22
技术援助特别基金所资助的项目		
农村电力及生活新能源重建	45	2003－9－16
阿古参河流域控制计划	97	2004－12－23
大马尼拉城市贫困人口服务	70	2005－7－19

① Asian Development Bank,http://www.adb.org,2012－2－12.

续表

项目名称	金额	批准时间
水产业可持续开发战略	60	2005－12－2
日本扶贫基金所资助的项目		
菲南贫困人口可持续生活支持项目	280	2000－10－31
姆提鲁帕市贫民窟搬迁项目	100	2000－12－21
大马尼拉城市扶贫战略伙伴项目	360	2002－7－24
尼格罗斯地区新能源及生活开发项目	150	2004－1－19

资料来源：Asian Development Bank，*Overview of NGOs and Civil Society*：*Philippines*，2007，p. 10.

在与菲律宾非政府组织的长期合作中，亚洲开发银行也逐步认识到菲律宾非政府组织的重要性。1995 年起，亚洲开发银行在新成立的环境与社会发展部中设置了非政府组织协调员的职位。从 1996 年起，每年举办"菲律宾非政府组织—亚洲开发银行座谈会"。近年来还在"国家行动战略研讨会"中增加了非政府组织专场。亚洲开发银行在 1999 年的一份报告中提出必须要注意到："菲律宾非政府组织通过社会运动，已经具备了挑战政府权威的能力，同时还为人民提供了一个对抗官僚的平台。因此在与菲律宾非政府组织的合作中，应把握三点：一是菲律宾非政府组织在对外交往合作中，将维持批判立场，以保护公共利益。二是当菲律宾非政府组织感觉自主性、自治权受到预设框架的挑战时，将进行反抗。三是与菲律宾非政府组织的理想关系是平等关系。"①

但在具体项目中，亚洲开发银行的第一合作对象仍然是菲律宾政府，而将菲律宾非政府组织视为项目的信息来源或具体工程的执行者，并非项目的决策者和经营者，这导致菲律宾非政府组织与亚洲开发银行之间仍然缺乏一个制度化的合作机制。

---

① Asian Development Bank，*A Study of NGOs*：*Philippines*，1999，p. 62.

三、菲律宾非政府组织与菲律宾天主教教会①的关系

在90%以上人口信仰天主教的菲律宾,天主教教会的影响力早已超越宗教领域,成为一股强大的经济、政治力量。菲律宾天主教教会不仅是菲律宾非政府组织的重要资金援助者之一,还是思想引导者和政治保护者,它们之间早已突破了援助与被援助的关系。

菲律宾天主教教会对非政府组织的影响,首先体现在其为部分菲律宾非政府组织提供长期而稳定的经济支持。约翰霍普金斯大学非营利部门比较项目发现,天主教是志愿活动和捐赠的重点对象,超过一半的慈善捐赠都流向了宗教组织这一部门,②部分捐赠再间接由天主教教会转移给各类非政府组织。其次体现在菲律宾天主教教会向非政府组织提供重要的政治保护,使非政府组织在一定程度上获得了免于政府干扰的自由发展空间。最后体现在其平等博爱的教义引导民众不盲目服从世俗权威,尊重政府之外的权威,使菲律宾社会逐步形成容忍和鼓励政府之外社会组织发展的政治文化、抗衡世俗权威的价值理念。

在西班牙殖民早期,大部分非政府组织都是菲律宾天主教教会创办和资助的,由于当时菲律宾社会发展滞后,具有准政府色彩的天主教教会希望利用非政府组织提供医疗、教育等方面的服务,在吸引教徒的同时,稳定社会秩序,发展社会经济,以扩大教会利益。天主教教会还在宗教宣传中将慈善与救赎灵魂挂钩,鼓励民众支持、参与、捐助非政府组织。当时天主教教会创办的许多医疗、教育非政府组织逐渐转型成大规模的非营利性医院和学校,并延续到今天。此外天主教教会常常为自身利益与西班牙殖民政府发生冲突,并利用神权与"神圣查询法庭"挑战殖民总督的"王室庇护权",而非政府组织则成为教会对抗政府的重要工具之一。这也是天主教教会热心兴办非政府组织的一个原因。在美国殖民时期,殖民政府大力推动新教在菲律宾的传播,同时鼓励新教教会建立非政府组织。因此,天主教教会各派系则积极在基层建立各种非政府组织,争夺基层教众,推动了天主教教会领导的非政府组织在基层发展。在美国殖民后期及菲律宾独立初期,天主教

---

① 确切地说应是以天主教教会为首的泛基督教会,包括新教教会和民间独立教会。

② [美]莱斯特·萨拉蒙、沃加斯·索可洛斯基:《全球公民社会——非营利部门国际指数》,陈一梅等译,北京:北京大学出版社,2007年,第228页。

教会是用于对抗共产主义意识形态冲击和稳定农村秩序的重要手段,在天主教教会的倡导和支持下,一大批发展取向的非政府组织在农村地区积极运作,并扶持其他类型的基层非政府组织发展。1962 年受梵蒂冈第二届大公会议的影响,菲律宾天主教教会适应时代形势,倡导发起了许多旨在推动社会经济发展的非政府组织,它们是天主教教会资助的数以千计社区发展项目的主要推动者。在马科斯集权时期,非政府组织面临低潮,天主教教会再一次成为非政府组织的庇护者和领导者。天主教教会建立了社会行动全国秘书处等非政府组织,秘密推动反马科斯运动,并培养非政府组织领导人才。1975 年天主教教会推动的"基层天主教社区—社区组织项目"(BBC-CO),促使许多小型的宗教礼拜组织转变成为基层非政府组织,这些组织成为反马科斯运动的中坚力量。虽然 1986 年后菲律宾天主教教会对非政府组织的影响力有所减弱,但在 2008 年证券交易委员会对非股份制社团的统计中,与宗教有关的非政府组织仍然是 21 世纪以来发展最迅速的组织类型之一,占非股份制社团总数的 9.7%。[①]

总体上看,菲律宾天主教教会对非政府组织的发展具有正面作用,主要体现在宗教精神的潜移默化上,以及为众多天主教背景的非政府组织提供的经济和政治依靠上。然而对于伊斯兰背景的非政府组织和从事人口控制工作的非政府组织,菲律宾天主教教会就显得不那么友善了。

第三节　菲律宾非政府组织的企业化

非政府组织企业化也被称为非政府组织商业化或市场化,主要指非政府组织通过非传统的经营性行为获得部分活动资金的现象,是非政府组织对社会政治、经济、意识形态等外部条件变化的一种制度性反应。这一现象兴起于 20 世纪 80 年代,当时欧美国家在社会服务领域的角色与作用发生了历史性转型,从社会服务的提供者转变为授权者,社会服务的资金与生产从行政管理上被分离了。与此同时,在政府再造运动的影响下,许多国家的政府预算紧缩,减少了对非政府组织的支持,而来自民众和企业的捐款数量

---

① Caucus of Development Networks, *NPO Sector Assessment*: *Philippine Report*, Report Prepared for the NPO Sector Review Project, Charity Commission for England and Wales, 2008, p. 25.

也在减少,但非政府组织所承担的社会功能有日益增加的趋势,这使得非政府组织普遍面临比较严重的财政压力。在这种条件下,仅仅依靠传统的筹资模式已不足以维持非政府组织的生存和发展,更不足以承担日益繁多的社会功能。因此,非政府组织必须借助于市场机制开辟财源,从事某些营利性活动,同时强化财政管理以避免财务危机,这直接导致美国与欧洲非政府组织企业化的兴起。① 萨拉蒙指出,"近年来,发达国家的很多非政府组织为了拓宽资金来源多元化并减少组织依赖性,开展了越来越多的经营活动,但同时也面临着一种日益增长的危险,即逐渐变得像企业。"② 到 20 世纪末,非政府组织企业化的趋势更加明显。以美国非政府组织为例,其收费收益所得收入占总收入的 55%,大大超过了慈善捐赠的 15%,更超过了政府支付的 30%。罗森鲍姆(Nelson Rosenbaum)认为:"美国非政府组织正处于商业经营模式阶段,非政府组织的资金主要来自于市场化的经营活动。"③ 发展中国家非政府组织也出现了不同程度的企业化现象,但差异较大。菲律宾非政府组织由于其发展水平及其他客观因素,企业化现象较为明显。

一、菲律宾非政府组织企业化的现象

在菲律宾非政府组织的发展过程中,政府资金支持一直比较有限,西班牙与美国殖民政府希望非政府组织能起到减少政府开支的作用,因此不愿意向非政府组织注入过多的资金;1946—1986 年的几届政府对非政府组织并不友善,甚至希望通过财政手段控制非政府组织的发展,马科斯政府更是切断了非政府组织的许多资金来源渠道。这个时期非政府组织获得的外部资金主要来自社会捐赠与自筹,真正来自政府的资金并不多。1986 年后,菲律宾政府将非政府组织提升到政治合作伙伴的地位上,但菲律宾落后的经济发展水平和腐败的官僚机构,使政府为非政府组织提供的首先是政策优惠,其次才是有限的资金。因此菲律宾非政府组织在资金来源上,具有不依赖政府的传统。从西班牙殖民时期开始,菲律宾非政府组织最早涉足的

① 叶常林、许克祥、虞维华:《非政府组织前沿问题研究》,合肥:中国科学技术大学出版社,2009 年,第 150 页。
② 邓国胜:《非营利组织评估》,北京:社会科学文献出版社,2001 年,第 43 页。
③ 叶常林、许克祥、虞维华:《非政府组织前沿问题研究》,合肥:中国科学技术大学出版社,2009 年,第 153 页。

领域是教育和医疗,并具有一定的规模,这两个领域的特殊性使菲律宾非政府组织在企业化上已经具有一定的基础。1986年后,伴随着西方非政府组织企业化的大潮,菲律宾非政府组织在政府各种优惠政策的支持下,加快了企业化步伐。

非政府组织市场化的一个突出标志是整体结构与财政基础发生明显变化。当把菲律宾非政府组织作为一个整体,考察其财政基础时,可以发现:收费收益已经成为菲律宾非政府组织的主要收入来源,包括服务所收取的费用、投资生产的有关收入、会费和商业活动来源。据约翰霍普金斯大学非营利部门比较项目的调查(见图4-5),1997年菲律宾非政府组织收入来源中的收费收益已经达到91.6%,远高于政府拨款的5.2%和慈善捐助的3.2%。

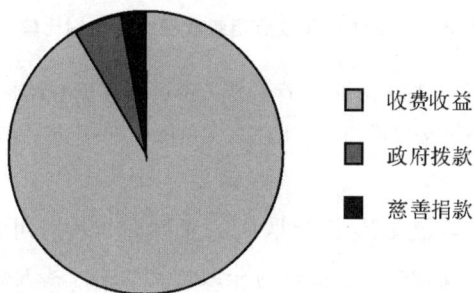

图4-5　1997年菲律宾非政府组织收入来源比例

资料来源:〔美〕莱斯特·萨拉蒙、沃加斯·索可洛斯基:《全球公民社会——非营利部门国际指数》,陈一梅等译,北京:北京大学出版社,2007年,第224页。

造成这一现象的主要原因是菲律宾非政府组织里有一定数量的大型非营利学校和医院,它们的资金来源大多通过收费和收益取得;另一个原因则是菲律宾人乐于加入各种非政府组织并缴纳会费,造成会费收入较高。在约翰霍普金斯大学非营利部门比较项目中,菲律宾非政府组织的收费收益比例远远高于其他33个国家(见图4-6),是唯一超过90%的国家。发展中国家的这一比例平均只有61.3%,发达国家只有44.6%。[①] 与菲律宾情况最为接近的是墨西哥,1995年墨西哥非政府组织收费收益比例为85.2%,

---

① 〔美〕莱斯特·萨拉蒙、沃加斯·索可洛斯基:《全球公民社会——非营利部门国际指数》,陈一梅等译,北京:北京大学出版社,2007年,第223页。

慈善捐赠为 6.3％,政府拨款为 8.5％。但从墨西哥的非政府组织在整个国家的国民支出和就业中的比重来看,发展并不充分,1995 年其总运营支出为 13 亿美元,仅占本国国内生产总值的 0.5％,是一个比较小的比重,[①]其企业化对社会经济的影响不大。

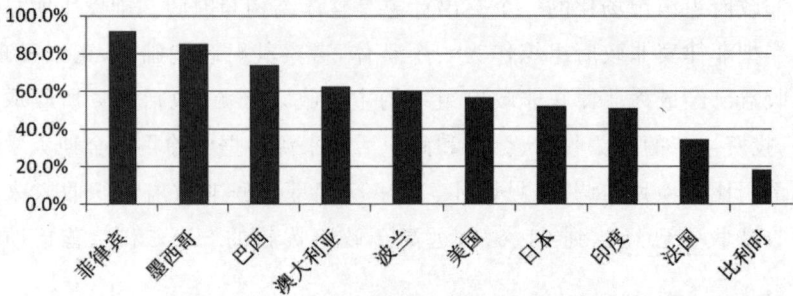

图 4-6　1997 年非政府组织收费收益比例比较

资料来源:[美]莱斯特·萨拉蒙、沃加斯·索可洛斯基:《全球公民社会——非营利部门国际指数》,陈一梅等译,北京:北京大学出版社,2007 年,第 349 页。

如果将慈善取向和发展、倡导取向的菲律宾非政府组织分开进行考察(见表 4-8),可以发现,在慈善取向的非政府组织中,私人慈善捐款比例有所上升,但仍远远低于收费收益。菲律宾慈善捐助主要依靠的是广大百姓的点滴捐款,而不是企业、富人的大额捐助,这表明菲律宾非政府组织对慈善捐助没有形成依赖。在发展、倡导取向的非政府组织中,政府支付的比例有较大提升。如在公民和倡导类型的组织中政府拨款占 58％,健康类组织占 13％,社会服务类组织占 12％。这些资金的获得主要是非政府组织在参与政府发展项目时得到的政府拨款资金,或是通过政府获得的国际援助资金。政府与非政府组织之间对于对方所掌握的资源与服务都有所需要,并非非政府组织单方面有求于政府,所以并不代表发展取向的非政府组织对政府的拨款形成了依赖。

在收费收益方面,菲律宾非政府组织也并非只有会费和收费,投资成为其营利的重要手段。投资获利在总收入的比例高达 18.1％,其中文化与娱

---

　　① [美]莱斯特·萨拉蒙:《全球公民社会——非营利部门视界》,贾西津、魏玉等译,北京:社会科学文献出版社,2007 年,第 357 页。

乐类组织的投资获利高达 50%,发展和住房类组织也达到了 28%。这说明菲律宾非政府组织在资金来源上实现了多元化。从整体结构与财政基础来看,菲律宾非政府组织已经根本性地企业化了,而且企业化程度较高。

表 4-8 1997 年菲律宾各类非政府组织收入来源分布

单位:亿比索

组织类型	收入	政府	慈善	上级	收益	会费	投资
文化和娱乐	7.62	2.8%	1.3%	1.5%	40.7%	3.8%	49.9%
教育和研究	221.276	0.6%	0.5%	0.4%	94.6%		3.9%
健康	14.093	12.9%	9.2%	30.5%	44.5%	2.5%	0.4%
社会服务	6.264	11.5%	56.3%	14.3%	6.7%	6.6%	4.6%
环境	4.877	1.07%	25.3%			64.0%	
发展和住房	54.4	8.2%	1.6%	0.1%	22.7%	39.1%	28.2%
公民和倡导	2.435	58.3%	35.7%	1.6%		4.2%	0.3%
慈善中介	19.229	12.2%	56.1%	14.8%	0.8%	0.5%	15.6%
国际	1.569			100%			
宗教活动	56.163		31.8%	49.4%	0.7%	18.2%	
商业和专业联合会	19.63	10.1%	7.3%		13.0%	62.5%	7.0%
合计		9.6%	14.6%	3.9%	43.5%	10.3%	18.1%

资料来源:Ledivina V. Carino, *Between the State and the Market*: *The Nonprofit Sector and Civil Society in the Philippines*, Quezon City: Center for Leadership, Citizenship and Democracy, National College of the Public Administration and Governance, University of the Philippines, 2002, p.227.

菲律宾非政府组织的企业化还表现在大型非政府组织在内部管理上大量移植商业管理模式。如引入营销理念提高组织的工作能力,借鉴企业管理手段降低成本,提高专业水平,引进更为灵活的合同人事制度等。菲律宾支持服务机构伙伴(PhilSSA)与基金联合会(FA)分别引入分级系统与记分系统,对成员进行能力评估和财务审计,每年年会时,通报成员的分数和级别变化,表现较差的组织成员有可能被开除。[①]

二、各类菲律宾非政府组织企业化的程度

由于非政府组织不是单一或同质性的组织,而具有复杂的类型,因此需要对各类非政府组织进行具体分析,以判断其企业化情况。笔者通过两组数据来比较各类组织的企业化程度,一组是收费收益与总收入的比例,比例越高则证明营利能力越强,而企业化的程度越高;另一组是全职雇员在全职工作者中的比例(转化为全日制工作后),比例越高则证明专业性越高,组织企业化的程度也越高。将两个比值乘以各自的权重系数后相加,得出企业化指数。在权重的分配上,全职雇员在全职工作者中的比例虽然也是考察非政府组织企业化的重要标准,但收费收益占总收入的比重更能直接反映企业化的程度。综合考虑,笔者认为 3∶1 的权重比是一个比较合理的配置比。当企业化指数高于 75% 说明非政府组织达到高度企业化,指数在 50%～75% 之间为中度企业化,指数低于 50% 为轻度企业化。[②] 计算公式如下:

$$EI = PI \times X_1 + WI \times X_2 \qquad PI = \frac{OR}{(OR+NOR)} \qquad WI = \frac{E}{(E+V)}^{③}$$

表 4-9　1997 年菲律宾各类非政府组织企业化程度比较

组织类型	PI	WI	EI	企业化程度
教育和研究	0.99	0.89	96%	完全
文化和娱乐	0.96	0.17	76%	高度
发展和住房	0.90	0.47	79%	高度
健康	0.78	0.55	72%	中度
商业和专业联合会	0.82	0.17	66%	中度

① Carmencita T. Abella, Ma. Amor L. Dimalanta, *NGOs as Major Actors in Philippine Society*, a Paper Contribute to the Action-research and Dialogue Project of the Asia-Pacific Philanthropy Consortium(APPC)on "Improving Internal Governance of Nonprofit Organizations in Asia", 2003, p. 255.
② 由于不同国家的志愿者、雇员提供劳动的价值有很大差别,因此观察全职雇员比例的方法不适合直接用于不同国家非政府组织企业化的比较。
③ 其中,企业化指数:EI;营利化指数:PI;专业化指数:WI;营利收入:OR;非营利收入:NOR;雇员数:E;志愿者数:V;权重1:X_1=0.75;权重2:X_2=0.25。

续表

组织类型	PI	WI	EI	企业化程度
宗教活动	0.69	0.78	71%	中度
环境	0.64	0.86	70%	中度
慈善中介	0.33	0.84	46%	轻度
社会服务	0.33	0.44	36%	轻度
公民和倡导	0.09	0.41	17%	未企业化
菲律宾非政府组织	0.916	0.438	79.6%	高度

资料来源:根据菲律宾非营利部门项目、约翰霍普金斯大学非营利部门比较项目相关数据整理计算。

如表4-9所示,菲律宾非政府组织中企业化最为明显的是教育和研究类组织,其营利能力最强,以雇员为主要工作者,基本上已经实现完全企业化;文化与娱乐、发展和住房类组织,由于有较强的投资获利能力,列入高度企业化组织;健康类、环境、商业和专业联合会类组织中的雇员与志愿者较接近,收入主要来自会费,这几类组织的企业化趋势也很明显,列入中度企业化组织;慈善中介、社会服务类组织的收费收益比例与雇员比例都不高,企业化程度较低;公民与倡导组织由于特殊的工作性质,以政府拨款和慈善捐赠为主要收入,并以志愿者为主要工作力量,因此尚未出现企业化迹象。

从菲律宾非政府组织的结构来看,作为菲律宾最大的非政府组织类型,教育和研究组织的收入比例为所有组织的54%,雇员也占所有组织的30%,该类组织的企业化直接导致菲律宾非政府组织整体结构的企业化。发展和住房、商业和专业联合会、宗教活动类组织的收支约占所有组织的30%。文化与娱乐、发展和住房、商业和专业联合会、宗教活动四类组织就业人口在所有组织中比例较高,它们的企业化也促使了菲律宾非政府组织整体结构偏向企业化。而慈善中介、社会服务、公民和倡导这三类组织,收支上仅占所有组织的7%左右,绝大部分为慈善中介类组织的收支,就业人口占所有组织的5%以下,它们对菲律宾非政府组织的整体结构并未产生重要影响。根据上述公式计算,菲律宾非政府组织整体企业化指数达到79.6%,已经高度企业化。

三、菲律宾非政府组织企业化的原因

非政府组织企业化作为对外部资源环境变化的一种制度性反应,根本原因在于其生存与发展必须适应现代市场经济体制的要求,以弥补政府与市场在公共服务上的局限性,这是非政府组织公益性的必然要求。然而从市场经济的角度来看,非政府组织在获取资源、提供服务的过程中无法避免竞争,有时竞争来自企业,有时来自政府部门,有时来自非政府组织之间。这种竞争甚至表现在对志愿者的吸引力上。1986 年后,菲律宾非政府组织作为政府政治合作伙伴的地位以宪法形式固定下来,其数量、规模得到了大幅提高。国内外经济学家正式将其视为菲律宾市场经济的一个主要组成部分之一。但政府和市场释出的资源和空间毕竟有限,为了在激烈的竞争中获得优势,菲律宾非政府组织不得不从筹资、成本、质量等方面着力,壮大自身实力,从而导致企业化程度不断加深。菲律宾非政府组织企业化的主要原因有以下几点。

(一)筹资压力不断增大

传统上,非政府组织的资金主要来自组织外部,如私人之间的互助、富人的慷慨捐赠和政府的资助,但 20 世纪末以来,非政府组织的资金来源渠道发生了深刻变化。许多国家政府预算紧缩,减少了对非政府组织公益事业的支持,来自于民众和企业的捐款数量也在减少,非政府组织普遍面临比较严重的财政压力,甚至是财政危机。而公共服务供给中普遍存在的搭便车问题,加剧了这一危机。当传统的筹资模式不足以维持非政府组织的日常运作,更不足以承担日益繁多的社会功能时,非政府组织必须借助市场机制开辟财源,从事某些营利性的活动,同时强化内部管理以实现财政平衡。

由于特殊的殖民历史,菲律宾非政府组织的发展水平领先于菲律宾经济发展水平。但政府对非政府组织的资助非常有限,而传统的慈善捐款也无法满足非政府组织的发展需要。卡里诺认为,"缺少运营资金是菲律宾非政府组织难以实现可持续经营的主要原因,这表现在实际运作中的非政府组织大大少于官方公布统计数字。"[①]为解决资金问题,许多非政府组织把目光转向社会服务领域。一些教育、健康类的组织从一开始就扮演了政府福利部门的角色。当菲律宾政府致力于发展农村时,大批非政府组织承担了政策执行者的工作,通过获取政府的项目经费来推动组织向发展取向非政府组织进化。1986 年以后,倡导取向的非政府组织在菲律宾大量出现,这些组织对经费的要求更高,也更重视自身的独立性和可持续发展,因此极力推动资金来源多元化。在会费、服务收费、项目经费之外,股票、债券等纯商业投资方式成为菲律宾非政府组织新的筹资手段,且在总收入中所占比例越来越高。1997 年菲律宾非政府组织收入中,投资获利达到 73 亿比索,比例高达 18.1%,其中文化与娱乐类组织的投资收益高达 4 亿比索,占收入的 50%;发展和住房类组织也达到 15 亿,占收入的 28%。非政府组织发展公约网络(CODE-NGO)在 2007—2008 年对菲律宾非政府组织的调查中发现,许多非政府组织为了维持运作,大量从事营利性经济活动。[②]

(二)服务专业化需求不断提高

市场经济要求细致的社会分工。要在市场化条件下生存发展,非政府组织必须提高专业水平,进而保证社会服务的质与量,以应对激烈的竞争。有些学者从组织生命周期的角度,说明专业化是组织在发展与成熟期必然经历的阶段,即使非政府组织未参与市场竞争,在角色分化与功能专门化的潮流之下,也将不可避免地走向专业化的道路。[③] 当政府向非政府组织购买公共服务时,首先考虑的是非政府组织提供服务的效益;当资金捐赠者选择捐赠对象时,对非政府组织资金使用的合理性高度关注;当民众在与非政府组织交往时,也会密切观察其在相关领域的权威性,这些都要求非政府组

---

① Ledivina V. Carino, *Between the State and the Market*: *The Nonprofit Sector and Civil Society in the Philippines*, Quezon City: Center for Leadership, Citizenship and Democracy, National College of the Public Administration and Governance, University of the Philippines, 2002, p. 292.

② Caucus of Development NGO Network, *Assessing the Philippine NGO Environment*: *Regulation. Risks and Renewal*, Summary for the Philippine Nonprofit Organization Sector Report, Quezon City, 2009, p. 140.

③ 叶常林、许克祥、虞维华:《非政府组织前沿问题研究》,合肥:中国科学技术大学出版社,2009 年,第 132 页。

织提高专业化水平。费雷尔认为在重建民主时期之后,菲律宾非政府组织与政府的合作要求其拥有更多新技能,投入更多时间和资源在全新的工作领域,非政府组织渴望获得企业的高效率和专业性。[①] 卡里诺则认为重建民主时期菲律宾非政府组织的"合法化",使其获得了充足的资金,有能力支付更有吸引力的工资,招募更专业的人才。[②]

由于绝大多数菲律宾基层非政府组织的活动带有显著的志愿参与成分,并依赖未受过正式专业训练的志愿者,组织的专业水平受到严重限制。菲律宾发展型非政府组织经济实力较强,专业水平较高,但由于待遇、发展前景的关系,也难以招募和保留专业人才,经常遭到国内外各种组织机构的挖角,造成人才流失,人员频繁更迭,直接影响了非政府组织的专业活动,甚至是日常运作。根据约翰霍普金斯大学非营利部门比较项目数据,1997 年菲律宾非政府组织雇员与志愿者比例为 1:1.7,发展中国家平均水平为 1:0.58,发达国家平均水平是 1:0.57。这说明菲律宾非政府组织对志愿者工作的依赖度非常高。在所有受调查国家中,仅有北欧的瑞典、挪威、芬兰高于或接近菲律宾水平,分别是 1:3,1:1.6,1:1.2。然而菲律宾非政府组织志愿者人均工作价值仅有 274 美元,远低于这三个国家的 5080 美元、2304 美元、8152 美元,也大大低于所有受调查国家平均水平的 2405 美元,仅高于部分发展中国家。[③] 这说明菲律宾非政府组织的志愿者工作价值较低,无法从事专业性较强的工作。所以从对志愿者的依赖度和志愿者的工作价值来分析,菲律宾非政府组织的专业化较低,与其发展水平不符,存在提高专业化的内在需求。

(三)成本负担不断增长

非政府组织多属于劳动密集型的服务性组织,工资是主要的开销。作

① Miriam Coronel Ferrer, *Civil Society Making Civil Society*, Quezon City: Third World Studies Center, University of the Philippines, 1997, p. 2.

② Ledivina V. Carino, *Between the State and the Market: The Nonprofit Sector and Civil Society in the Philippines*, Quezon City: Center for Leadership, Citizenship and Democracy, National College of the Public Administration and Governance, University of the Philippines, 2002, p. 289.

③ [美]莱斯特·萨拉蒙、沃加斯·索可洛斯基:《全球公民社会——非营利部门国际指数》,陈一梅等译,北京:北京大学出版社,2007 年,第 351 页。

为服务性的单位,这些组织以提高生产能力来抵消工资增长的机会非常有限。无论采取什么样的严格措施来控制成本,成本都会不断提高,使得非政府组织开支的增长速度高于收入的增长速度。这就要求管理者高度关注组织的财务状况并设法实现财政平衡,也意味着加强组织的内部管理的需要,并且在开展行动时较多地考虑成本与效益问题。[①]

根据对菲律宾证券交易委员会登记非政府组织的抽样调查(见表 4-10),2008 年菲律宾非政府组织的人均财产为 239.5 万比索,人均开支为

表 4-10 　2008 年菲律宾非政府组织财务情况抽样调查

	1936—2008 年成立		2001—2008 年成立	
	平均数	中间数	平均数	中间数
雇员(人)	8.9	3	7.5	8
领导(人)	6.3	5	5.2	5
组织财产(万比索)	3640	36.8	304	16.3
人均财产(万比索)	239.5	4.6	23.9	1.25
年度开支(万比索)	934.6	28.7	145	16.2
人均开支(万比索)	61.5	3.5	11.4	1.25

资料来源:Caucus of Development NGO Network, *NPO Sector Assessment*: *Philippine Report*, Report Prepared for the NPO Sector Review Project, Charity Commission for England and Wales, 2008, pp. 27~28.

61.5 万比索,可用资源紧张。考虑到其中经济实力超强的个别组织有可能导致平均值过高,对调查样本的中间数进行分析,发现人均财产下降为 4.6 万比索,人均开支则降为 3.5 万比索。笔者认为后一组数值更接近一般菲律宾非政府组织的真实水平。同时在观察 2001—2008 年成立的非政府组织时,数值有明显的下降,人均财产为 23.9 万比索,人均开支为 11.4 万比索,而中间数非政府组织的人均财产和人均开支为 1.25 万比索。由此可见中小型以及 2001 年以后成立的菲律宾非政府组织在运营成本上的压力更大。近年来,菲律宾非政府组织更新淘汰频率极高,2002—2008 年,有 12

---

① 　[美]保尔·弗斯顿伯格:《非营利机构的生财之道》,北京:科学出版社,1991年,第 8 页。

万家以上在证券委员会中登记的非政府组织因实际停止运作而被取消资格,运营成本过高成为主要原因之一。因此,降低运营成本已经成为菲律宾非政府组织领导者首要考虑的问题。

(四)传统优势领域商业化的不断加强

非政府组织作为社会公共服务合同的竞争者,其竞争对象不仅来自非政府组织内部,也来自营利组织。20世纪末以来,营利组织大举进入非政府组织的传统优势领域,凭借其在资金、管理、经营方面的优势占领市场份额,提高了这些领域的商业化水平。如美国非政府组织在健康照顾领域,仍然保留大约2/3的市场份额,但是在1977—1996年间,该领域几乎所有的增长部分都被营利性企业所占有。[①]

菲律宾非政府组织的传统优势领域是教育和健康领域。但在这些领域,其所面临的商业竞争压力越来越大,特别是菲律宾健康领域的经营要求一直在提高,对非政府组织非常不利。此外,菲律宾教育部、卫生部对非政府组织和企业并不区别对待,较少给予非政府组织优惠政策,也使非政府组织面临更大的竞争压力,许多非政府组织已经在与营利组织激烈的竞争中败下阵来。目前,菲律宾非政府组织在健康领域已经失去了传统优势。据约翰霍普金斯大学非营利部门比较项目统计,1997年菲律宾健康类组织的全职雇员加志愿者仅为25000人,[②]而1990年时仅菲律宾计划生育组织(FPOP)一个组织的工作者就有12000人之多。这两个数字形成了巨大的反差。

四、菲律宾非政府组织企业化的影响

菲律宾非政府组织是一个重要的经济部门,且拥有较强的政治影响力,其企业化对菲律宾经济、政治、社会不可避免地造成了深远影响。从正面影响来看,菲律宾非政府组织的企业化使其真正成为竞争性的市场主体,在市场化条件下,通过组织结构、人员构成、目标导向等方面的变革,提升了竞争

[①] Estes C. Clare, Sociological and Economic Theories of Markets and Nonprofits: Evidence from Home Health Organizations, *American Journal of Sociology*, Vol. 97, 1992, pp. 945~969.

[②] [美]莱斯特·萨拉蒙、沃加斯·索可洛斯基:《全球公民社会——非营利部门国际指数》,陈一梅等译,北京:北京大学出版社,2007年,第353页。

力和经济实力,淘汰了一批不合格的非政府组织,促进了菲律宾社会服务机制的多元化。21 世纪以来,菲律宾非政府组织在数量略有减少的情况下,经济实力大幅增强,企业化作用功不可没。而经济竞争力和实力的提高,一方面意味着菲律宾非政府组织服务质量的全方位提升,即实现公益能力的提升;另一方面也意味着非政府组织维持其社会地位能力的提高。然而菲律宾非政府组织企业化在导致非政府组织规模扩大和结构细化的同时,也必然带来负面影响。"随着规模和复杂性的增加,非政府组织同样易受那些反应迟钝、行动缓慢、墨守成规等官僚性机构的一切局限性的影响。"[1]菲律宾非政府组织企业化的负面影响主要体现在市场经营风险所带来的四种内部危机上。

(一)财务危机

企业化的非政府组织虽然通过经营活动得到部分资金,以改善自身的财务状况,然而市场化的经营风险导致其财务不稳定的状况不但依然存在,而且变得更加严重了。社会公共服务本身就是竞争性的,非政府组织虽然有自身优势以及部分优惠政策,但能否获得合同,能否按时得到经费,能否获得利润都具有很大的不确定性。同时非政府组织在股票、债券上的投资风险又大于营利性企业。一旦非政府组织对市场经营产生依赖,就不得不面对市场经济本质上的不确定性及可能带来的经营、投资失败。企业化还可能导致同一领域中非政府组织的高度相似,加剧互相间的项目竞争。

(二)公益性危机

企业化客观要求非政府组织在运作过程中努力追求最大利润,在提供服务的过程中将服务方式与价值导向市场化,将服务打造成一种付费才能享受的商品,在公益活动中首先以经济利益为考虑,同时尽可能地充分使用免税等优惠政策。奎松发现,近年来,菲律宾非政府组织自筹资金的发展项目大量减少,支持型非政府组织对基层社区的直接资助也明显下降。[2] 当

---

① [美]莱斯特·萨拉蒙:《非营利部门的崛起》,谭静译,《马克思主义与现实》
2003 年第 3 期,第 57 页。

② Antonio Quizon, *Moving from Advocacy to Affirmative Action*: *Two NGO Cases from the Philippines*, Manila: AGBOC, 2005, p. 13.

非政府组织的利润与公益性发生冲突时，企业化的非政府组织有可能牺牲部分公益性而追求利润，或是在提供社会服务时出现明显的选择性，削弱实现公益的有效手段。非政府组织经济规模的扩大也可能使组织及其成员的自利行为膨胀，导致它们淡忘组织目标，而以自身利益的实现为第一要务，甚至会发生腐败行为。

在腐败现象横生的菲律宾，有关非政府组织领导人的各种丑闻屡见不鲜。在与政府的合作中，许多企业化的菲律宾非政府组织为得到政府项目，以政府的选择为优先考虑，放弃或削弱对政府的政治倡导，将公益性抛于脑后。这种以功利主义为取向的行为造成了社会对非政府组织的不信任感，导致菲律宾非政府组织的公益性被削弱，甚至被背离。20世纪90年代初，菲律宾国家审计委员会（SCA）对承接政府发展项目的42家非政府组织进行审计，发现约有5%的资金被滥用。1996年，菲加人口资源发展计划（PCHRD）调查发现，89家接受其委托的非政府组织在运作上不符合财务规定，其中有两家是非政府组织发展公约网络（CODE-NGO）的成员，这两家组织因改进不力而被退出该网络。[①]

（三）代表性危机

菲律宾非政府组织的成员大多来自基层，开展活动也依赖于基层民众的支持与合作，与民众的密切联系使其具有代表民众利益的正当性。但企业化的非政府组织对专业人才的需求大幅增加，专业人才代替了志愿者的工作，其中一些专业人才在组织中的工作与组织公益活动无关，如涉及理财投资的非政府组织需要金融人才来处理投资事务。对这些专业人才的依赖，一定程度上导致志愿者的边缘化，进而使菲律宾非政府组织与公民社会的内在有机联系被削弱。同时在企业化的非政府组织中，官员的行政化倾向也相应增强，他们效仿政府或企业的科层形式开展工作，与弱势群体沟通不足，成为非政府组织与服务对象之间的联系障碍。菲律宾非政府组织通常设有大量中间职位，阻隔了组织领导与基层的联系。康斯坦丁诺—戴维

---

① Carmencita T. Abella, Ma. Amor L. Dimalanta, *NGOs as Major Actors in Philippine Society*, a Paper Contribute to the Action-research and Dialogue Project of the Asia-Pacific Philanthropy Consortium (APPC) on "Improving Internal Governance of Nonprofit Organizations in Asia", 2003, p. 250.

(Karina Constantino-David)指出,菲律宾非政府组织的专业化趋势影响了组织参与者的志愿精神以及奉献精神,而正是这些精神使菲律宾非政府组织度过了最艰难的时光。[①] 此外,企业化还可能导致非政府组织在信息公开上过度保守,造成非政府组织与社会民众之间的信息不对称。进入 21 世纪后,仅有少数菲律宾非政府组织通过网络或其他方式向社会公开组织信息。上述情况导致了菲律宾非政府组织的代表性危机。

(四)合法性危机

当非政府组织的公益性和代表性因企业化而削弱时,其合法性,尤其是所享受优惠政策的合法性就会受到广泛质疑。历史上许多的菲律宾非政府组织作为政治团体或经济团体的附属组织,成为避税、瓜分援助经费的空头机构,因此菲律宾民众对非政府组织的合法性一直保持着某种程度的警惕。近年来菲律宾社会各界对部分非政府组织滥用免税政策非常不满,呼吁严格监督、控制非政府组织对免税政策的使用,以增加政府税收。菲律宾非政府组织的企业化无疑会加剧这种不满情绪,使民众质疑非政府组织所享受优惠政策的正当性,从而造成合法性危机。

第四节　个案分析:非政府组织发展公约网络的企业化

非政府组织发展公约网络(CODE-NGO),简称"公约网络",是菲律宾级别最高的非政府组织网络,致力于政治倡导、社会服务领域伙伴关系的构建及非政府组织的能力建设,通过凝聚、整合非政府组织力量,在菲律宾国家政治、经济生活中,扮演了极为关键的角色。公约网络拥有 6 个全国性非政府组织网络会员和 6 个地区性网络会员,共 1600 多个子会员组织,包括发展型非政府组织、基金会、合作社等各类非政府组织。公约网络可以看作菲律宾非政府组织的一个缩影,其企业化情况具有重要的参考意义。

---

① Karina Constantino-David, Intra-Civil Relations: An Overview, in Miraiam C. Ferrer, *Civil Society Making Civil Society*, Quezon City: Third World Studies Center, University of the Philippines, 1997, p. 21.

一、公约网络的基本情况

1986 年马科斯集权统治结束后，阿基诺政府提高了菲律宾非政府组织在国家经济、政治生活中的地位，而国际援助机构也慷慨地向菲律宾非政府组织输入资金。这导致菲律宾非政府组织在蓬勃发展的同时，出现了良莠不齐的现象。许多政客、政府官员、企业以非政府组织为掩护，侵吞援助资金，滥用优惠政策。同时在企业化大潮中，许多非政府组织陷入发展迷雾，急需确定方向。公约网络正是在这样的背景下诞生的。1988 年，在加拿大国际发展机构（CIDA）的牵头下，几个菲律宾大型非政府组织网络展开一系列磋商，探讨在菲律宾非政府组织网络之上，组建全国性的最高层次非政府组织网络，以加强彼此间的交流和沟通。磋商取得了突破性进展，1990 年 5 月，10 个最大的菲律宾非政府组织网络正式宣布组建公约网络，并于 1991 年 1 月 31 日，在证券交易委员会（SEC）登记成为非股份制社团。

1991 年 12 月，公约网络召开第一届全国会员大会，近 1000 个菲律宾非政府组织参加大会。大会通过了《菲律宾发展公约》(*Covenant on Philippine Development*)、《非政府组织发展行为准则》(*Code of Conduct for Development NGOs*)两个重要的声明，表达了菲律宾非政府组织提高自身能力、拓展社会服务范围的意愿以及加强非政府组织自律和互律的决心。

1992 年至今，公约网络协助菲律宾政府制定"菲律宾中期发展计划"（MTPDP），并代表公民社会协助国家经济发展署调控"菲律宾中期发展计划"的实行及其他政策的制定。在与国际援助机构的合作中，公约网络还创建了几个非政府组织主导的基金，如菲律宾环境基金（FPE）、可持续发展社会基金（FSSI）、和平与公正基金（PEF）。2000 年，公约网络与其他非政府组织创办了"公民社会—政府—企业"三方会议，共同促进国家治理。同年还与 160 多个非政府组织一起发动了名为菲律宾人民议会 Ⅱ（KOMPIL Ⅱ）的活动，抗议埃斯特拉达的贪腐行为，发起弹劾程序。2001 年，公约网络购买政府发行的"扶贫债券"（Poverty Eradication and Alleviation Certificates Bonds），并在二级资本市场转卖债券，募集资金 14.8 亿比索，其中 13 亿比索用于建立和平与公正基金，其余资金用于公约网络的组织建设。近年来公约网络还通过地区扶贫计划（LAPP）、优先发展援助基金监督（PDAF Watch）、经济政策改革与倡导（EPRA）等活动加强对菲律宾政府的政治倡导。

二、公约网络的主要成员

目前公约网络的 12 个成员网络中,6 个为全国性非政府组织网络,分别是基金联合会、菲律宾合作社联盟、菲律宾社会发展理事会、菲律宾工商社会进步基金会、菲律宾农村人力资源发展、菲律宾支持服务机构伙伴;另外 6 个为地区性非政府组织网络,分别是科迪勒拉发展型非政府组织的网络、比科尔发展型非政府组织联盟、中米沙鄢非政府组织与人民组织网络、棉兰老非政府组织网络联盟、西米沙鄢社会发展非政府组织的网络、东米沙鄢非政府组织与人民组织网络。这些网络形成了公约网络伞状结构的主体。

(一)基金联合会(AF)

基金联合会成立于 1972 年 11 月,是菲律宾第一个综合型非政府组织网络,目前共有 145 家成员组织,主要为基金会,也包含一些发展型非政府组织。协会主要致力于教育、艺术、文化、科技、社会发展、社会治理、小型信贷、环保等领域,募集资源支持菲律宾的可持续发展,并在菲律宾基金信息管理上做出重要贡献。它创建了基金会信息数据库,还负责运作菲律宾基金中心(PFC)——东南亚第一个非政府组织资源与信息一站式服务中心,将非政府组织的需求与资源进行配对,为非政府组织介绍发展项目。它还创办了一批社区基金(CF),作为社区可持续发展的战略手段,动员社区资源募集经费提供给社区小型非政府组织开展公益活动。2007 年基金联合会还建立了非政府组织发展援助机制(NSAM),为菲律宾非政府组织提供小额捐赠。

(二)菲律宾合作社联盟(NATCCO)

菲律宾合作社联盟是一个拥有 430 家会员的合作社网络,其中还包含 6 个地区合作社网络,共拥有 160 万名个人会员,是菲律宾规模最大、实力最强的合作社网络。1977 年 6 月 20 日,为了提高菲律宾合作社的培训和教育水平,并代表全体合作社参与国家事务,对抗马科斯政府,5 家地区合作社培训中心组建了菲律宾合作社培训中心(NATCCO),并正式向合作社局(BCOD)登记。1986 年,该组织转型成为全国性的多种服务合作社联盟,并正式更名为菲律宾合作社联盟，但缩写不变，仍为 NATCCO。2000 年，该组织修改了组织章程，确定了新的发展目标，成为世界一流的合作社网络，提供最优质的合作社产品。

（三）菲律宾社会发展理事会（NCSD）

菲律宾社会发展理事会是菲律宾第一家致力于社会发展的网络，其前身是 1952 年为保护二战受害菲律宾儿童而成立的菲律宾福利基金理事会（CWAPI）。1986 年，该网络与社会福利发展部（DSWD）及联合国儿童基金会（UNICEF）发起了一个街头流浪儿童保护计划，成为第一家得到社会福利发展部认证的从事社区儿童保护的非政府组织网络。它先后参与并推动了国家街头儿童计划（NPSC）、国家反童工计划（NPACL）、菲律宾青少年保护行动（PAYO）。1988 年，菲律宾福利基金理事会更名为社会发展理事会，并逐步把工作重心从儿童保护拓展到社区发展，参与了菲律宾发展援助计划（PDAP）。该网络还与国际社会福利理事会（International Council on Social Welfare）、联合国儿童基金会、联合国食物与农业办公室（Food and Agriculture Office）、世界卫生组织（World Health Organization）、国际劳工组织（International Labor Organizations）、儿童国际（Children International）等组织建立了密切的合作关系，并在 1999 年成为非政府组织认证协会的创始组织。

（四）菲律宾工商社会进步基金会（PBSP）

菲律宾工商社会进步基金会于 1970 年由经济发展理事会（CED）、菲律宾商业理事会（PBC）、社会行动联合会（ASA）及 50 多位菲律宾商界领导倡议成立，目前共有 240 家下属企业。基金会的所有成员企业拿出税前年收入的 1％支持低收入群体的发展项目，其中 20％交由基金会统一支配。这一模式成为菲律宾企业资助、参与社区发展项目的新模式。该组织重点关注四个领域，分别是教育、健康、可持续居住环境与企业发展环境。20 世纪 80 年代该组织对菲律宾最贫穷的 15 个省份进行了援助，主要通过当地非政府组织开展活动。20 世纪 90 年代，该组织的工作重心转向环保领域，全力推动地区资源管理计划（ARM）。2000 年后，该组织将人力资源发展作为核心战略，推动棉兰老地区的健康与教育发展，并全力支持联合国千年发展目标（United Nations millennium development goals）。迄今为止，该组织共募集了 70 多亿比索的援助,资助 6200 多个发展项目,与 3300 多个非政府组织建立合作关系,惠及菲律宾 65 个省 450 万人。[①]

(五)菲律宾农村人力资源发展(PhilDHRRA)

1978 年,受农村人力资源发展战略(Development strategy of Human Resources in Rural Areas)的影响,菲律宾农村人力资源发展正式成立,并于 1983 在菲律宾证券交易委员会注册。该网络重点关注农村地区的平等与发展问题,在可持续综合地方发展框架(sustainable integrated area development framework)下全面参与菲律宾社区发展项目,包括社区建设、可持续发展农业、居住项目、教育、健康、两性平等、合作社及企业发展等多个领域。目前该网络共有 72 家成员组织,棉兰老农村人力资源发展(PhilDHRRA-Mindanao)是其下属组织中最大的一个。

(六)菲律宾支持服务机构伙伴(PhilSSA)

该网络成立于 1988 年 5 月 31 日,并于 1990 年 2 月 14 日在菲律宾证券交易委员会登记注册,成员主要为社会服务类的城市非政府组织。网络致力于塑造城市可持续发展模式,主要服务对象是城市贫困居民、非法移民、非法劳工及其他城市弱势群体。2005 年,该网络将自己定位为致力于打造平等、革新、可持续发展城市的社会发展工作者的伙伴网络与资源中心。目前该网络共有 48 个成员组织,并承担了城市贫困人口论坛(UPC)全国秘书处的工作,致力于为城市贫困人口提供干净的居住环境。

(七)科迪勒拉发展型非政府组织的网络(CordNet)

科迪勒拉自治区是一个多民族共治的行政区,民族矛盾突出,非政府组织试图在该地区寻求一条合作共同发展的道路。1998 年,147 个非政府组织团结在一起,包括 5 个省级非政府组织网络(即 KAPPIA 网络、Benguet 网络、Ifugao 网络、Mt. Province 网络、Kalinga 网络),共同组建了科迪勒拉发展型非政府组织网络。该网络成为该地区化解民族文化差异、促进社会团结的典型案例,有力地促进了科迪勒拉自治区的可持续发展。目前该网

---

① Philippine Business for Social Progress,http://www. pbsp. org. ph/,2012－3
－20.

络正通过地区扶贫计划(Localized Anti-Poverty Project)对社会发展机制进行重塑。

(八)比科尔发展型非政府组织联盟(CBD)

该网络是比科尔地区最大的非政府组织网络,成员包括省级、市级的非政府组织网络以及一些高级网络在比科尔的分部。1996年,在菲加人口资源发展计划(PCHRDP)的支持和倡导下,该网络正式成立。它以团结非政府组织力量、为比科尔地区的发展做贡献为工作宗旨,对成员组织的资源进行充分整合。

(九)中米沙鄢非政府组织与人民组织网络(CenVISNET)

该网络是一个新近成立的网络,于2007年6月在菲律宾证券交易委员会正式登记,从事中米沙鄢地区的社区发展项目,在渔民、城市工人、妇女、儿童、老年人等社会服务领域,以及社区建设、可持续发展农业、合作社发展、企业发展、土地改革、健康、两性平等、资源保护、饮水卫生、基础教育等发展领域做出了重要贡献。该网络的成员组织大多只有20年左右的历史,其中影响力最突出的是波霍尔非政府组织联盟(BANGON)、内格罗斯非政府组织创始网络(Negornet)、思奇乔尔非政府组织公约网络(SiqCODE)等省市级非政府组织网络。

(十)棉兰老非政府组织网络联盟(Mincode)

该网络于1991年由12家棉兰老地区非政府组织网络共同成立,并于1992年在菲律宾证券交易委员会登记,共有414家非政府组织成员。该网络为棉兰老地区的非政府组织及网络提供了一个协商、对话、合作的平台,有力地促进了棉兰老岛非政府组织凝聚共识,求同存异。该网络也是棉兰老地区非政府组织解决宗教矛盾、族群矛盾的倡导中心。

(十一)西米沙鄢社会发展非政府组织网络(WEVNet)

该网络是西米沙鄢地区最大的非政府组织网络,致力于可持续发展、人民赋权、救灾及灾后重建。在灾后重建扶贫计划(Poverty Reduction Program for Disaster Rehabilitation)、农业部监督计划(DA Budget Monitoring)、宪法改革(Constitutional Reform)、防灾减灾计划(Disaster

Risk Reduction Program)中发挥重要作用。该网络还通过倡导与技术推广,促进社会革新。目前该网络由 6 个省级非政府组织组成,拥有 84 个非政府组织成员。

(十二)东米沙鄢非政府组织与人民组织网络(EVNet)

该网络由 12 个非政府组织组成,致力于通过加强东米沙鄢地区非政府组织间的合作与资源共享,促进地区扶贫与可持续发展。主要致力于生物多样性保护、非政府组织能力建设以及社会企业的扶持。其所推动的发展项目有国家预算监督(National Budget Monitoring)、国家道路监督(National Road Monitoring)、内部网络及多部门地区扶贫合作(Inter-network and Multi-sectoral Regional Anti-Poverty Partnership)等。

三、公约网络的企业化及其影响

作为菲律宾层级最高、影响力最大的非政府组织网络,公约网络具有足够的代表性。考察其经济实力和运营情况,对分析菲律宾非政府组织企业化具有非常重要的参考意义。

(一)公约网络企业化的表现

为研究公约网络是否出现企业化情况,笔者搜集分析了该组织 2004 年 1 月至 2011 年 7 月的八份年度财务报表。[①] 发现公约网络虽然以社区发展、政治倡导为主要工作,但仍然出现了明显的企业化趋势,主要表现在以下几点。

1. 慈善捐款对组织影响极小

较高的知名度并未为公约网络带来大笔慈善捐款。2004 年、2005 年、2006 年公约网络接受的慈善捐款均在 20 万比索上下,而 2008 年、2009 年、2010 年度的慈善捐款没有列入报表,2011 年仅为 2222 比索,2006 年捐款最多,但也仅为 75 万比索。七年半的时间里,公约网络接受慈善捐款累计 135 万比索,仅占总收入 0.6%,这一水平甚至比 1997 年菲律宾非政府组织接受慈善捐款的整体水平(3.2%)还低得多。

---

① 2005 年后,财政年改为每年 7 月结束,因此 2005 财政年度只有 2005 年 1 月至 6 月,共 6 个月。

2. 资产高度集中在固定投资领域

公约网络的资产可分为流动资产(现金、银行存款)、固定投资(股票、债券)、固定资产三大块。如图 4-7 所示,固定投资在资产中所占比例最大,并呈现逐年上升趋势。2008 年后其固定投资在资产中的比例已经突破 90%,接近 95%。2011 年固定投资达到 1 亿 5600 万比索左右,组织的资产基本用于固定投资。

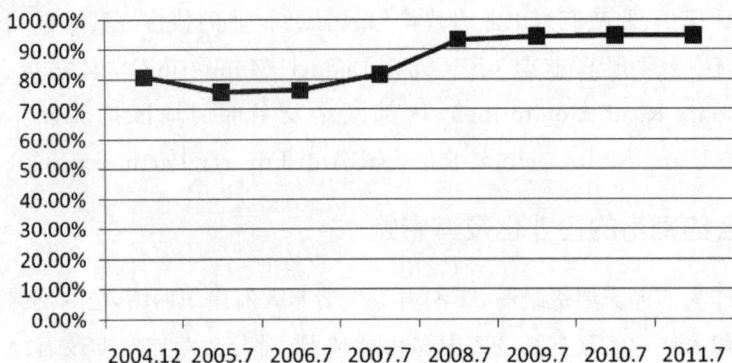

图 4-7　2004—2011 年公约网络固定投资占总资产的比例

资料来源:非政府组织发展公约网络(CODE-NGO)2004 年 1 月至 2011 年 7 月的财务报表。

3. 投资收益[①]成为重要的收入来源

如表 4-11 所示,2004—2011 年间,公约网络的投资收益为 8439 万比索,而项目收入为 1 亿 1128 万比索,总收入为 2 亿 1984 万比索。对于一个发展型非政府组织而言,投资收入达到 45%,而项目收入仅为 51%,其投资收入比例明显偏高。2010 年其投资收入达到 1558 万比索,大幅超过项目收入。2011 年,投资收入更是创纪录地达到了 2406 万比索。但 2009 年,公约网络因低于购买价出售单位投资信托基金(UITF),造成了 1600 万比索的资产损失;2005—2007 年,因为外汇兑换差价也累计造成了 1600 万比索的损失。

---

①　这里的投资收益指股票、基金分红与债券利息等收入,不包括买卖股票、基金时的盈亏。

表 4-11   2004—2009 年公约网络收入情况

单位:比索

时间	国际项目收入	国内项目收入	慈善捐款	投资收益	金融盈亏	其他	合计
2004 年	8062875	3311903	184930	12040760	120634	175951	23897053
2005 年	11147828	3516538	163175	7063990	−357091	338258	21872698
2006 年	21553350	3968442	753838	12894481	−8311819	2716942	33575234
2007 年	7620353	7542565	244056	14653818	−7536163	1189782	23714411
2008 年	6940249	3195504		4351741	−1366522	801005	13921977
2009 年	5911249	1134577		7749222	−12335228	671360	3131180
2010 年	7355105	4021049		15582737	2024114		28983005
2011 年	11791029	4213216	2222	24057910	3293686		43358063
合 计	80382038	30903794	1348221	98394659	−24468389	5893298	192453621

资料来源:非政府组织发展公约网络 2004 年 1 月至 2011 年 7 月的财务报表。金融盈亏主要包括两项,一是外汇兑换时的差价,二是股票、基金买卖的差价。

4. 专业性有所提升

2005 年后,公约网络的运营成本逐年减少,2006 年为 561 万比索,2007年为 430 万比索,2008 年为 351 万比索,2009—2011 年控制在 300 多万比索,分别为 305 万、309 万、322 万比索,运营成本较 2006 年度减少了 40% 以上。而与此同时,组织固定资产有所增长,从 2004 年的 15 万比索上升到 2009 年的 84 万比索,这些固定资产主要用于购买办公设备。这两项支出从侧面证明公约网络的专业水平有所提高。

(二)公约网络企业化的影响

从以上分析可以看出,公约网络已经成为一个高度企业化的非政府组织,资产高度集中在投资上,投资收益是维持组织运营的主要手段,而下降的运营成本和上升的固定资产也证明了其企业化程度的提高。但在企业化的同时,公约网络也出现了一些负面效应。

1. 财务不稳定性增加

投资收益为公约网络带来了丰厚的利润,在七年半的时间里,投资收益接近 1 亿比索,但也带来了接近 2500 万比索的损失,主要是买卖基金和外汇兑换时的差价。同时组织的项目收入也开始减少。2009 年,项目收入只有 700 万比索,无论是国际项目还是国内项目都是最少的一年,导致组织的总资产呈下降趋势,2010 年后略有所好转。如图 4-8 所示,2005 年公约网络的总资产高达 1 亿 8002 万比索,而 2009 年该组织的总资产降为 1 亿4336 万比索,下降幅度达 20%,之后略有提高。如果把价格因素计算在内,该组织总资产的下降更为明显,2005—2011 年总资产下降幅度将达到 30%。

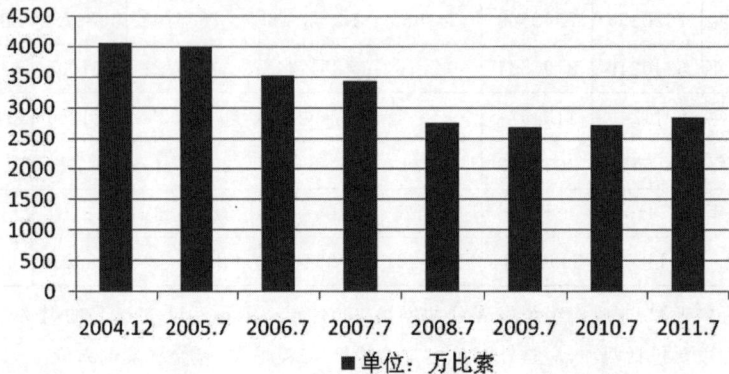

图 4-8 2004—2011 年公约网络总资产变动情况(1985 年价格水平)
资料来源:非政府组织发展公约网络 2004 年 1 月至 2011 年 7 月的财务报表。

2. 发展项目投入减少

作为菲律宾非政府组织的高级网络,公约网络具有较强的公共服务提供能力与发展项目执行能力。但如图 4-9 所示,从 2006 年到 2009 年发展项目的收支情况来看,其接受委托的发展项目的总金额在减少,而该组织投入发展项目的经费也在减少,2010 年后略有上升,不过考虑到物价因素,这个上升幅度有限,反应出公约网络在发展项目上投入下降。

从国际项目委托方来看,世界银行—日本社会发展基金是最大的委托方,2004—2007 年共资助 3100 万比索,德国天主教组织 Misereor 在2004—2007 年也资助 1700 万比索,但 2007 年以后,这两个机构与公约网络的合作告一段落。2007 年后最大的委托方是德国基金会 Katholische Zentralstelle fur Entroicklungshilfe e. V. ,共资助 1800 万比索。从国内项目委托方来看,和平与公正基金会(PEF)是最大的委托方,共资助 1500 万比索,每年在 300 万比索上下,但 2009 年度下降到 80 万比索。

单位:万比索

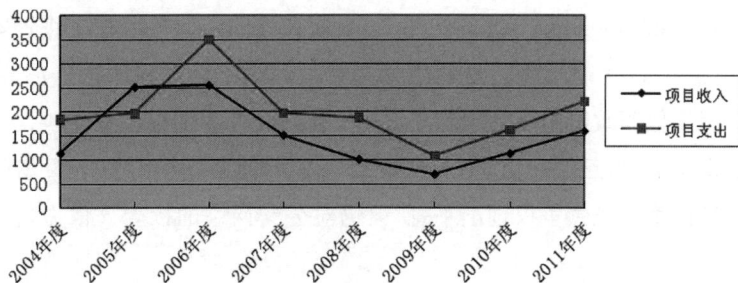

图 4-9　2004—2011 年公约网络发展项目的收支情况

资料来源:非政府组织发展公约网络(CODE-NGO)2004 年 1 月至 2011 年 7 月的财务报表,2005 财政年度仅有 6 个月,为直观分析,换算成 12 个月。

注:项目支出大于项目收入的原因是公约网络有一些自筹资金的发展项目,经费主要来自其投资盈利。

公约网络所承接的最大的发展项目是公民社会宪法改革倡导(Civil Society Advocacy on Constitutional Reform),时间跨度较长,两个德国基金会先后对该项目进行资助,公约网络在此项目上也自筹资金先后投入 2270 万比索。地区扶贫计划(Localized Anti-Poverty Program)是另一个大型项目,共投入 1360 万比索,但这个项目在 2005 年就已结束。和平与公正基金会(PEF)资助的优先发展援助基金监督项目(PDAF Watch)是另一个较有影响力的项目,共投入 660 万比索,该项目在 2008 年也已结束。

3. 组织建设投入减少

多年来,公约网络(CODE-NGO)投入了大量经费协助下属组织的能力建设、制度改革、发展规划、倡导环境、人才培养及网络构建,包括设立内部奖学金项目(Scholarship Grant Program)、公约网络倡导计划(CODE-NGO Advocacy)、民主基金(Democracy Fund)、网络强化基金(Network Strengthening Fund)、内部改革倡议委员会(Commission Internal Reform Initiative)、机制与能力建设委员会(Commission on Institution and Capacity Building)等。这些投入对公约网络及其下属组织整体能力的提高起到了重要的作用,促进了公约网络的整体发展。但公约网络近年来在内部建设上的投入也逐年缩减,从年均 800 万比索下降到近年来的 400 万比索。

4. 公信力有所下降

公约网络的企业化虽然增强了经济实力,但也导致其在菲律宾社会,特别是非政府组织内部公信力的下降。2001 年,公约网络向政府购买扶贫债券(Poverty Eradication and Alleviation Certificates Bonds),然后在二级资本市场中出售,盈利 14.8 亿比索。虽然绝大多数盈利用于设立和平与公正基金,却仍然引起其他非政府组织的强烈不满,认为公约网络在与政府商谈扶贫债券发行的事宜上,缺乏透明度,有自肥之嫌。公约网络则辩称资本市场的运作要求信息保密。虽然争议逐渐平息,但仍对公约网络的社会公信力造成较大的损害。

小结:企业化是菲律宾非政府组织对资源环境变化的积极适应

通过对菲律宾非政府组织经济地位、经济影响力和企业化的研究以及非政府组织发展公约网络(CODE-NGO)企业化的个案分析,笔者发现,菲律宾非政府组织有着较强的经济实力,是一个重要的国民经济部门与就业部门,近年来,其经济水平与对国家经济的贡献一直保持上升势头。从 20 世纪 90 年代开始,菲律宾非政府组织在协助传统政治精英阶层稳定国家秩序后,把注意力转向经济领域,将提升社会资源获取能力作为首要工作目标,采取企业化的经营手段扩大收入减少支出,提升经济实力,取得了令人瞩目的成果,同时也出现了明显的企业化现象。

菲律宾非政府组织的企业化虽然受到欧美国家非政府组织企业化趋势的影响,但更主要的原因是 1990 年以来,菲律宾非政府组织数量的膨胀、政府管理的紧缩以及国际援助的减少,导致菲律宾非政府组织的资源环境开始出现不利变化。卡里诺指出,重建民主后,菲律宾非政府组织发现它们不得不与越来越多的组织争夺越来越有限的援助,募集足够资金成为非政府组织长期发展的首要问题。[①] 为应对这一变化,菲律宾非政府组织积极做出调整,在市场化条件下通过组织结构、人员构成、目标导向等方面的变革,开展了越来越多的经营活动,提升了组织的竞争力和经济实力,淘汰了一大批不合格的

---

① Ledivina V. Carino, *Between the State and the Market*: *The Nonprofit Sector and Civil Society in the Philippines*, Quezon City: Center for Leadership, Citizenship and Democracy, National College of the Public Administration and Governance, University of the Philippines, 2002, p. 292.

非政府组织,促进了菲律宾公共服务机制的多元化,使其真正成为竞争性的市场主体。而其竞争力和经济实力的提高一方面意味着非政府组织服务质量的全方位提升,即实现公益能力的提升;另一方面也意味着非政府组织维持社会地位能力的提高。

菲律宾非政府组织企业化之所以能够迅速取得成果,主因是其在政府外包公共服务合约的竞争上具有先天优势,同时也具有争取公共服务合约和改善公共服务状况的内在动力。汉斯曼(Henry Hansmann)认为非政府组织的特征是"非分配约束",即在信息不对称的条件下,非政府组织的非营利性约束了组织领导者和管理者的牟利动机,因此组织可以提供较高品质的服务。[①]而笔者认为对菲律宾非政府组织而言,除非营利性之外,非政府组织的志愿性也增强了其在公共服务上的竞争力。志愿者的工作不但降低了非政府组织成本,而且还起到了监督组织运作的作用,使组织容易得到民众的认可和关注,在争取政府外包合约时拥有更大优势。由于菲律宾非政府组织的志愿者多为基层民众,其所提供的公共服务也更容易获得弱势群体和基层民众的欢迎。

当菲律宾非政府以市场手段来争取、执行公共服务合约,应对资源环境的变化时,非政府组织的内部结构与组织特征也必然随之发生深刻变化,这些变化基本上是不可逆、不可避免的。因此与其说企业化是这些变化的主因,不如说企业化是这些变化的一种集中表现形式。

综上所述,菲律宾非政府组织的企业化作为一种制度适应方式,是其对外部资源环境变化的积极反应,不但拓宽了资金来源渠道,还减少对外依赖。从理论上来看,这种适应方式对资源环境的各个主体都是有益的。正如有些学者认为企业化的非政府组织能够在公共服务的产出控制上实现最大化,而非政府组织没有自身的利益,完全为被服务者而存在,它在道德上是完美无瑕的。[②]然而这一观点过于理想化,正如萨拉蒙指出,非政府组织面临着一种日益增长的危险,即逐渐变得像企业。[③]本章对菲律宾非政府组织企业化的

---

① Henry Hansmann, The Role of Nonprofit Enterprise, *Yale Law Journal*, Vol. 89, 1980, pp. 835~901.

② Ben Ner, Nonprofit Organizations: Why Do They Exist in Market Economics, in Susan Rose Ackerman, *The Economics of Nonprofit Organizations*: *Studies in Structure and Policy*, Oxford: Oxford University Press, 1986, p. 76.

③ 邓国胜:《非营利组织评估》,北京:社会科学文献出版社,2001年,第43页。

整体和个案分析,也发现了企业化具有多种负面影响。为了继续探寻菲律宾非政府组织在适应资源环境变化上的其他表现以及与企业化的联系,笔者将从政治视角对菲律宾非政府组织展开进一步研究。

第五章

菲律宾非政府组织的政治影响力与倡导失灵

在约翰霍普金斯大学的非营利部门比较项目中,菲律宾被列为"发展中和转型国家"一栏,由于有相似的宗教、殖民背景,菲律宾非政府组织的发展状况接近"拉丁美洲模式",其资金配置和行业分布上与阿根廷、巴西等国较为相似。但由于独特的地域空间和历史语境,菲律宾非政府组织的政治影响力和政治参与水平又明显超过拉丁美洲各国。在 1986 年、2001 年的两次人民力量运动中,菲律宾非政府组织发挥了重要的组织动员作用,因此被评为"在数量和规模上,以及在政治作用和政治贡献上,最具政治影响力的非政府组织群体之一"[①]。克拉克认为,"菲律宾非政府组织有助于填补因政党和工会弱化而带来的制度真空";"在菲律宾,非政府组织不仅影响立法和公共政策,而且享有宪法对此的认可权"[②]。然而菲律宾非政府组织的政治影响力也具有局限性,突出表现为 21 世纪以来其政治倡导工作的不足,即倡导失灵。

非政府组织政治影响力要素主要包括法制环境、政治参与水平、与政府关系等。其中法制环境决定了非政府组织的政治地位,是政治影响力的前提;政治参与水平决定其发挥的政治作用,是政治影响力的基础;而与政府的关系则构成了政治影响力的主要内容,决定其政治角色。因此本章将从法制

---

① Ledivina V. Carino, *Between the State and the Market: The Nonprofit Sector and Civil Society in the Philippines*, Quezon City: Center for Leadership, Citizenship and Democracy, National College of the Public Administration and Governance, University of the Philippines, 2002, p. 1.

② [美]杰勒德·克拉克:《发展中地区的非政府组织和政治》,朱德米译,《国外社会科学文摘》2000 年第 7 期,第 11 页。

环境、政治参与水平及与政府关系入手,分析菲律宾非政府组织的政治影响力及变化趋势,并重点研究其倡导失灵的表现、原因和影响。

第一节　菲律宾非政府组织的法制环境

法制环境能够直接对非政府组织的外部资源和内部运作产生影响,且这种影响往往是难以逆转的。菲律宾是少数以宪法形式确认非政府组织在国家发展中具有重要地位的国家之一,宪法保障非政府组织的言论、集会、结社自由以及参与国家经济、政治活动的权利。菲律宾政府按照宪法精神在各项政策及国家发展计划中,将非政府组织纳入政府决策与运作体系,从而保障了菲律宾非政府组织的政治地位和政治影响力。可以说,菲律宾非政府组织的法制环境在东南亚地区最为宽松,但这一法制环境的产生与菲律宾非政府组织自身的努力和争取是分不开的,同时也印证了其强大的政治影响力。

当前菲律宾非政府组织的法律框架带有明显美国色彩,没有一部专门的非政府组织法律,相关的各种规定散见在各种法律中,主要有《社团法》、《合作社法》、《劳工法》、《地方政府法》、《新民法》、《税收法》和《海关法》等。

一、菲律宾宪法及其他法律中有关非政府组织的条款

(一)1987 年《宪法》

该宪法清晰确认非政府组织作为"人民力量"代表的重要政治地位,赋予它们直接参与各级行政决策的权利,并要求菲律宾各部门在宪法精神的指导下制定非政府组织相关法规,为菲律宾非政府组织的高速发展奠定了法律基础。阿雷格雷(Alan Alegre)形容该宪法"是菲律宾非政府组织以立宪形式发动的另一场人民力量运动,为非政府组织的政治参与提供了广泛的空间"[①]。宪法中与非政府组织相关的主要条款有以下几条:

---

① Alan Alegre, *Trends and Traditions*, *Challenges and Choices*: *A Strategic Study of Philippine NGOs*, Quezon City: Ateneo Center for Social Policy and Public Affairs, 1996, p. 53.

(1)第 2 章第 23 条:国家应支持那些促进国家公益的非政府社区或区域组织。①

(2)第 8 章第 8 条:国家应尊重独立人民组织的权益,在民主框架内,确保人民可以通过和平、合法的途径获得法律保护和享有集体利益。②

(3)第 8 章第 15 条:人民,包括就职于公、私部门的人民,他们结社的权利受法律保护,只要结社目的不与法律相违背。③

(4)第 8 章第 16 条:人民及其组织有效合理参与各级社会、政治和经济决策的权利不可剥夺,国家应通过法律手段确保充分协商机制的建立。④

(二)1991 年《地方政府法》

这部有关中央向地方政府放权的法令得益于菲律宾非政府组织的大力推动,是另一部重要的非政府组织法令。该法详细规定了各级地方政府在管理非政府组织上的职责,以及非政府组织在地方政府中享有的权利。该法与非政府组织有关的规定有以下几点:

(1)地方政府主管对非政府组织及人民组织的认证程序;

(2)非政府组织有权参加地方行政机构、发展项目和立法机构,同时有权接收各种基金及国家援助;

(3)地方发展会议成员至少有 1/4 来自公民社会或普通公民,公民社会代表必须来自经过认证的非政府组织;

---

① *The Philippine Constitution of* 1987,Section 23,Article Ⅱ:The state shall encourage nongovernmental organizations,community based or sector organizations that promote the welfare of the nation.

② Constitution Article XIII,Section 8:The state shall respect the role of independent people's organizations to enable the people to pursue and protect,within the democratic framework,their legitimate and collective interests and aspirations through peaceful and lawful means.

③ Constitution Article XIII,Section 15:The right of the people,including those employed in the public and private sector,to form unions associations and societies,for purposes not contrary to law shall not be abridged.

④ Constitution Article XIII,Section 16:The right of the people and their organizations to effective and reasonable participation at all levels of social,political and economic decision-making shall not be abridged. The state shall,by law,facilitate the establishment of adequate consultation mechanisms.

(4)建立其他地方协会的相关条例。①

(三)国家经济发展署决议

国家经济发展署(NEDA)的社会发展委员会(SDC)负责制定涉及菲律宾非政府组织的宏观政策。该部门于1989年出台了菲律宾政府与非政府组织关系的决议,细化并明确了政府与非政府组织之间的权利和义务,主要有以下五点:②

(1)任何机构无权对非政府组织进行注册和认证,相关权力归各级政府执行机构所有;

(2)非政府组织可以享受减免税或减免关税的优惠政策;

(3)政府鼓励非政府组织争取资金支持,不对此进行限制。政府提供三种方式,方便非政府组织获得国外资金援助。符合海外发展援助条件,有能力参与政府发展项目的非政府组织可以获得政府财政预算;

(4)政府鼓励与非政府组织建立合作机制。各级政府机构有权与非政府组织进行协商与合作。国家经济发展署的社会发展委员会对政府与非政府组织的关系进行宏观调控;

(5)非政府组织有权了解政府所有重大决策、项目、规划、授权以及相关的法案、议程。

二、菲律宾非政府组织相关管理规定

(一)注册

注册即申请获得法人资格,菲律宾《社团法》、《合作社法》、《劳工法》等法令规定了各类非政府组织的注册办法。虽然不强制要求注册,但没有法人资格的非政府组织不能享受减免税待遇和政府资助,无法设立银行账户。菲律宾非政府组织主要注册方式如表5-1所示。目前各注册单位均不接受邮件注册和互联网注册。

---

① Asian Development Bank, *A Study of NGOs*: *Philippines*, 1999, p. 23.

② Asian Development Bank, *A Study of NGOs*: *Philippines*, 1999, p. 22.

表 5-1　菲律宾非政府组织主要注册方式

注册单位	对应组织	对应法律法规
证券交易委员会	非股份制社团	《菲律宾社团法》
合作社发展局	合作社	《合作社法》
劳工与就业部	工会、农村工人协会	《菲律宾劳工法》
住房与土地调控委员会	业主联合会	《住房担保法》

资料来源：菲律宾《社团法》、《合作社法》、《劳工法》等。

各类菲律宾非政府组织，无论其名称、宗教背景、运作模式、社会作用如何，只要满足公益性、非营利性等相关条件，就可以在相应的注册单位进行注册。其中慈善、宗教、教育、文化、文学、科学、社会服务等性质的组织，在拥有100 万比索的启动基金后，可以使用基金会为名称。但除名称外，并不与其他非政府组织有任何不同。宗教性质的组织需要出示宗教机构的证明材料。已注册的非政府组织要定期向主管单位、税务局和捐助者公开相关信息。如证券交易委员会要求非政府组织在登记 30 天内递交成员名册，在第一次成员大会后 30 天内递交机构信息，在财务年度结束后 120 天内递交财务报告，在年会后 30 天内递交年会信息或是未召开的理由，在人事变动时及时递交相关资料。

（二）认证

认证（licensing）指非政府组织根据从事活动的性质，向政府相关部门申请从业资格，也被称为二次注册。如表 5-2 所示，菲律宾教育组织向教育部申请认证，医疗组织向卫生部申请认证。认证部门按照相关规定对非政府组织进行审查，以确定其是否具备相应的工作能力，能否享受相关优惠政策。部分菲律宾非政府组织以认证代替注册。

以土地改革部为例，2011 年年底时，得到该部门认证的非政府组织达6620 个，其中农业合作社数量最多，达 4218 个，其他类型的组织还有土地改革妇女组织、农民协会、用水协会、灌溉协会等，从地区分布上来看中吕宋区和东米沙鄢区最多，分别为 770 个和 668 个。①

---

① 土地改革部内部统计资料：*Master List of Organizations*, 4th Quarter of 2011.

表 5-2　菲律宾非政府组织主要的认证方式

认证机构	对应组织	对应法律法规
社会福利发展部	社会福利与发展组织	4373 号法令、603 号总统令、《儿童与青年福利法》
卫生部	慈善医院与试验室	4226 号法令、《医院批准法》
教育部	中小学	1982 年《教育法》
保险委员会	互助协会	612 号总统令、《保险法》
高等教育委员会	高等教育机构	7722 号法令、《高等教育法》
技术教育与技能培训局	技术职业机构	7796 号法令、《技术教育与技能培训法》
国家青年委员会	青年组织	8044 号法令
社会服务委员会、劳工与就业部	政府雇员组织	180 号行政令
土地改革部	土地改革合作社、妇女组织等	6938 号法令、《合作社法》
土地运输特许规范委员会	运输合作社	292 号行政令
国家电力部	电力分配合作社	6938 号法令
菲律宾中央银行	合作社银行	6934 号法令、《合作社法》
环境与自然资源部	参与森林管理协定的人民组织与合作社	部门管理法令 99－36、99－53
国家反贫穷委员会	代表弱势群体的组织	总统行政令 2001－21 号
国家经济发展署	参与中期发展计划的组织	2004 年 7 月 1 日《国会备忘录》

资料来源:Caucus of Development NGO Network，*NPO Sector Assessment*：*Philippine Report*，Report Prepared for the NPO Sector Review Project，Charity Commission for England and Wales，2008，p. 39.

(三)资格审查

资格审查(accrediting)指非政府组织申请某一具体项目的参与资格的过

程。根据项目的不同,申请的对象和审查的要求也有所不同。如申请国际援助发展项目主要由发起或支助该项目的国际援助机构审批,而申请政府发展项目主要由主管该项目的政府业务部门审批。根据《地方政府法》,地方政府也具有对非政府组织进行资格审查的权力。申请资格审查的非政府组织通常要具有较强的公益取向、良好的信用度、一定的社会知名度以及充分的资源和技术手段。如果申请的组织没有在政府相关部门中注册或认证,则需要审查该组织是否具有足够的公益性,是否与申请项目有直接关联。

(四)税收

菲律宾《国税法》《关税法》等法律规定了非政府组织所享受的税收优惠政策,但享受优惠的非政府组织必须围绕慈善、宗教、教育、文化、科学、公共服务等领域开展活动。禁止直接参与任何具有商业目的的活动,或直接从事商业活动;不得直接或间接地将组织的资产,包括红利分配,转移到组织领导层、管理层或其亲属手中,不得将任何资产、收入或本金用于组织宗旨以外的活动。如果获得盈利收入,那么收入将用于促进组织宗旨的活动。任何非政府组织,特别是由政府资助和享有免税待遇的非政府组织,不得以任何形式的资金捐赠来影响国会选举和政府公职人员的选举。菲律宾非政府组织主要的税收优惠政策如表 5-3 所示。

表 5-3　菲律宾非政府组织主要税收优惠政策

主管单位	优惠政策	对应法律法规
国税局	所得税豁免	1997 年《国税法》
财政部	关税特别优惠及豁免	《关税法令》、财政部法令
社会福利发展部	进口关税豁免	《关税法令》
劳工与就业部	工会所得税豁免	《劳工法》
合作社发展局	内部商业活动所得税豁免、银行保险公司所得税豁免、部分进口关税收豁免	《合作社法》、合作社发展局法令

资料来源:菲律宾《国税法》、《关税法令》、《劳工法》、《合作社法》等。

1. 所得税部分

菲律宾《国税法》第 30 条规定,以下非政府组织可向国税局申请"免税资格"(tax-exemption status),免缴所得税。

(1)不以营利为目的的劳工、农业或园艺组织;

(2)不分红的互助储蓄银行、不营利的合作银行(又称储蓄贷款协会);

(3)为成员利益服务的协会、互助协会或非股份制协会,会费用于支付成员的疾病治疗、事故处理和保险;

(4)属于全体成员且仅为成员服务的公墓协会;

(5)以宗教、慈善、科学、体育、文化或老兵康复为目的非股份制社团或协会,其收入和财产不属于且不服务于任何成员、组织者、领导或特定人;

(6)不以营利为目的,其收入和财产不属于、不服务于任何发起者或特定人的商业协会;

(7)不以营利为目的,促进社会公益的民间组织;

(8)非股份制、非营利教育机构;

(9)农村或其他互助灌溉协会、互助合作电话协会以及台风、火灾保险互助协会;

(10)农产品销售协会,帮助成员销售农产品,扣除成本后所有收入归成员。[①]

但上述非政府组织在商业活动时,将缴交部分商业所得税,不管是否以公益为间接目标,应缴所得税税率如表5-4。合作社成员之间的商业活动及对外商业活动总额累积在1000万比索以下时免收商业所得税。

表 5-4　菲律宾非政府组织商业活动所得税税率

收入种类	税　　率
营利活动	纯利润的 34%
主动投资收入:	
国内金融机构投资收益	20%
国外金融机构利息收益	7.5%
国外金融机构汇率收益	10%
版税、奖金	20%

① Ledivina V. Carino, *Between the State and the Market: The Nonprofit Sector and Civil Society in the Philippines*, Quezon City: Center for Leadership, Citizenship and Democracy, National College of the Public Administration and Governance, University of the Philippines, 2002, p. 192.

续表

收入种类	税　率
投资国内公司的分红	免税
房地产出售	实际出售价格或市场估价(以高者为准)的 6％
股票投资营利	营利 10 万比索以下 5％,10 万比索以上 10％

资料来源:Ledivina V. Carino, *Between the State and the Market*: *The Nonprofit Sector and Civil Society in the Philippines*, Quezon City: Center for Leadership, Citizenship and Democracy, National College of the Public Administration and Governance, University of the Philippines, 2002, p. 191.

2. 增值税部分

菲律宾《国税法》规定,除注册登记的教育类非政府组织外,其他非政府组织应缴交 10％的增值税(value added tax),但由于增值税属于间接税种,因此非政府组织可以将应缴的增值税转移给下游客户或受惠者。《国税法》109条还规定:农业合作社的农产品出售以及农具进口免缴增值税;电力合作社买卖电力及设备进口免缴增值税;储蓄合作社成员内部借贷免缴增值税;所有合作社成员分红在 1.5 万比索以下时免缴增值税。

3. 关税部分

菲律宾《关税法》(*Tariff and Customs Code*)105 条规定(见表 5-5):经社会福利发展部和教育部认证的非政府组织的捐赠物品进口可免缴关税;非政府组织购买经教育部认可的教育、科学、文化类出版物及宗教类书籍时免缴关税;由经济发展署推荐的,对国家经济发展有利的非政府组织免缴关税。

表 5-5　非政府组织减免关税规定

减免关税物品	相应非政府组织	审查部门
公益用途的食品、药物、服装、宗教类物品	社会福利发展部许可的非政府组织	社会福利发展部
书籍、出版物、文件 教育文化性质的艺术品、收藏品 教育文化性质的音像作品 教育文化用途的科学设备	教育部和科学技术部批准的教、科、文组织	教育部、科学技术部

续表

减免关税物品	相应非政府组织	审查部门
购买或受捐赠的进口设备包括零部件 受灾时期急需的消费品 人口委员会批准的计划生育药品	进口物品为购买时，仅合作社可免关税；进口物品为受捐赠时，非政府组织均可免关税	合作社发展局、国家经济发展署

资料来源：Ledivina V. Carino, *Between the State and the Market*：*The Nonprofit Sector and Civil Society in the Philippines*, Quezon City：Center for Leadership, Citizenship and Democracy, National College of the Public Administration and Governance, University of the Philippines, 2002，p. 195.

4. 地方政府税部分

菲律宾地方政府税主要有房地产过户税、社区税、农村清洁税等。菲律宾《地方政府法》135 条规定：合作社免交所有的地方政府税，经相关部门注册的非政府组织免交房地产过户税。

5. 捐赠奖励部分

菲律宾政府规定在非政府组织认证协会（PCNC）中通过认证的国内非政府组织，即可成为国税局"受赠组织"（donee institution），捐赠者对"受赠组织"的捐赠可免税，[①]同时捐赠者也可以根据捐赠金额，相应减少应缴的年度所得税，个人减税不超过 10％，公司或机构减税不超过 5％。非政府组织认证协会是除菲律宾政府机构之外，唯一有权对非政府组织进行认证的民间机构。该机构于 1999 年由菲律宾六个大型非政府组织网络联合成立，与菲律宾财政局、国税局合作，对非政府组织[②]进行认证，通过认证的组织将获得 1 年、3 年、5 年期的认证证书，同时获得国税局同期的"受赠组织"资格。通过认证的非政府组织可以增加知名度和公信力，更容易获得捐助和支持。

上述以 1987 年《宪法》为基础的一系列法律、法规构成了菲律宾非政府组织法律框架，在此框架下，菲律宾非政府组织的政治地位得以固定，政治参与权利受到保障。总体上看，菲律宾非政府组织的法制环境较好，但不足

[①] 国外公司或个人向菲律宾非政府组织捐赠需要支付 30％的捐赠税。

[②] 非政府组织认证协会主要对菲律宾《国税法》30 条中的第 5、7、8 等三类组织进行认证。

之处是相关法律过于分散。如果存在一部单独的非政府组织法律,既有利于非政府组织的健康发展,也有利于政府对非政府组织的管理,还可以更好地促进政府与非政府组织之间的合作。此外大部分管理机构因财力、人力及科技手段所限,难以对菲律宾非政府组织进行有效管理。如合作社发展局的法律办公室虽然有权调查合作社的经营情况,却没有资金聘请专业法律机构,只能聘请法律实习生进行调查;住房与土地调控委员会预算极低,连差旅费也无法支付。[①] 虽然近年来菲律宾政府加强了非政府组织管理体制的完善,但实际上菲律宾非政府组织仍然处于整体无序状态,并充斥着大量虚假非政府组织,影响其他非政府组织的正常发展。因此制定一部完善的非政府组织法律,建立联合注册管理机制,丰富管理手段,是优化菲律宾非政府组织法制环境的首要任务。

第二节　菲律宾非政府组织的政治参与

政治参与是一个具有多种含义的概念,其界定因人而异。亨廷顿(Samuel Phillips Huntington)在《难以抉择》一书中将政治参与定义为“公民试图影响政府决策的活动”,并认为这种参与“可以是个人的参与或群体的参与,可以是组织的参与或自发的参与……对经济或社会政策的重大改革来说,有力的支持来自于有组织的集体参与”[②]。其中明确表达出,政治参与只有在群体参与、组织参与的情况下才能够发挥最大的力量,而非政府组织是能够起到关键的“组织”作用的主体之一。对非政府组织来说,政治参与就是组织、领导、代表公民社会试图影响政府决策的活动。通过政治参与,非政府组织得以满足所代表社会群体的需求,并扩大自身影响力。在菲律宾政治领域,非政府组织的身影随处可见,有些组织承担政府具体行政工作,有些组织对政府进行监督评议,有些组织参与国家法律政策的制定,有些组织对选举施加影响,非政府组织的政治影响力已经渗透到菲律宾政治各领域之中。菲律宾非政府组织主要的政治参与方式有利益表达、国家管

① Caucus of Development NGO Network，*Assessing the Philippine NGO Environment*：*Regulation*，*Risks and Renewal*，Summary for the Philippine Nonprofit Organization Sector Report，2009，p.140.

② ［美］塞缪尔·亨廷顿、琼·纳尔逊:《难以抉择——发展中国家的政治参与》,汪晓寿、吴志华、项继译,北京:华夏出版社,1988 年,第 3 页。

理、信息服务、人才输送四种,前两种是非政府组织政治参与的直接形式,而后两种则是间接形式。

一、利益表达

利益表达指非政府组织代表某些社会群体的利益,与政府部门进行交涉的过程,在行业协会、地区组织、族群组织中较为常见。这些组织的成员一般来自同一群体,具有共同特征,从而产生共同利益,因此倾向于以集体形式与政府部门进行交涉。利益表达一般由政党来进行,但在菲律宾,政党无法全面代表社会各群体的利益,给非政府组织留下了大量空间。菲律宾非政府组织进行利益表达的手段很多,比较常见的是游说、批评,甚至是抗议和游行等方式,第一次、第二次人民力量运动可以看作菲律宾非政府组织利益表达的高级形式。在利益表达时,菲律宾非政府组织倾向于将成员利益放在首位,但实际受益者往往超越组织成员,扩散到整个社会群体。

对于基层合作社、人民组织、社区组织等小规模非政府组织而言,受限于自身实力,难以在其他政治参与方面发挥直接作用,所以利益表达成为它们在政治领域唯一的作用。这也使它们倾向于加入非政府组织网络,来加强自身利益表达的功能。而一些大型的非政府组织,由于实力较强,具有跨群体进行利益表达的能力,如菲华商联总会不仅代表了菲律宾华商企业利益,某种程度上还代表在菲华人华侨的利益,有时甚至代表其他外侨群体的利益。在菲律宾独立初期,菲律宾民族意识高涨,国会中各式各样的菲化案超过 100 件,严重影响了包括华侨在内的外侨群体的生存和发展。在这种背景下,菲华商联总会通过各种手段与菲律宾当局交涉,化解了除零售业、米黍业菲化案之外的大部分菲化案,使各外侨群体渡过难关。[1] 1963 年,菲律宾医疗协会促使政府通过了一项放宽社团管理限制的法令——3634 号国家法令,使所有非政府组织从中受益。[2]

二、国家治理

国家治理指非政府组织以各种形式直接参与国家的立法、行政、司法事

---

① 菲华商联总会:《菲华商联总会成立五十周年金禧纪念特刊》,马尼拉:菲华商联总会,2004 年,第 552 页。

② Gerard Clarke, *The Politics of NGOs in Southeast Asia : Participation and Protest in the Philippines*, London and New York: Routledge, 1998, p. 63.

务,并在此过程中实现社会公益目标。菲律宾政府自 1986 年起,将非政府组织作为政治合作伙伴来看待,并以宪法形式将非政府组织的政治参与制度化。非政府组织作为人民力量的代表,参与立法、行政、司法三大领域的国家治理。

（一）立法参与

菲律宾自 1998 年起实行"政党名单系统"（party-list system）,非政府组织有权参加政党名单选举,得票率每达到 2%,即可获得一个众议院席位,但至多不超过 3 席。通过这种方式非政府组织得以在立法机构中作为公民社会的直接代表,行使投票和审议的权利。非政府组织利用这一制度,参与制定了很多有利于非政府组织发展的政策,并在改革、反贫穷、环保等议题上争取将所倡导的主张转化为提案。在当前的第 15 届菲律宾众议院中,共有 56 个席位分属 42 个小型组织,约 1/3 为非政府组织,如农民组织（AAMBIS-OWA）、Butil、科技组织（AGHAM）、工人组织（DIWA）、城市贫穷人口组织（ALAGAD）、人权组织（ANAD）、行业协会（Ang Kasangga）、LPGMA、劳工组织（TUCP）、教育组织（AVE）、Bagong Henerasyon、倡导组织（CIBAC）、青年组织（Kabataan）、老年人组织（Kalinga）以及菲律宾合作社联盟（NATCCO）等。[①]

菲律宾政府在政策起草过程中,也经常给予非政府组织一定的名额,并允许其在听证会阶段对相关部门和机构进行游说,直接影响政策的制定。自阿基诺总统起,每一届政府都邀请非政府组织参与制定新的国家发展计划。在各行政部门的政策制定过程中,非政府组织也拥有一定的权力。如在国家反贫穷委员会（NAPC）这一重要的经济政策制定机构中,规定两名副主席中的一名必须来自非政府组织,27 名委员中的 14 名必须来自非政府组织,分别来自农业、渔业、正规劳工、非正规劳工、青年、学生、城市贫穷者、妇女、残疾人、受灾者、老年人、儿童、发展型非政府组织、合作社等 14 个

---

① House of Representatives, Congress of Philippines，http://www.congress.gov.ph/members，2011－12－25.

不同领域的非政府组织。①

  菲律宾《地方政府法》要求地方政府保障非政府组织参与地方立法机构的权利，并在教育委员会、卫生委员会、招投标资格审查委员会、治安理事会等部门中，保障非政府组织一定比例的名额。如《纳加市非政府组织授权条例》规定，市立法机构在非农业劳动力、妇女和城市贫困阶层三个群体的代表，必须在非政府组织成员中选举产生。② 虽然在多数场合，菲律宾非政府组织立法参与的作用有限，象征意义大于实际意义，但不可否认的是，非政府组织至少获得了在政策制定过程中加入自身意志的机会，或是在政策出台前了解政策，并通过其他手段改变政策的时间。如20世纪90年代，当非政府组织无力阻挠《穆斯林棉兰老机构法令》(*Organic Act for Muslin Mindanao*)的制定时，菲律宾贫穷居民联盟（KAMP）、摩洛民族国家组织（IBA）等非政府组织联手发动一场地区公投，否决了这一有可能激化地区军事冲突的政策。③

（二）行政参与

  行政参与指非政府组织代表政府部门执行部分行政功能，这是菲律宾非政府组织最重要的政治参与。《菲律宾发展公约》也提出，如果可以使所服务的群体受益或提升组织形象，非政府组织应承担部分政府职能，④主要参与方式有以下几种。

1.协助政府处理地方事务

  由于非政府组织的中立性，使其可以凭借较灵活的身份协助政府处理地方事务，当发生族群冲突和地方矛盾时，非政府组织可以成为冲突双方都

---

  ① Ledivina V. Carino, *Between the State and the Market: The Nonprofit Sector and Civil Society in the Philippines*, Quezon City: Center for Leadership, Citizenship and Democracy, National College of the Public Administration and Governance, University of the Philippines, 2002, p. 261.

  ② Ledivina V. Carino, *Mobilizing for Active Citizenship*, Quezon City: Center for Leadership, Citizenship and Democracy, National College of the Public Administration and Governance, University of the Philippines, 2005, p. 23.

  ③ Sukarno D. Tanggol, *Muslim Autonomy in the Philippines: Rhetoric and Reality*, Marawi City: Mindanao State University Press, 1993, p. 95.

  ④ Caucus of Development NGO Networks, *The CDOE-NGO Covenant on Philippine Development*, 1991.

能够接受的协调者，促进冲突的解决。《菲律宾发展公约》(*Covenant on Philippine Development*)中非政府组织的七个发展目标之一就是"和平解决武装冲突，协助政府寻找武装冲突的问题根源，促进武装集团之间的对话与谈判"。多年来，菲律宾非政府组织通过促进宗教团体之间的对话，设立地方性的"和平空间"(space for peace)以及直接参与和平谈判进程，协助各级政府开展平息族群冲突的和平活动，[①]并取得重要成果。20世纪90年代中期，在伊罗戈斯区的里昂地区，非政府组织 Grupo Paghidet(意为和平组织)以宗教互助的形式，吸收新人民军投降人员、菲律宾军队和地方民兵单位(CAFGU)的官兵、政府官员、社会工作者、宗教人士为组织成员，通过深入的接触，消除彼此间的敌意。此举不但有效地确保了该地区的和平停火，还促进了该地区的人权保障、经济发展、生态平衡与政治参与。[②]

在长期战乱、贫困落后的棉兰老地区，伊斯兰非政府组织在当地起到了准政府的作用。如成立于1988年的"阿尔—凯里亚"(Al-Khairiah)与阿布达比的慈善组织进行合作，得到连续的捐款，加大了在教育、妇女权益、人民生活、和平以及社区建设方面的投入，相继设立了清真寺和宗教学校建设基金，并通过瓦克夫不动产管理计划，设立了战略基金，还通过穆斯林教育计划，在棉兰老岛建立了许多伊斯兰宗教学校。[③]下辖414家非政府组织的棉兰老非政府组织网络联盟(Mincode)，通过为冲突各方提供协商、对话、合作的平台，成为解决棉兰老地区宗教矛盾、族群矛盾的倡导中心。在多民族共治的科迪勒拉自治区，科迪勒拉发展型非政府组织的网络(CordNet)致力于化解民族文化差异，促进社会团结，稳定了该地区的社会局势。菲律宾医疗协会(PMA)是菲律宾卫生部最重要的合作对象，它帮助卫生部制定健康保险政策，应对突发性流行疾病，甚至代替卫生部向边远地区派驻医生。菲华商联总会也曾协助马尼拉市政府推行清洁区运动，负责100个区中的5个区。

---

① 郭又新：《非政府组织与菲律宾族群冲突的解决》，《东南亚研究》2008年第3期，第52～63页。

② Ledivina V. Carino, *Between the State and the Market：The Nonprofit Sector and Civil Society in the Philippines*，Quezon City：Center for Leadership, Citizenship and Democracy, National College of the Public Administration and Governance, University of the Philippines，2002，p. 241.

③ 许利平：《当代东南亚伊斯兰发展与挑战》，北京：时事出版社，2008年，第121页。

2. 协助政府参与国际事务

由于部分菲律宾非政府组织在人权、环保、妇女等领域具有较强的专业性，它们有能力配合政府，甚至是代表政府参与一些国际事务。如为与联合国妇女、社会发展、人居、人口四个峰会相对接，菲律宾政府成立了国际人权发展多部门委员会（MCIHDC），该委员会中共有 52 个成员来自非政府组织。它们配合国家妇女权益委员会（NCRFW）、国家经济发展署（NEDA）、国家住房与城市发展合作委员会（HUDCC）、人口委员会（POPCOM）四个机构开展工作。1992 年应联合国环境与发展会议（UNCED）第 21 项议程而成立的菲律宾可持续发展委员会（PCSD），在决策过程中给予非政府组织与政府机构同等地位。非政府组织独立选举出七名代表并设置秘书处，委员会决议需要得到非政府组织代表的一致同意方能生效。① 1989 年，当阿基诺总统访问美国寻求经济援助时，菲律宾非政府组织也派出小型代表团同期访美，在美国非政府组织的帮助下，游说美国国会援助菲律宾。② 同年，在菲律宾政府与美国国际开发署（USAID）、世界野生动物基金会（WWF）商谈以"债务换自然"（Debt for Nature）的项目时，哈里本基金会（Haribon Foundation）负责对菲律宾政府的预案进行审查，针对缺少环保项目这一情况，在预案中加入"可持续发展议程"，并大刀阔斧地将预案的1/4 资金用于环保项目，由菲律宾环境基金会（FPE）负责执行。在商谈过程中，哈里本基金会还将绿色论坛、非政府组织发展公约网络加入谈判队伍，而发展公约网络又坚持将免除债务联合会（FDC）和菲律宾工商社会进步基金会加入队伍，以提供技术支持。这些非政府组织的加入提高了谈判效率，为菲律宾政府争取到了更多的国际援助，谈判还决定在菲律宾非政府组织有能力执行具体项目的地区，美方将不再参与项目的执行。③ 华人社团长期参与国际事务，为菲律宾经济发展拓展空间，如 1963 年，菲华商联总

---

① Asian Development Bank，*A Study of NGOs：Philippines*，1999，p. 42.

② Macario Torres Jusayan，*The Philippine Civil Society Organizations：Its Participation in Implementing ODA Funded Projects and Practices in Promoting Accountability*，Paper Prepared for the Central Asia, Southeast Asia and the Pacific Regional Workshop on CSOs and Aid Effectiveness, Hanoi, Vietnam, October 9-12, 2007，p. 4.

③ Gerard Clarke，*The Politics of NGOs in Southeast Asia：Participation and Protest in the Philippines*，London and New York：Routledge，1998，p. 158.

会主办亚洲华商贸易会议；1978年，主持召开东盟五国工商研讨会；2009年举办第十届世界华商大会。

3. 协助政府管理发展项目

由于人力、财力资源有限，菲律宾政府仅依靠自身力量无法主持所有的社区发展项目，而普通企业在公益性和专业性上又无法达到项目要求，因此政府只能将发展项目的部分管理权力让渡给非政府组织，使非政府组织的角色从发展项目的承包者上升到管理者。菲律宾非政府组织在政府发展项目中主要担负的管理工作有社会宣传、需求评估、项目规划与监督、技能培训。1993年，菲律宾政府开展计划生育工作时，卫生部仅有200名工作人员，而菲律宾计划生育组织（FPOP）的工作人员和志愿者则超过12000人，且拥有很多专业人才，因此卫生部将项目全部交于非政府组织来制定和执行。

菲华商联总会自1960年起在全菲推动"行动计划—农村校舍"活动（Operation：Barrio Schools），捐献校舍3000多座，使50万儿童受益。由于捐献的校舍质量好，花费却只要私人承包商的一半，受到政府的好评。2002年，阿罗约总统从总统社会基金中拨款7000万比索，委托商总代建校舍；2003年，参议院议长德里伦（Frankin Drilon）从农村开发基金中拨款1.7亿比索，开展"商总—德里伦校舍方案"，由商总代替工造部兴建400座农村校舍；2004年商总还与教育部、劳工部和外交部合作，共同推动海外菲侨捐献校舍方案的施行（Classrooms Galing sa Mamamayang Pilipino Abroad）。①

从以上事例可以看出在卫生、扶贫、环保、社会服务等领域，菲律宾非政府组织体现出来的管理能力和执行能力甚至超过了菲律宾政府，非政府组织已经成为社区发展项目的管理者，而不仅仅是合同承包者。

4. 非政府组织管理

对非政府组织的管理原本属于政府职权范围，但由于菲律宾政府管理能力不足，不得不向非政府组织让渡部分管理权力，以非政府组织自律来减轻政府的工作压力，最明显例子是非政府组织认证协会（PCNC）。按照菲律宾国税局1998年12月颁布的13—98号决议，非政府组织认证协会有权

---

① 菲华商联总会：《菲华商联总会成立五十周年金禧特刊》，马尼拉：菲华商联总会，2004年，第158～163页。

对提出申请的非政府组织进行审查，通过认证的非政府组织即成为"受赠组织"（donee institution），国税局无权拒绝认证结果。该协会仅有一名成员来自国税局，其他成员全部来自非政府组织。该组织由于审查严格规范，得到政府和社会的高度认可。

在非政府组织认证协会前，也出现过类似的组织，但仅局限在较为专业的领域之中。如教育类非政府组织曾经组织过一个认证机构，设定教育行业准入标准。1973年成立的法律行会（Integrated Bar of the Philippines）不但高度自治，还有权参与地区法院和最高法院法官的选举。菲律宾商会也拥有一些政府认可的自治权力，以确保下属企业规范经营。

5. 行政监督

行政监督指非政府组织从社会角度对政府部门和官员的违规行为进行监督审查。这项工作原本是在野党的主要工作，但从阿基诺总统时代起，政府赋予非政府组织行政监督功能。《地方政府法》中规定竞投标、津贴委员会（Prequalification, Bids and Awards Committee）中必须有非政府组织的代表。纳加市规定该市人民理事会中的非政府组织作为公众履行宪法权利的代表，有权接触涉及公共事务和官员行为的记录与文件等信息资料。在社区就业与发展计划中（Community Employment and Development Program），政府鼓励非政府组织举报政府部门及官员的违规行为。《菲律宾发展公约》（*Covenant on Philippine Development*）也提出非政府组织应监督政府政策和项目的实施以及政府官员的工作业绩。[1] 2008年，菲律宾童子军加入一个专门监督政府采购的独立调查项目——"G-Watch"，参与调查教科书购买和发放过程中可能出现的腐败行为。童子军通过200多个分支机构向每一所中小学配备至少一名的志愿监督员，监督书本的采购数量和递送时间。

（三）司法参与

司法参与指非政府组织代表某个社会群体，甚至是整个公民社会对政府部门或政治人物提起诉讼，是非政府组织政治倡导功能的新发展，非政府组织在司法参与中充当的是公诉人而非起诉人的角色。如近年来菲律宾非

---

[1] Caucus of Development NGO Networks, *The CDOE-NGO Covenant on Philippine Development*, 1991.

政府组织以人民的名义起诉政府部门造成的环境破坏和电费过高,在纠正政府不当行为上收到了一定的效果。一般情况下,非政府组织只有在立法参与和行政参与无法收到效果时,才会选择司法参与,但有时司法参与确实能够收到意想不到作用,甚至造成很大的政治影响。2001年,一些非政府组织不满埃斯特拉达总统的腐败和无能,依照宪法第6章第3条的规定,以公民身份提出对埃斯特拉达总统的弹劾提案,得到了1/3以上众议员的支持,从而启动弹劾程序。虽然弹劾程序失败,但最终引发了第二次人民力量运动。非政府组织的司法参与作用也因此得到了广泛的承认。

三、信息服务

信息服务指非政府组织向人民提供政治信息,在人权、环境、文化保护等涉及人民切身利益的议题上使人民了解自身的权益、面临的问题以及政府的相关政策,确保人民的知情权。非政府组织既可以向人民直接提供政治信息,也可以通过媒体、文艺等方式向人民间接提供政治信息。信息服务产生的重要结果是人民政治素质与参与水平的提高,所以也属于一种间接的政治参与。信息服务的主要方式有以下几种。

(一)教育培训

教育培训指非政府组织通过举办讲座、培训班和教育机构,使人民提高权利意识,树立价值观念,了解国内外相关法律和社会活动。人权、妇女、儿童、劳工、环保、动物保护等领域的非政府组织多具有此类功能。如司法关怀中心(SALIGAN)通过对民众进行普及教育,使他们清楚地掌握自身的法律权益和义务。"儿童权力促进、倡导与保护中心基金会"(Lunduyan)专门致力于儿童权益知识的普及。生命教育基金会(ELE)通过培训基层社区领导者与政府沟通谈判的技巧,实现对基层社区政治文化的改变。费希尔认为棉兰老地区的非政府组织通过进行选民教育,促进政策选择,防止潜在舞弊,制止选举暴力,更为直接地进入了政治舞台。[1]

---

① [美]朱莉·费希尔:《NGO与第三世界的政治发展》,邓国胜、赵秀梅译,北京:社会科学文献出版社,2002年,第116页。

（二）宣传引导

宣传引导指非政府组织向人民传递相关领域的信息情况，争取人民对某个问题或领域的关注。如歌唱民族语言（Singing Pankabataan）等组织通过宣传民族语言的优点，引导人民建立保护民族文化的意识；绿色论坛通过各种会议呼吁人民重视日益严峻的环保问题。非政府组织通过宣传引导可以制造社会舆论，间接对政府施加影响。如20世纪70年代，菲律宾计划生育协会（FPOP）等非政府组织关注到了菲律宾人口问题，但当时人口问题尚未引起广泛重视，于是这些组织通过在社会上宣传"人口爆炸"理论，发动社会大讨论，成功地得到了马科斯政府的重视，启动了菲律宾人口控制计划。有些菲律宾非政府组织还利用娱乐、文化手段来进行政治宣传。如在马科斯集权时期，菲律宾教育剧院协会（Philippine Educational Theater Association）常常在大型演出中用暗喻的手法抨击军事管制。1991年，菲律宾无核联盟（NFPC）通过集会、示威、游行反对美军基地续约，每次活动之前它们都通知媒体，使信息传播到社会大众，还通过广播电台的传播，尽量使看不到报纸和电视的农村群众了解正在进行的反基地运动，引导其他组织和民众关注、参与相关活动。①

（三）调查研究

调查研究指非政府组织对政府行为或其他事件进行独立的调查分析，向人民提供正确资讯，只有专业性较高的非政府组织才具有这种能力。如菲律宾新闻调查中心（PCIJ）对媒体刊物上报道的人权事件、贪腐问题、劳资纠纷进行独立调查，具有很强的公信力；免除债务联合会（FDC）通过分析经济金融趋势，引导个人、企业避免债务困境；著名的自由选举全国公民运动（NAMFREL）在引入平行快速记票和揭露已发生的舞弊行为中起到了重要的作用。莱德斯马（Cesar R. Ledsma）认为，"（自由选举全国公民运动的）这些政治行为是阿基诺统治下的必然产物，扩展了非政府组织的政治空间，并使它们可以在不同层次的政府发展会议及协调组织中陈述意见，增加

---

① 杨超：《菲律宾、日本和韩国反美军基地社会运动比较研究》，《东南亚纵横》2010年第7期，第48页。

了非政府组织获得有关腐败和不平等信息资料的途径。"①许多非政府组织还通过创办杂志或网站,建立调查研究和宣传引导的平台,增强非政府组织的政治参与能力。如媒体自由与责任中心(Center for Media Freedom and Responsibility)发行杂志《菲律宾记者评论》(*Philippine Journalism Review*),人民行动(Kilosbayan)、公平守卫者(Bantay Katarungan)联合发行《反应与行动独立杂志》(*Independent Magazine for Reflection and Action*)等。

四、人才输送

菲律宾非政府组织的政治参与还体现在向政府输送了大量政治人才,这也是一种间接的政治参与。由于非政府组织的公益性与中立性以及在一些领域上的前沿性和专业性,使政府和政党重视从非政府组织中挖掘人才,以此来提高团队的工作水平。1986 年后,菲律宾非政府组织成为重要的政治人才资源库,大批非政府组织领导和成员步入政坛。如 1986 年后环境及自然资源部的部门领导一直由环保组织人士出任,他们多具有专业知识,与国内外环保组织关系密切,更重要的是清廉正直,有致力于环保的意愿和决心。他们的加入,极大地提高了该部门的工作效率。1992 年,拉莫斯总统希望任命一名不属于环保组织的人士出任部长,但遭到各大环保组织的抗议,最后拉莫斯总统还是任命了环保组织联合推荐的人选。②

在菲律宾各级地方政坛中,也涌现出一批非政府组织的优秀代表,他们在非政府组织的工作中累积经验和人脉关系,然后投身政坛,由于他们形象清新、能力突出,容易得到当地群众和其他非政府组织的认同。如菲律宾政治犯救援工作小组在 1986 年以后,鼓励组织成员参加地方选举,并承诺保留参选人在组织中的职位;社会主义思想行动联盟则在米沙鄢和宿务地区

---

① Cesar R. Ledsma, Cesar Decena, *Political Science Activism among NGOs in the Philippines*, Paper Submitted to the Third International Conference of the Association for Research on Voluntary and Nonprofit Action (ARNOVA), Center on Philanthropy, Indiana University, 1992, p. 10.

② Gerard Clarke, *The Politics of NGOs in Southeast Asia: Participation and Protest in the Philippines*, London and New York: Routledge, 1998, p. 87.

分别建立了米沙鄢组织行动会和宿务劳工教育研究中心,组织劳工参与选举;①艾罗生市(Irosin)的卫生组织"关心人民健康"(LIKAS)的创办者多罗汤(Eduardo Dorotan),凭借在卫生服务中积累的声望,于1992年投身政坛,参加市长选举,以较大优势击败执政20多年的老市长,开始从政之旅;曼亭如帕市(Muntinlupa)市长布恩耶(Ignacio Bunye)在从政之前,任一家儿童青少年发展协会(Kiwanis Club)的主席;布兰肯市(Bulacan)市长帕各当加南(Roberto Pagdanganan)在担任市长前创办了卡南比特市关心公民组织(Organization of Concerned Citizens of Calumpit),并担任布兰肯市国家自由选举公民运动的领导人。②

　　非政府组织向政坛输送人才不但提高了非政府组织的政治影响力,而且促进了非政府组织的自身发展。从政府、国会到地方政府的各个层级,非政府组织输送的人才成为非政府组织与政府沟通的天然桥梁,也成为非政府组织的利益保护者。如1987年,阿基诺总统任命了10名非政府组织成员参加菲律宾宪法起草小组,他们成为确保新宪法符合非政府组织利益的关键因素。又如关心邻居组织(Kapwa Ko Mahal Ko),是一个提供远程视频系统为民众治病的非政府组织,该组织受到民众欢迎,知名度迅速提高,组织创始人因此当选参议员,而该组织也逐步发展成一个集基金会、社会服务等多项功能的综合性非政府组织。③

　　除以上四种主要政治参与模式外,一些菲律宾非政府组织通过对政治人物或政党的支持来实现自身政治利益,这也是一种非正式的政治参与模式。如菲华商联总会的领导人常常为政治人物提供政治献金或经济支持,建立密切的私人关系,以换取他们对菲华商联总会的支持,如20世纪60—70年代的高祖儒与马科斯总统、20世纪80年代的李永年与阿基诺总统,以

　　①　Ledivina V. Carino, *Between the State and the Market: The Nonprofit Sector and Civil Society in the Philippines*, Quezon City: Center for Leadership, Citizenship and Democracy, National College of the Public Administration and Governance, University of the Philippines, 2002, pp. 248~250.

　　②　Gerard Clarke, *The Politics of NGOs in Southeast Asia: Participation and Protest in the Philippines*, Londonand New York: Routledge, 1998, p. 92.

　　③　Ledivina V. Carino, *Between the State and the Market: The Nonprofit Sector and Civil Society in the Philippines*, Quezon City: Center for Leadership, Citizenship and Democracy, National College of the Public Administration and Governance, University of the Philippines, 2002, p. 240.

及后来的陈永栽与埃斯特拉达总统、蔡聪妙与阿罗约总统等。

第三节　菲律宾非政府组织与政府的关系

日本学者重冨真一在考察亚洲非政府组织时认为,亚洲非政府组织在国家、市场、社会这三者让渡出的有限政治空间与经济空间中,通过发挥能动性,进行多重较量来实现自身发展,其中政治空间是最重要的规制因素,而国家与非政府组织的关系则在这一空间的多重博弈中处于核心位置。[①] 从菲律宾非政府组织的发展轨迹来看,当非政府组织与政府关系密切时,其发展就较为迅速。菲律宾非政府组织的三次发展高峰都是在政府的支持下发生的:第一次发展高峰由美国殖民政府推动,目的是通过发展非政府组织来移植美式民主,稳固殖民基础。第二次发展高峰由独立后几届菲律宾政府所推动,目的是通过在农村发展非政府组织,与菲共所领导的"胡克"运动争夺民心,消除叛乱活动的农村基础。第三次发展高峰是由阿基诺、拉莫斯政府推动,目的是鼓励非政府组织全面参与各级国家治理,协助政府重新掌控国内政治局势,发展停滞已久的国民经济。而当非政府组织与政府关系疏离时,其发展就较为缓慢,甚至出现倒退。马科斯军事管制时期,菲律宾非政府组织与政府的关系最为疏离,大批非政府组织被迫转入地下,发展取向的非政府组织基本失去经费来源。20 世纪 90 年代中期,当政局逐渐稳固后,政府与非政府组织的关系趋向平淡,而非政府组织的发展开始放缓。

总体上看,菲律宾非政府组织习惯于将政府作为政治影响力的定位点,要么乐此不疲地与政府进行合作,要么乐此不疲地进行抗争。而菲律宾政府在不同的历史阶段,也以不同的方式影响着非政府组织的性质取向与发展方向。在这一过程中双方因利益取向的不同,频繁地上演合作与竞争。

一、菲律宾政府对非政府组织的策略选择

费希尔(Julie Fisher)提出五种第三世界政府对待非政府组织的政策选

---

① ［日］重冨真一:《亚洲的国家与 NGO:15 国比较研究》,东京:明石出版社,2001年,第 15 页。

择,即防范、无视、收编、利用、合作。^①而菲律宾政府对非政府组织采取的
主要政策是利用,即出于自身需要,允许和鼓励非政府组织的发展。但与费
希尔强调的"政府向 NGO 学习,而不是控制"所不同的是,菲律宾政府对非
政府组织的利用,是以控制为前提条件,力图将非政府组织的作用和影响控
制在一定范围内,更好地为政府所用。即使在 1986 年后,阿基诺政府将非
政府组织纳为政治合作伙伴,也无法改变政府利用非政府组织掌控国内局
势的政治意图。亚洲银行调查菲律宾政府与非政府组织的合作项目时指
出,"菲律宾政府之所以与非政府组织合作,部分原因是希望复制非政府组
织的成功经验,部分原因是希望借助非政府组织的资源优势,部分原因是希
望借用非政府组织与弱势群体之间的服务管道。"^②

（一）菲律宾政府对非政府组织的利用

菲律宾政府对非政府组织的利用通常出于以下三种目的。

1. 经济目的

菲律宾政府希望通过非政府组织的运作,提高社会经济水平,扩大财政
收入,减少政府在公共服务上的支出。在西班牙殖民的中后期,殖民政府开
始意识到非政府组织在发展社会经济上的价值,专门成立了慈善与公共健
康检察总署,对医疗、农业、商业等类型的非政府组织进行指导和资助。
1781 年,西班牙在菲律宾的锁国殖民政策难以为继,总督巴斯科(Jose de
Bascoy Vargas)为提升菲律宾农业专业化水平成立了国家之友经济协会。
该组织致力于考察菲律宾群岛上的矿物、植物及动物资源,提高原住民专业
技术水平。在 100 多年时间内,为殖民政府制定经济政策、提高财政收入起
到重要作用。

在美国殖民时期,殖民政府为尽快把菲律宾改造成美国的原材料产地
和产品输出地,提高了非政府组织在公共服务中的地位和作用,完善了通过
慈善事业满足公共需求的社会体制,使非政府组织成为殖民政府减少公共
服务支出的重要手段。以 1921 年美国殖民政府收支为例,殖民政府资助非
政府组织的金额为 15 万美元,占当年殖民政府开销 680 万美元的 2.2%,

---

① ［美］朱莉·费希尔:《NGO 与第三世界的政治发展》,邓国胜、赵秀梅译,北京:
社会科学文献出版社,2002 年,第 34～39 页。

② Asian Development Bank, *A Study of NGOs：Philippines*, 1999, p. 46.

表面上比例很高,但该年美国殖民政府的税收是 2270 万美元,总财政收入更是高达 5500 万美元。① 由此可见美国殖民政府并不缺少公共服务的经费,只是希望利用非政府组织的慈善活动,减少政府的财政支出和社会负担,尽可能地扩大殖民经济成果。

1946 年菲律宾独立后,代表大地主阶级、大资产阶级利益的新政府在农村土地改革上举步维艰,导致农村地区陷入动乱。为确保工业原材料、产品销售地和劳动力来源不受影响,政府修订非政府组织管理办法,鼓励非政府组织向农村发展,缓解农村经济矛盾,协助稳定农村秩序。1980 年马科斯政府重启与非政府组织合作的原因之一是希望通过非政府组织来吸引和落实官方发展援助,以挽回国内日益衰败的经济形势。1986 年以后,政府利用菲律宾非政府组织与国际援助机构的良好合作关系,吸引、消化国际援助资金,制定、实施经济发展策略。在政府难以控制的棉兰老岛地区,伊斯兰非政府组织则起到了准政府的作用,担负起了教育与医疗责任,为当地经济发展做出了贡献。

2. 政治目的

菲律宾政府常常通过支持非政府组织来提高政权的合法性。西班牙殖民时期,殖民政府受到天主教教会的强力挑战,为确保自身权威,殖民政府扶持非政府组织,并引导上层家族参与非政府组织活动,以对抗天主教教会的政治影响力。美国殖民时期,殖民政府通过建立非政府组织法律体系、引入美国非政府组织等方式,达到传播美式民主,加速菲律宾宗主国化的目的。此外,大批美国非政府组织的菲律宾分会还担负着向菲律宾民众灌输美式民主思想、传播资本主义价值观的任务。

1965 年马科斯上台后,不仅把菲华商联总会看成是调动华人资金和政治支持的工具,而且也把它看成是政治上控制华人的手段。20 世纪 60 年代末,以"爱国青年"(Patriotic Youth)为代表的左翼非政府组织提出"和平革命"口号,呼吁进行社会革命,而温和派代表菲律宾全国学生联盟(NUSP)等组织则要求通过制宪会议进行改革,马科斯政府一定程度上利用了这些组织所营造的社会变革的氛围,发动军事管制。而 20 世纪 70 年代末,马科斯政府迫于国内外形势实行国家正常化,又将与非政府组织的和

---

① Cameron Forbes, *The Philippines Islands*, 2 volumes, Boston: Houghton Mifflin Co., 1982, p. 224.

解、合作作为政治正常化的一项重要指标,通过了一系列有利于非政府组织发展的法令,并重新开放非政府组织参与部分社会经济发展项目。重建民主时期,阿基诺与拉莫斯政府通过与非政府组织加强合作来推动官僚制度改革,借此摆脱传统政治经济势力的干扰,对抗马科斯势力的反扑,改变"弱势政府"的不利局面。非政府组织一度被形容成"政府与社会经济特权团体之间的绝缘层"。在计划生育政策上,非政府组织成为政府对抗菲律宾天主教教会的重要力量,协助卫生部在全国实行计划生育。① 1986 年后的几届政府还通过向某些特定的非政府组织提供资金、项目、优惠条件,来巩固与其他政治势力的关系,并向这些政治势力输送利益,因为这些非政府组织往往从属或听命于某国会议员、某政党或某地方政治家族。克拉克认为这不过是菲律宾传统政治利益分配的新形式而已。②

3. 军事或安全目的

在菲律宾独立初期,"胡克"运动在农村地区蔓延,直接威胁到菲律宾政府的统治,因此菲律宾政府积极寻求非政府组织的合作,协助安置投降人员和俘虏,配合政府军瓦解"胡克"运动的军心,使"胡克"运动逐渐失去农村群众基础,为军事行动提供了有利的条件。20 世纪 90 年代,阿基诺政府为打击新人民军,在农村地区建立村际非政府组织,配合军队开展军事防御。2005 年来,在菲美军事演习及反恐联合行动中,演习部队与棉兰老地区的非政府组织合作,开展慈善活动,增进当地居民对菲美部队的好感,为打击阿布沙耶夫恐怖组织,维护棉兰老地区安全局势提供有利条件。此外,非政府组织还为反政府人士提供了一条合法、可控的政治参与路径,间接维护了政府安全。如菲律宾左翼人士托勒(Edicio de la Torre)曾因创立反政府组织国家解放基督会(Christans for National Liberation)而被捕,但 1986 年后,他认为非政府组织是使菲律宾人民获得政治经济权益的新途径,并高度赞扬政府—非政府组织体系为人民获得权利提供了政治结构,并因此放弃了武力推翻政府,转而通过建立非政府组织来追求政治理想。他先后参与

---

① [美]朱莉·费希尔:《NGO 与第三世界的政治发展》,邓国胜、赵秀梅译,北京:社会科学文献出版社,2002 年,第 65 页。

② Gerard Clarke, *The Politics of NGOs in Southeast Asia: Participation and Protest in the Philippines*, London and New York: Routledge, 1998, p. 193.

了人民民主机构(IPD)和生命教育基金会(ELF)的创立。①

（二）菲律宾政府对非政府组织的控制

由于非政府组织的独立性、非政府性、社会影响力及其与国外各种机构千丝万缕的联系，菲律宾政府大多将非政府组织看作一种潜在的政治威胁，害怕非政府组织力量和影响力的增强，因此其控制非政府组织的努力从来都没有放松过。在美国殖民政府时期，殖民政府利用当时社会上弥漫的种族对立氛围，在非政府组织领导层制造对立，以增强对菲律宾非政府组织的控制。由于当时美国殖民政府认为种族对立的社会氛围可以起到明确其政治权力和社会财富的作用，而菲律宾人则认为这种氛围有利于菲律宾民族意识的觉醒，双方都无意化解这种紧张气氛。随着菲律宾人在非政府组织中角色分量的加重，美国殖民政府和非政府组织之间的矛盾进一步加深，菲律宾红十字会的主导权成为矛盾焦点之一。1916 年菲律宾参众两院通过法案，宣布菲律宾红十字会从美国红十字会独立出来。该法案反映了菲律宾人民要求独立主导菲律宾非政府组织运作的愿望，但由于直接触及了美国的殖民利益，被殖民政府大法官宣布无效。直到 1935 年，菲律宾成立自治政府，奎松总统采取一系列措施，促使国家菲律宾化后，菲律宾红十字会才真正摆脱美国殖民政府的控制。②

菲律宾独立后，政府对非政府组织的态度趋于复杂，一方面希望非政府组织能够在促进经济发展与解决农村问题上有所助益，消除菲共在农村的影响；另一方面担心非政府组织扩大影响力，对政府造成行政干扰，尤其害怕非政府组织在农村地区形成强大的政治势力，威胁当时政府所代表土地经济精英的利益。为了控制非政府组织在农村的发展运作，各届政府均试图模仿非政府组织的成功模式，建立官方农村机构，以取代非政府组织的作用，抵消影响力，但总体上看效果并不好。1953 年，季里诺政府建立农业信贷合作金融局(ACCFA)，筹建农民合作市场组织(FACOMA)，到 1959 年

---

① Gerard Clarke, *The Politics of NGOs in Southeast Asia：Participation and Protest in the Philippines*, London and New York：Routledge, 1998, p. 203.

② Gerard Clarke, *The Politics of NGOs in Southeast Asia：Participation and Protest in the Philippines*, London and New York：Routledge, 1998, p. 56.

时在全国范围内建立了 502 个农民合作市场组织,共有 289121 名农民参加
该组织。① 但由于启动资金过高,运作复杂,基层农民受益有限,到了 20 世
纪 60 年代,此类组织逐渐销声匿迹。1956 年,麦格赛赛政府成立总统援助
社区发展委员会(PACD),加强农村管理,促进农村持续发展。该委员会虽
然仿效了菲律宾农村重建运动,但排除了发展型非政府组织的参与,而是通
过资助农业发展局(Bureau of Agricultural Extension)建立的 4-H 俱乐部、
农 民 协 会 (Farmers Association)、合 作 社 与 妇 女 农 村 发 展 俱 乐 部
(Cooperative and Women's Rural Improvement Club)开展工作。在实际
运作中,大量经费因政治目的被扣留、挪用,使该计划陷入困境,逐渐被边缘
化。麦格赛赛政府的《农业租赁法令》(Agricultural Tenancy Act)以及一
系列社会福利计划,也因为拒绝发展型非政府组织的参与而失败。

马科斯时期,政府对非政府组织的控制政策趋于极端,试图通过扩大军
队在社会经济、社区发展上的职能,来限制非政府组织的发展。1967—1970
年的四年发展计划中,协助社区发展的任务基本被转交给了菲律宾军队的
民事行动计划(Civil Action Program of AFP)。1969 年,马科斯政府还成
立了中吕宋研究委员会(Central Luzon Study Commission),希望以此替代
菲律宾农村重建运动,该委员会被认为是菲律宾农村重起动乱的根源。马
科斯政府还试图分化菲律宾农村重建运动的领导力量,他先后任命该组织
主席费利西亚诺(Gregorio Feliciano)为社会福利部部长,马那汉(Manuel
Manahan)为中吕宋研究委员会主席,引起了菲律宾农村重建运动的内部混
乱和不满。②

1972 年马科斯政府宣布军事管制后,对非政府组织采取了更为严厉的
控制,主要手段是控制非政府组织的活动资金。一是减少非政府组织的社
会资金来源,逐步取消了分给非政府组织的福利彩票盈利份额,包括原本分
给菲律宾农村重建运动的份额。③ 并对社会捐助款项进行审查,阻挠企业
向非慈善性质的非政府组织捐款;二是停止政府对非政府组织的资助。在

① Gerard Clarke, *The Politics of NGOs in Southeast Asia*:*Participation and Protest in the Philippines*, London and New York:Routledge, 1998, p. 60.

② Lachica Eduardo, *Huk*:*Philippine Agrarian Society in Revolt*, Manila:Solidaridad Publishing House, 1971, p. 251.

③ Gerard Clarke, *The Politics of NGOs in Southeast Asia*:*Participation and Protest in the Philippines*, London and New York:Routledge, 1998, p. 62.

政府出资的社会经济计划中排除非政府组织的参与,1974—1977 年间的四年计划完全停止了与非政府组织的合作,由巴里欧委员会(Barrio Council)、巴里欧协会(Barrio Association)等政府领导下的基层行政组织来代替非政府组织的作用;三是建立政府社区基金,1976 年,马科斯政府加收 1‰ 的商业税,成立政府社区基金,从事社会福利事业,这间接减少了非政府组织获得的捐赠。由于在这一时期菲律宾不是官方发展援助(ODA)的主要援助国,非政府组织的资金主要依靠国家拨款和企业捐款,而菲律宾大型企业又大多与马科斯有密切联系,因此马科斯政府控制资金的措施对菲律宾非政府组织造成了很大的影响。1981 年,马科斯政府结束军事管制后,仍然通过新颁布的《反颠覆法》和《安全法》对非政府组织进行严格的监控。

阿基诺时期,政府将非政府组织作为重要的政治合作伙伴,纳入各级行政体系,参与国家治理,但政府依然没有放弃控制非政府组织的企图。非政府组织参与的基本上还是卫生、环保之类的弱势部门,无法参与政府核心部门的运作。而随着政府与新人民军战斗的不断升级,阿基诺政府还要求军、警情报系统加强对左翼非政府组织和非政府人权组织的监视与调查,防止资金通过这些组织流向新人民军。政府还采取多种手段施压,要求菲律宾政治犯救援工作小组(TFDP)等非政府人权组织转变政治立场,并通过建立政府主导下的人权工作机制,削弱非政府人权组织的影响力。拉莫斯时期,政权逐步稳固,在政府中任职的非政府组织人士开始逐步退出政府。阿罗约时期,政府试图加强对非政府组织的管控,重新对非股份制社团、合作社进行登记,并收回了非政府组织自我管理的部分权力,引起了非政府组织的强烈不满。

二、菲律宾非政府组织对政府的策略选择

费希尔(Julie Fisher)提出第三世界非政府组织对待政府有三种策略选择:第一种是使自身完全回避,第二种是通过倡议工作致力于国家事务,第三种是通过平等或互惠的项目与国家合作。[①] 与其他东南亚国家非政府组织在对待政府策略上的谨慎态度不同,菲律宾独特的政治文化环境导致非

---

① [美]朱莉·费希尔:《NGO 与第三世界的政治发展》,邓国胜、赵秀梅译,北京:社会科学文献出版社,2002 年,第 106 页。

政府组织更乐于通过与政府的接触，采取支持或制约手段，来实现组织自身"赋权与发展"的双重挑战。但出于立场的差异，不同非政府组织在不同事件上对待政府的态度有可能完全相反。如20世纪60年代，天主教背景的非政府组织积极协助麦格赛赛政府在棉兰老地区安置"胡克"运动成员，而穆斯林非政府组织却对此强烈抵制。

（一）菲律宾非政府组织对政府的支持

菲律宾非政府组织对政府的支持主要体现在分担政府职能、维护政府利益上，支持的目的是为了满足自身发展运作的资源和政策需要，同时也是为了获得政府和社会的认可。在《菲律宾发展公约》中规定非政府组织与政府的关系为：非政府组织应意识到自身在民主社会中的重要作用，在此基础上与政府一同创造公开、互敬的氛围；在自身的工作领域与政府展开坦诚的交流和对话；在保持自主性的基础上与政府实现共同目标。[①] 在西班牙、美国殖民时期，具有教会背景的医疗及教育机构，一定程度上取代了政府职能，甚至具有一些官方色彩，而各种慈善取向非政府组织的兴起则大大缓解了政府在社会救济活动上的压力。20世纪50年代兴起的菲律宾农村重建运动等一批发展取向的非政府组织，在协助政府稳定农村秩序、消除动乱根源上做出重要贡献。1986年后，倡导取向的非政府组织广泛参与政府社会发展计划的制定与实施，推动菲律宾经济的复苏，在环保、卫生等领域成为政策的具体执行者。菲律宾非政府组织还是重要的就业部门，1997年，其就业人数占总就业人口的1.4%，有效地缓解了政府的就业压力，如果加上志愿工作者及外包项目的工作人员，这一数字还将成倍上涨。进入21世纪后，菲律宾非政府组织在国家经济中的地位进一步加强，成为政府的经济支柱之一。2008年，在菲律宾证券委员会中登记的非政府组织年度总收入为1600亿比索（约合35亿美元），约占2008年菲律宾国内生产总值的2.16%；合作社产值为4350亿比索，约占当年菲律宾GDP的5.86%。[②]

菲律宾非政府组织对政府的支持主要体现在五个领域的合作。如表5-6所示，分别是地方政府事务、国家政策制定、国家政策执行、国会法案审

---

① Caucus of Development NGO Networks，*The CDOE-NGO Covenant on Philippine Development*，1991.

② 详见本书第四章第一节。

表 5-6　菲律宾非政府组织与政府的合作机制

领域	合作机制	牵头部门	非政府组织的作用
地方政府事务	非政府组织与地方政府合作机制	地方政府	确认非政府组织在地方政府中的权力,通过合作推动地方政府在民生项目、社区发展上的能力
国家政策制定	社会改革委员会	总统办公室	通过强制性的协商、听证、审查,推动社会改革的进行,监督改革的发展方向
国家政策执行	地区发展委员会	国家经济发展署	协助制定地区经济发展计划,考察计划执行情况和效果
	国家农渔业委员会	农业部	协助菲律宾农业、渔业的发展,搜集农民、渔民的意见
	各类土地改革委员会及合作项目	土地改革部	通过农村基层组织,协助土地改革措施的制定与执行,鼓励农村居民参与各类发展项目
	各类环保合作项目	环境与自然资源部	协助环境资源保护及利用政策的制定和执行,部分非政府组织成为政策的实际执行者
	人民经济委员会及合作项目	贸易工业部	协助国家经济部门与企业及其他经济实体的联系、合作以及在小额信贷上的合作
	各类住房委员会	国家住户抵押财务公司	代表非政府组织参与国家住房政策的制定
国会法案审查	政党名单系统	众议院	在国会中代表弱势群体的利益参与国会各项法案的制定和审查
联合国决议及国际公约的执行	参与联合国各项决议的制定执行	外交部及各分支机构	配合政府进行联合国各项决议前的准备及之后执行,参与政府代表团
	可持续发展委员会	联合国环境与发展委员会议	配合或代表政府执行联合国环境与发展委员会的相关决议
	国际人权发展多部门委员会	联合国妇女、社会发展、居住、人口峰会	参与政府执行联合国四项峰会决议过程的会谈与监督

资料来源:Asian Development Bank, *A Study of NGOs:Philippines*, 1999, p. 37~44.

查、联合国决议及国际公约的执行。通过长期的磨合,实力较强的非政府组织,特别是发展型非政府组织与各政府机构完成对接,建立了菲律宾非政府组织—政府合作体制。[①]

以菲律宾医疗协会(PMA)为例,作为一个专业行会组织,该协会为菲律宾政府的医疗保险政策提供意见,并为卫生项目提供支持,甚至代替政府向偏远地区派驻医生,与各届政府形成牢固的合作关系。在协会的历届全国大会中,为显示政府对协会的重视,通常由总统到会致开幕辞,副总统致闭幕辞。菲华商联总会组织目标的第一条即是协助政府推动各项政策,[②]数十年来,该组织通过协助政府兴建农村校舍等公益活动,增加了政府对协会的了解与信任,从而改善了菲华民族关系;1965 年菲政府发行社经公债,商总倡导华人认购;1973 年菲政府发起税务特赦运动,商总举办讲习会,引导华人按章纳税。1996 年,一批非政府组织以实际行动支持拉莫斯政府进行修宪。其中有人民创制改革现代化行动组织(PIRMA)、全国经济改革修改宪法(CONCERN)、菲律宾基督运动(PJM)、菲律宾老兵协会(Veterans Association of the Philippines)、菲律宾地方议会议员联盟(PCL)、签名(SIGN)、菲律宾人民力量基金会(PPPT)等。它们公开发起全国公民修宪签名群众运动,支持取消宪法限制总统和其他民选官员任期的条款,要求拉莫斯继续执政。[③]

(二)非政府组织对政府的制约

非政府组织对政府的制约主要体现在政治倡导上。菲律宾根深蒂固的宗教基础和漫长的殖民历史导致非政府组织倾向于与政府保持一定的距离,并进行制约。在西班牙殖民末期,本土精英创办的非政府组织大量产生,这些本土精英大多具有反殖民、促独立、本土化、限制教会权力等进步思想。他们创办的非政府组织在政治倾向上反对殖民统治,支持民族独立,一定程度上加速了西班牙殖民统治的失败。在美国殖民时期,非政府组织在公共服务责任及非政府组织的主导权上,与美国殖民政府进行了长期的斗争,加速了本土化进程。

1946 年菲律宾独立后,虽然政府积极引导发展取向的非政府组织在农

---

① Asian Development Bank,*A Study of NGOs*:*Philippines*,1999,p. 37.

② 菲华商联总会:《菲华商联总会成立五十周年金禧纪念特刊》,马尼拉:菲华商联总会,2004 年,第 34 页。

③ 沈红芳、李小青:《菲律宾修宪与反修宪运动探析》,《南洋问题研究》2006 年第 4 期,第 14 页。

村地区运作,推动了菲律宾非政府组织的新一轮发展,但双方关系并不融洽。罗哈斯执政伊始,菲律宾与美国签订了《贝尔贸易法》,该法要求菲律宾通过《同等地位修正案》,使美国垄断公司能经营菲律宾自然资源和公共事业,遭到了菲律宾非政府组织的强烈反对。民主同盟、劳工组织大会、菲律宾律师同业大会、菲律宾作家协会等组织纷纷示威游行,向政府施加压力。20世纪60年代末,民族主义青年、菲律宾青年自由联盟、现代妇女自由运动和自由追求者等非政府组织领导民众,反对美国公司享有"国民待遇",反对美驻菲军事基地延期,反对教育制度美国化。菲律宾全国学生联盟、"爱国青年"等组织频繁发起游行示威,要求通过制宪会议进行改革。[①]

在马科斯集权时期,非政府组织在菲律宾天主教教会和反对党的领导下反抗军事管制,并通过结成地区或全国网络形成集体保护,积蓄政治力量。社会行动全国秘书处、军队改革运动、菲律宾自由选举运动等组织在第一次人民力量运动中发挥了关键作用。

1986年后,政治地位得到宪法保障的非政府组织在政府事务上发挥了重要的问责作用,弥补了周期性选举对政府官员的约束不足。1987年1月,菲律宾农民联盟(KMP)组织15000名农民到总统府游行示威,抗议阿基诺政府在土地改革政策上的倒退,在曼迪欧拉桥(Mendiola Bridge)与警察、军队发生冲突,有18名示威者被打死。[②]军队改革运动部分成员则多次发动政变,挑战政府权威,直到1995年,该组织更名为民众革命联盟(RAM),缩写不变,转而以非暴力形式参政。

2000年,当埃斯特拉达政府无法落实竞选纲领解决贫困问题,而个人贪腐问题又日益浮现时,非政府组织积极争取国内民众与国际势力的支持,为弹劾埃斯特拉达创造政治氛围,并启动弹劾程序。

2001年,当阿罗约政府未能在劳工问题上提出适当的政治纲领时,菲律宾工会联合会和其他激进工会的7000多名工会领袖在其上台后不久,公开表明撤销对阿罗约的支持决定。2006年当阿罗约的大选舞弊录音带、第一家庭受贿事件连续曝光时,马卡地俱乐部等影响力较大的非政府组织公

---

① 杨超:《菲律宾、日本和韩国反美军基地社会运动比较研究》,《东南亚纵横》2010年第7期,第49页。

② Gerard Clarke, *The Politics of NGOs in Southeast Asia: Participation and Protest in the Philippines*, London and New York: Routledge, 1998, p. 167.

开要求阿罗约下台，并向政府施加压力。阿罗约执政期间，由于政府人权记录较差，非政府人权组织对政府的批评非常尖锐，并多次发动游行示威，抗议政府实行国家恐怖主义侵害人权。

三、菲律宾非政府组织与政府关系的定性分析

非政府组织与政府之间的互动关系是公共组织间关系的主要内容，也是非政府组织问题的研究重点，在探讨这一关系时，多数学者是从公共服务的角度进行定性分析。本书中，笔者使用库勒（Stein Kuhnle）的分类方法来分析菲律宾非政府组织与政府的关系。如表 5-7 所示，库勒根据"沟通与交往"、"财务与控制"两项指标将非政府组织与政府的关系划分为四种类型。"沟通与交往"指标关注的是非政府组织与政府之间沟通交往的规模、频率与顺畅程度。如果非政府组织与政府的沟通、交往较为亲密，则二者的关系定性为融合；如果双方较为疏离，则关系定性为分离。"财务与控制"指标关注的是非政府组织对政府财务的依赖与受控制程度。如果非政府组织依赖政府资源，则非政府组织与政府关系定性为依附；如果非政府组织能独立获得资源，其与政府的关系定性为自主。该模式的优点是能够分析政府与非政府组织关系的国别差异。

表 5-7　非政府组织与政府的互动关系的四种形态

		沟通与交往	
		亲密	疏离
财务与控制	依赖	融合依附型	分离依附型
	独立	融合自主型	分离自主型

资料来源：Stein Kuhnle, *Government and Voluntary Organizations: A Relational Perspective*, Farnham, U.K.: Ashgate Publishing, 1992, p.30.

用"财务与控制"指标来分析菲律宾非政府组织与政府的关系，能够明显地得出结论，即菲律宾非政府组织与政府的关系属于自主型。1997 年约翰霍普金斯大学非营利部门比较项目对菲律宾的调查发现（见图 5-1），菲律宾非政府组织的收入大约有 5％来自于政府部门，92％来自于服务收费、资产收入和会员缴费，3％来自于私人慈善捐赠。如果加上志愿者工作价值，政府来源将进一步下降到 3％，慈善捐赠上升到 43％，收费收益下降到

54％。与其他国家相比,菲律宾非政府组织对政府的资金依赖最小。而菲律宾非政府组织的法律框架较为宽松,政府在管理方面对非政府组织的控制能力也相对较弱。因此菲律宾政府在财务和控制上对非政府组织影响较小,非政府组织与政府的关系为自主型。

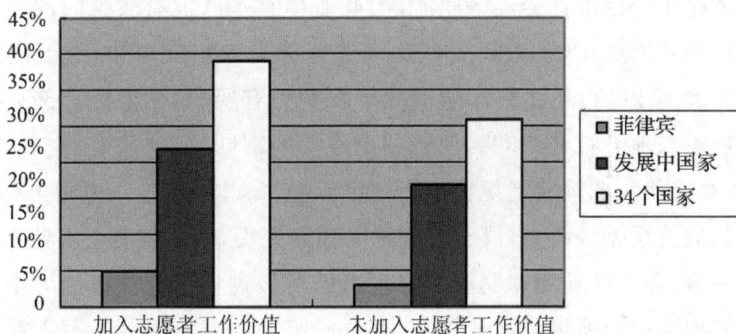

图 5-1　1997 年菲律宾非政府组织收入中的政府来源比例的比较

资料来源:〔美〕莱斯特·萨拉蒙、沃加斯·索可洛斯基:《全球公民社会——非营利部门国际指数》,陈一梅等译,北京:北京大学出版社,2007 年,第 224 页。

当用"沟通与交往"指标来分析菲律宾非政府组织与政府的关系时,我们发现在 1986 年之前,菲律宾非政府组织与政府之间沟通与交往的规模、频率与顺畅程度并不理想。菲律宾政府对非政府组织的态度是在控制的基础上为其所用,菲律宾非政府组织在交往中处于弱势一方。经过第一次人民力量运动后,非政府组织转变为政府的政治合作伙伴,并以法律形态固定了这一政治地位。菲律宾非政府组织与政府的交流与沟通也随之达到一个较为默契的程度。从 20 世纪 90 年代中期开始,由于政府逐步稳定了国内形势,非政府组织的政治重要性开始下降,与政府的沟通与交往渠道也出现一定程度的障碍。非政府人权组织、工会与政府的关系最为紧张。但由于菲律宾宪法保障非政府组织参与国家事务的权利,与其他发展中国家相比,菲律宾非政府组织与政府的总体互动关系仍然较好,因此菲律宾非政府组织与政府的沟通与交往属于亲密与疏离之间。综上所述,菲律宾非政府组织与政府的关系属于"中立自主型",即融合自主型与分离自主型之间,但存在向分离自主型变化的趋势。

四、菲律宾非政府组织与军队的关系

军队作为特殊的政府部门,与非政府组织的关系基本在政府与非政府组织关系的大框架内。由于菲律宾军队作为政治既得利益者,具有较强的政治集团化倾向,因此其与非政府组织的关系成为政府与非政府组织关系中特色鲜明的组成部分。

菲律宾宪法在军队涉政问题上没有明确规定,而菲律宾军队在历史上又曾被赋予广泛的社会经济职能,因此菲律宾军队拥有较强的政治影响力和较高的政治地位,在人民力量运动等菲律宾政治变革中,起到决定性作用。2000年以后,菲律宾军队的政治影响力有所弱化,但仍有部分军队官员积极参与地方社会活动。他们利用掌控的部队,要挟政府、企业,谋取利益,并对菲律宾非政府组织产生了一定影响。总体上看,菲律宾非政府组织与军队的关系错综复杂,既相互制约又相互利用,但非政府组织处于绝对弱势的一方,而军队在菲律宾非政府组织的发展过程中负面作用大于正面作用。正如克拉克所说:"在菲律宾,非政府组织的兴盛程度与军方社会运动的衰弱有关。"①

(一)菲律宾军队成为政府控制非政府组织的强制手段

菲律宾各届政府对非政府组织的态度基本是既拉又防,而菲律宾军队则成为政府控制非政府组织的有力武器,军队对非政府组织的控制在马科斯时代达到顶峰。1965年后,军队人员大量进入政府机构,在动乱地区出任行政长官,享有行政特权,军队开始直接干预非政府组织的活动。1972年实行军事管制后,军队收编警察部队,充当秘密警察的角色,在全国建立军事法庭,对非政府组织进行严格地审查、监控,甚至取缔。由于马科斯政府全力推行"新社会"政策,以军队代替非政府组织在社区发展中的功能,大批非政府组织被迫关闭,或是将工作重心转入地下,或转向农村。这个时期是菲律宾非政府组织与军队关系最紧张的时期。

1986年后,菲律宾政府与非政府组织的关系彻底改变,但由于军队仍然拥有一些治安特权,负责监控非政府组织,使菲律宾非政府组织与军队的关系依然紧张,菲律宾军队甚至违背政府指令,对非政府组织活动进行干扰。在对新人民军作战时期,军队负责监控非政府组织与新人民军的往来。1988年,菲律宾军队被授权管理指挥地方民兵单位(Citizens Armed Forces

---

① [美]杰勒德·克拉克:《发展中地区的非政府组织和政治》,朱德米译,《国外社会科学文摘》2000年第7期,第16页。

Geographical Units)①并建立农村武装组织,加强对同情、支持新人民军的左翼非政府组织进行监控。菲律宾军队采用了暗杀、秘密逮捕等许多马科斯时代的白色恐怖手段,对付非政府组织,许多被认定与新人民军有联系的非政府组织成员遭到军队暗杀。菲律宾政治犯救援组织曾报道 1988 年整年无故失踪的成年人口为 90 人,其中 19 人为非政府组织成员,这还不包括与非政府组织有密切联系的记者、律师。② 大赦国际(Amnesty International)曾报道在 1989 年,数十名被军队描述为与新人民军有关联的非政府组织成员"人间蒸发",占全年无故失踪人口的很大比例。1990 年 8 月 11 日,菲律宾民兵谋杀三名"国际农村重建学院"(IIRR)成员,而三人当时正在执行一项联合国儿童救援基金会的公益项目,该事件在国际上造成了非常恶劣的影响。③ 菲律宾卫生部等政府部门因为与非政府组织的广泛合作而取得了社会信任,但军方仍不断干扰非政府组织所运作的项目,制造麻烦。④ 1991 年,菲律宾军队迫于各界压力与非政府组织发展公约网络(CODE-NGO)签订了一个备忘录,承诺保障非政府组织工作人员的人身安全,但该备忘录从未被认真执行过。

2006 年阿罗约政府宣布国家进入紧急状态后,针对左翼和人权非政府组织的暴力活动大幅上升,许多组织成员死于非命,仅人民权益促进联盟(Karapatan)就有 35 人死于法外处决。联合国调查团、国内外人权组织及政府调查小组的调查结果均认为大部分案件同菲律宾军队有关。⑤

总体上看,虽然 21 世纪以来菲律宾军队对非政府组织的监视权力已经被取消,对非政府组织的干涉行为也大为减少,但由于菲律宾军队纪律涣散,政府对军队缺少实际控制,一些军人常常沦为政客或家族政治势力的武装打手,导致军队与非政府组织之间仍然缺少信任。每逢选举等重大政

---

① 该组织的前身是马科斯时代的"保卫家园民兵组织"(Civilian Home Defense Force)。

② Gerard Clarke, *The Politics of NGOs in Southeast Asia: Participation and Protest in the Philippines*, London and New York: Routledge, 1998, p. 83.

③ Gerard Clarke, *The Politics of NGOs in Southeast Asia: Participation and Protest in the Philippines*, London and New York: Routledge, 1998, p. 227.

④ Donald Goertzen, Sweet and Sour: Planters and Peasants Battle It Out, *Far Eastern Economic Review*, 1991-8-8, p. 23.

⑤ Karapatan, 2010 *Year-End Report on the Human Rights Situation in the Philippines*, Manila: Karapatan, 2010, p. 3.

治事件,菲律宾非政府组织都对军队的动向保持警惕,以维护自身安全。

(二)菲律宾军队注重在军事行动中利用非政府组织的力量

在军事行动中,菲律宾军队也注重利用非政府组织为自己服务,增强军队基层力量。20世纪50—60年代,在"军队社会计划"的指导下,菲律宾军队与非政府组织在吕宋岛农村地区开展合作,通过在战略地区建立民事活动中心、合作社,加强对动乱地区的控制,对抗"胡克运动"。非政府组织在协助军队安置俘虏、稳定民心等方面做出了卓有成效的工作,成为菲律宾军队在农村地区开展军事行动的重要伙伴。许多非政府组织还通过和平基金(Peace Fund Drive)向军队捐款,捐款用于军费和对伤亡官兵的抚恤。1954年3月,菲华商联总会向和平基金捐款21万比索,这是菲华商联总会第一次以实际行动支持菲律宾军队。[①]

在马科斯集权时期,军队作为政治经济发展计划的主要力量之一,接管了许多国营公司,还成立了菲律宾赴朝鲜远征军投资与发展公司、菲律宾退伍军队发展公司,这些军队企业与菲律宾行业协会等非政府组织进行了密切的经济合作。

阿基诺总统上台后,菲律宾军队还利用非政府组织之间的意识形态差异,发动右翼组织为军队筹措资金,用于针对新人民军的军事行动、军事训练和俘虏安置。1986年12月24日,在军队的要求下,政府通过了国家和解与发展项目(National Reconciliation and Development Program),由合作社发展局、菲律宾非政府组织机构(PINGOs)、"携起手来"三个组织牵头,向非政府组织筹集22亿比索,支援军队的军事行动。1987年,政府还通过了投诚人员生活援助资金项目(Rebel Returnee Livelihood Assistance Financing Program),为投诚人员提供生活援助,仅1987年一年,非政府组织就为该项目提供了30亿比索的援助。1989年4月,菲律宾军队利用商业组织的资金建立了地方民兵单位特别后备队(Special CAFGU Active Auxiliaries)。在反政府斗争最激烈的内格罗斯地区,蔗糖主协会联盟(Confederation of Sugar Planters Associations)建立蔗糖发展基金会(Sugar Development Foundation),为1400多名地方民兵单位特别后备队

---

① 菲华商联总会:《菲华商联总会成立五十周年金禧纪念特刊》,马尼拉:菲华商联总会,2004年,第553页。

成员提供全部的训练经费和 75％ 的军事行动经费，有力地支持了军队的行动。①

为了更好地动员非政府组织的力量，菲律宾军队还允许军队成员加入非政府组织，甚至建立基层非政府组织。例如 20 世纪 80 年代末，菲律宾第 3 师师长卡普斯（Victor Corpus）在防区卡皮斯地区（Capiz）建立了一个村际社区森林合作社（BCFC），把 33000 公顷地区内的 25 个村的农民组织起来，共同防御新人民军。卡普斯描述道："这是继反抗马科斯集权统治之后，军队与非政府组织再次合作建立的广泛联合战线，为菲律宾民主而战。"这个合作社的资金来自农村发展基金会（Countryside Development Fund），该基金会是由退役将军比安仲（Rodolfo Biazon）参议员所创办的。② 20 世纪 90 年代中期，在伊罗戈斯区的里昂地区，许多菲律宾军队和地方民兵单位的官兵（CAFGU）加入一个名叫 Grupo Paghidet 的非政府组织。该组织是安置、安抚新人民军投降人员的天主教背景非政府组织，在该组织中，军队官兵与投降人员广泛接触，消除彼此间的敌意。③

此外，菲律宾军队还与一些慈善组织合作，以增进与防区居民的友好关系。在近年来的菲美"肩并肩"军队演习中，菲律宾军队、美国军队与社区组织进行合作，向贫困居民赠送物资，兴建道路与校舍，得到了当地居民的欢迎。2000 年起，驻防于马京达瑙省的步兵第 3 师第 78 步兵营与"慈善活动圣母基金会—妇女事业发展"（NDFCAI-WED）合作推动"亚洲开发银行—坎布南文化项目"（ADB-Kabulnan Literacy Project），以提高当地妇女的文化水平。④

在军事行动中，菲律宾军队一定程度上也考虑到非政府组织的利益。如 20 世纪 80 年代末，北吕宋岛高山省的萨迦达（Sagada，Mountain

---

① Gerard Clarke, *The Politics of NGOs in Southeast Asia：Participation and Protest in the Philippines*, London and New York：Routledge, 1998, pp. 80～82.

② Gerard Clarke, *The Politics of NGOs in Southeast Asia：Participation and Protest in the Philippines*, London and New York：Routledge, 1998, p. 84.

③ Ledivina V. Carino, *Between the State and the Market：The Nonprofit Sector and Civil Society in the Philippines*, Quezon City：Center for Leadership, Citizenship and Democracy, National College of the Public Administration and Governance, University of the Philippines, 2002, p. 241.

④ Myrna B. Lim, *Expanding NGO Involvement in Literacy for Women in Muslim Mindanao：The Philippine's Experience*, Manila, 2008, p. 15.

Province)、比科尔的纳加市(Naga City，Bicol)、棉兰老岛哥打巴托省的土伦安(Tulunan，Cotabato)等地区的非政府组织联合各种力量，建立"和平空间"非战区，要求菲律宾军队与新人民军不要在非战区开战。20 世纪 90 年代末，Abang Mindanaw、圣母和平中心(Notre Dame Peace Center)等非政府组织在棉兰老岛推动和平庇护所(Sanctuaries for Peace)行动，建立了一批非战区，并得到了联合国发展计划 (United Nations Development Program)的援助。虽然这些和平空间没有任何约束力，但菲律宾军队仍然在军事行动中尽力避开这些非战区，以配合非政府组织的工作。[①]

第四节　菲律宾非政府组织的倡导失灵

非政府组织倡导失灵是其公益失灵的具体表现形式，而公益失灵指非政府组织丧失公益性或公益性弱化的现象，接近于汉斯曼(Hansmann)所提出的合约失灵和萨拉蒙(Salmon)提出的志愿失灵，后二者侧重于从经济学理论上探寻非政府组织的天然缺陷。根据非政府组织的具体功能，可将公益失灵分为慈善失灵、发展失灵与倡导失灵。慈善失灵主要表现在部分非政府组织的募款成本过高，捐赠用于慈善活动比例太低，慈善活动效率低下；发展失灵表现在部分非政府组织无法完成的所承接社区发展项目，或所提供公共服务的质量达不到社会需求；倡导失灵则表现在部分非政府组织对政府政策制定的影响和政策执行的监督力度不够，还表现在动员、组织社会运动制约政府的能力不足。

由于政治倡导的特殊性，倡导失灵往往难以评估。但考察菲律宾非政府组织的政治参与情况及政治影响力变化，笔者发现 21 世纪以来，菲律宾非政府组织的倡导水平出现明显下降，其在反对马科斯集权统治时所表现出来的支持社会运动、监督制约政府的能力也有所弱化。这与其整体规模的增长不相对称，这种不对称即是倡导失灵。

一、倡导失灵的表现

1993 年，菲律宾参议院议长爱德华多(Edgardo Angara)在关岛表示，

---

① 郭又新：《非政府组织与菲律宾族群冲突的解决》，《东南亚研究》2008 年第 3 期，第 52～63 页。

菲律宾非政府组织政治参与程度的加深,标志着菲律宾正努力成为亚洲下一条经济巨龙。[1] 这反映出菲律宾各界对非政府组织的政治倡导持有很高的期待。然而 20 年时间过去,菲律宾仍然是东南亚经济最落后、政治最腐败的国家之一。从这个意义上看,菲律宾非政府组织没有发挥出预期的倡导作用。虽然政治倡导的目标、方法往往存在很大的差异,难以对倡导失灵设定统一的评估标准,但是以下几个方面仍然较清晰地反映出菲律宾非政府组织的整体倡导失灵。

(一)对社会运动支持减弱

分析比较 1986—2005 年的四次大规模菲律宾社会运动,可以发现虽然菲律宾非政府组织的整体经济实力不断增强,但在几次社会运动中,发挥的作用远比第一次人民力量运动时小。如表 5-8 所示,第一次人民力量运动时,非政府组织参与度较高,并在运动中发挥了至关重要的组织作用。在面对一个强大的集权政府时,如果没有众多非政府组织全力动员民众走上街头,向政府、军队施压,社会运动不可能以非暴力的形式获得成功。第二次人民力量运动时,非政府组织对埃斯特拉达的贪腐无能不满,要求埃斯特拉达下台。但真正参与到街头运动中的非政府组织数量并不多,主要是代表城市中产阶级利益的部分非政府组织,这些组织在运动中也并未发挥关键作用。第三次人民力量运动的主要参与者是支持、同情埃斯特拉达的基层民众,他们要求给予埃斯特拉达公正的待遇,面对这种基层民意,非政府组织基本采取了旁观的立场,没有参与到运动之中。由于菲律宾天主教教会和军队对阿罗约表示支持,运动很快被宣布为叛乱,并被镇压。第四次人民力量运动[2]主要针对阿罗约总统的选举舞弊案和第一家庭的经济弊案。许多非政府组织站出来呼吁彻查案件,要求阿罗约下台,但仅有少数非政府组织选择走上街头,组织民众抗议。由于辛海棉主教去世,天主教教会对阿罗约的态度分为两派,相持不下,而军队则表示出对阿罗约的支持,阿罗约得以惊险过关。以 1986 年和 2005 年的两次人民力量运动作对比,当同样面

---

① Gerard Clarke, *The Politics of NGOs in Southeast Asia: Participation and Protest in the Philippines*, London and New York: Routledge, 1998, p. 204.

② 2005 年 5—7 月间发生了一系列针对阿罗约的示威抗议活动,由于前总统阿基诺夫人也参与其中,因此也有人称之为第四次人民力量运动。

对贪腐和舞弊的政府领导人,①菲律宾人民选择走上街头时,非政府组织所发挥的作用却截然不同,社会运动的结果也截然不同,这表明菲律宾非政府组织对社会运动的支持在减弱。克拉克指出,"1986 年以来,菲律宾的第二代和第三代非政府组织的重点从高层政治转向低层政治。"②

表 5-8　菲律宾四次人民力量运动中非政府组织角色比较

	第一次 人民力量运动	第二次 人民力量运动	第三次 人民力量运动	第四次 人民力量运动
时间	1986 年 2 月	2001 年 1 月	2001 年 5 月	2005 年 5—7 月
运动目的	要求选举舞弊的马科斯下台	要求贪腐的埃斯特拉达下台	要求非法上台的阿罗约下台	要求贪腐舞弊的阿罗约下台
运动对象的实力	马科斯政府（强）	埃斯特拉达政府（弱）	阿罗约政府（弱）	阿罗约政府（中）
参加者	社会各阶层	中产阶级、城市穷人	支持埃斯特拉达的穷人	社会各阶层
人数	100 万～300 万	数十万	100 万	100 万
导火索	马科斯选举舞弊	参议院弹劾程序失败	阿罗约欲逮捕埃斯特拉达	阿罗约舞弊录音带曝光
转折点	军队、警察部队倒戈	军队、警察部队倒戈	阿罗约宣布运动为叛乱,并镇压	拉莫斯表态支持阿罗约
非政府组织的角色	组织者	参与者	旁观者	呼吁者

(二)对政府监督不足

对政府的监督是非政府组织政治倡导的一个重要内容,然而菲律宾非政府组织对政府的监督尚缺乏延续性。正如米勒(Valerie Miller)认为,由于菲律宾非政府组织对基层力量的动员不够充分,使其对政府的监督与压

---

① 2011 年 11 月 18 日,阿罗约已经被正式逮捕。

② [美]杰勒德·克拉克:《发展中地区的非政府组织和政治》,朱德米译,《国外社会科学文摘》2000 年第 7 期,第 14 页。

力不足,导致倡导工作难以取得长期效果。① 许多菲律宾非政府组织将倡导工作的重心放在相关法案的提出与通过上,而对后期政策执行的监督缺乏耐心与热情。

例如在海外菲律宾人投票上,《海外缺席投票法案》(*Overseas Absentee Voting Act*)的通过,是 2000 年后菲律宾非政府组织倡导工作的重要成就之一,但在该法案执行的监督上,菲律宾非政府组织则跟进不足。2004 年菲律宾全国大选,外交部通过海外缺席投票秘书处在海外设立 84 个投票点,共登记了 36 万名菲律宾缺席投票者,其中有 23 万人参加了 2004 年的选举投票,占登记人数的 65%。② 然而至 2010 年大选时,菲律宾海外登记选民只增加了 20 万人,在长达一个月的投票时间内,海外 93 个投票点只有 15 万人投票。这与高达 1000 万的海外劳工数量形成了鲜明的对比,反映出菲律宾非政府组织对海外菲律宾人选举权益的倡导出现虎头蛇尾的不良现象。

同时在具体的倡导领域,相关法律法规的不完善,也限制了菲律宾非政府组织对政府的监督。以人权领域为例,菲律宾非政府人权组织在工作中主要引用的是国际人权公约,如《公民权利和政治权利国际公约》、《世界人权宣言》。但这些公约本身法制约束力与实践操作性不足,而菲律宾人权法律又相对滞后,《反强制失踪法令》等法令迟迟不能通过,使非政府人权组织在开展工作时法律依据不足,造成“强硬的措辞、软弱的监督”。

此外,在非政府组织最为活跃的人口控制与消除贫困领域,非政府组织的努力并未收到明显的成效。2010 年菲律宾人口较 1990 年增加 50%,③

---

① Valerie Miller, *NGO and Grassroots Policy Influence*: *What if Success*, Just Associates, Washington D. C., 1994, p. 23.

② Economic and Social Council, *Implementation of the International Covenant on Economic*, *Social and Cultural Rights*, Periodic Reports Submitted by States Parties under Articles 16 and 17 of the Covenant, Combined Second, Third and Fourth Periodic Reports of the Philippines, 2007−9−7.

③ National Statistics and Coordination Board, *Population of the Philippines Census Years 1799 to 2010*, http://www.nscb.gov.ph/secstat/d_popn.asp, 2012−4−23.

2009 年贫困人口比例为 26.5%,在东南亚地区仅略优于老挝、缅甸和柬埔寨。[①] 这些事实也反映出非政府组织对政府监督不足。

菲律宾非政府组织对政府监督不足的根本原因是非政府组织在参与立法行政事务时缺少相关经验和技巧,而难以对政府形成实质上的牵制。正如冈萨雷斯(Eugene Gonzales)认为"菲律宾非政府组织对社会宏观议题和政府运作机制缺乏足够的理解,在政策推动、立法提案、组织运作、社会职权上也缺乏相关技巧"。[②]

(三)政治倡导型非政府组织减少

菲律宾非政府组织的倡导失灵还体现在 2000 年后政治倡导型非政府组织数量的减少上。从 2008 年证券交易委员会登记的非股份制社团可以发现(见表 5-9),2001 年后,各类型的非政府组织都有了一定的发展,但从事政治倡导活动的非政府组织停滞不前。2001—2008 年登记的政治倡导型非政府组织仅有 3 个,这与其他类型非政府组织的增长形成了鲜明的对比。且在此期间,有 12 万家以上的非股份制社团因实际停止运作而被取消资格,虽然无法得知其中从事政治倡导活动组织的比例,相信应该是一个较大的数字。这一变化说明菲律宾非政府组织进行政治倡导活动的整体意愿有所下降,政治参与能力与政治影响力也随之下降。在针对阿罗约的三次大规模街头运动、三次弹劾案中,非政府组织并没有扮演重要角色,这与政治倡导型非政府组织的减少也有直接关系。此外,曾经是菲律宾民主改革代言人的菲律宾中产阶级近年来越来越热心于移民海外,也导致政治倡导类非政府组织的减少和转型。[③]

---

① Millennium Indicators Database Online (UNSD 2010), Pacific Regional Information System (SPC 2010), Country Sources, http://www. adb. org/documents/books/key_indicators/2010/pdf/Key-Indicators-2010. pdf, 2012-4-2.

② Alan Alegre, *Trends and Traditions*, *Challenges and Choices*: *A Strategic Study of Philippine NGOs*, Quezon City: Ateneo Center for Social Policy and Public Affairs, 1996, p. x.

③ Sheila S. Coronel, The Philippines in 2006: Democracy and Its Discontents, *Asian Survey*, Vol. 47, No. 1, p. 36.

表 5-9　2008 年菲律宾非股份制社团登记情况

分类	2001 年前	2001 年后	总共
从事与教育的组织	2194	4282	6476
商会、工会、与工商业有关的其他组织	7225	10498	17723
会员型组织	10469	21526	31995
政治倡导组织	1001	3	1004
与宗教活动有关的组织	2201	5232	7433
体育、娱乐组织	460	3	463
其他类别	1599	9819	11418
合计	25149	51363	76512

资料来源：Caucus of Development NGO Networks，*NPO Sector Assessment*：*Philippine Report*，Report Prepared for the NPO Sector Review Project，Charity Commission for England and Wales，2008，p. 25. 其中，2001 年前为 1936—2000 年登记的非政府组织，2001 年后为 2001—2008 年登记的非政府组织。

二、倡导失灵的原因

关于倡导失灵的产生原因主要有三种学术意见：第一种是财务危机；第二种是组织失灵；第三种是制度弊病。而涉及到菲律宾非政府组织的倡导失灵，主要原因有以下几点。

（一）自主性悖论

自主性即自由选择、决策的能力，这虽然不是非政府组织的三个最基本特性之一，却是其他特性得以实现的基本前提。非政府组织只有实现了自主性，才能依据自己的意志管理内部事务，才能实现非政府性、非营利性、公益性、志愿性、组织性等其他特性。一旦非政府组织不能保证自主性，其存在价值、社会基础、正当性都无从谈起。但非政府组织要生存发展，必须获取外部资源，这一过程对非政府组织的自主性必然产生影响。组织规模越大，对外部资源依赖越严重，自主性的弱化也越明显，这是不可改变的现实。一方面非政府组织必须具备自主性这一重要特性，另一方面非政府组织的去自主性又是由现实决定的，由此导致了非政府组织的自主性悖论。叶常林等学者认为这种悖论的产生通常是基于人类理性本身的局限性和矛盾性。[①]

对菲律宾非政府组织而言，通过漫长的发展，其政治、经济影响力得到了菲律宾各界及国际社会的承认和尊重。1986年后，菲律宾政府和国际援助机构均将菲律宾非政府组织视为自身发展行动中的重要参与角色，其自主性强于其他发展中国家的非政府组织，似乎已经踏上了高速发展的轨道。但因为自主性悖论的作用，菲律宾非政府组织的自主性又由强转弱。在菲律宾混乱的政治、经济环境中，非政府组织要生存发展，要实现组织的公益性，客观上要求提升自身的经济实力。在外部的市场经济条件和内部的多元化经营下，非政府组织让渡部分自主性似乎又是无可厚非的。于是一些组织为获取政府合同削弱倡导取向，一些组织为扩大项目利润削弱发展取向，一些组织为增加投资获利削弱慈善取向。菲律宾非政府组织在诸如贫困、环保、妇女等领域的执行力和号召力被减弱，最终导致整体倡导能力下降。因此笔者认为菲律宾非政府组织出现倡导失灵的原因之一是自主性的削弱，然而自主性悖论又决定了自主性的削弱是非政府组织发展中必然出现的情况。

(二)专业性—志愿性困境

非政府组织关注具体的社会问题，活动集中在特定的领域，需要具备相关领域的专业性和权威性，以有针对地开展活动，倡导工作更是如此。影响政府的政策制定、监督政府的政策执行，都是专业性极强的工作。然而，非政府组织是志愿性组织，工作人员的组成是基于共同的信念、目标和兴趣，强调通过志愿者降低非政府组织的管理费用和服务成本，并快速搜集信息，制定决策以提升工作效率。但菲律宾非政府组织志愿者较低的专业水平又限制了上述效果。相较于其他慈善福利与社区发展工作，政治倡导工作对非政府组织工作者的工作热情、奉献精神与专业素质要求一样高，也导致其难以通过聘用专业人才或工作外包的方式进行处理。因此非政府组织的专业性与志愿性构成了一对矛盾，即专业性—志愿性困境。当组织规模增大时，这一矛盾就突显出来，并导致倡导失灵。萨拉蒙将这种矛盾归为非政府

---

① 叶常林、许克祥、虞维华：《非政府组织前沿问题研究》，合肥：中国科学技术大学出版社，2009年，第42页。

组织的"慈善业余性"。[①]

此外,非政府组织的效率—成本优势也会受到专业性—志愿性困境的影响,使非政府组织无法通过组织效率的优势,来充分发挥政治倡导功能。由于菲律宾非政府组织对志愿者参与的依赖度较高,限制了工作人员的专业水平,其专业性—志愿性困境也表现得较为明显。1997 年,菲律宾志愿者参与非政府组织活动的人数约为 280 万,占成人人口总数的 6%,换算成全职就业人口,相当于经济活跃人口的 1.2%,高于发展中国家和转型国家平均水平 0.7%。如图 5-2 所示,如果把志愿者的义务劳动以工资的形式换算成慈善捐赠,并列入菲律宾非政府组织收入来源中,其收入结构会发生较大的变化。慈善捐赠从 3% 上升到 43%,提升了 40% 之多。而参与调查的发展中国家平均只能提升 16%,34 个参与调查的国家平均提升 18%。由此可见志愿者工作对菲律宾非政府组织的重要性。

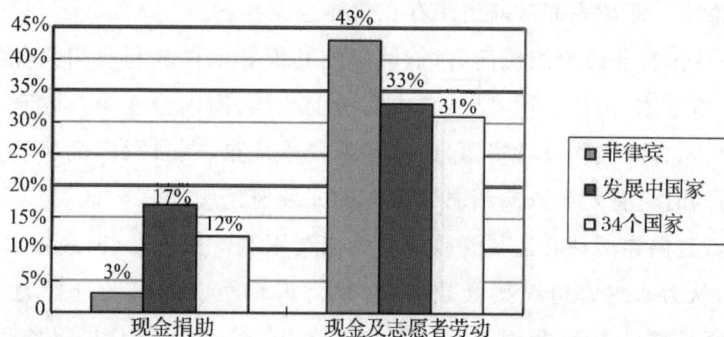

图 5-2 1997 年菲律宾非政府组织接受慈善捐赠对比

资料来源:根据约翰霍普金斯大学非营利部门比较项目资料整理。

以农村替代技术中心(CART)为例,该中心是马卡加拉工作网络(TFM)的核心组织,负责网络的 75 个下属非政府组织的行动指导、项目介绍与技术支持,还要协调网络的内部关系及对外事务,但中心的全职工作人员仅有 4 名,工作主要依靠学生和社区志愿者开展。[②] 由于菲律宾志愿者

---

① Lester M. Salamon, Partners in Public Services: The Scope and Theory of Government-nonprofit Relations, in Powell, *The Nonprofit Sector: A Research Handbook*, New York: Yale University Press, 1987, p. 24.

② Antonio Quizon, *Moving from Advocacy to Affirmative Action: Two NGO Cases from the Philippines*, Manila: AGBOC, 2005, p. 56.

主要来自社会弱势群体，往往缺少倡导工作的专业人才，而相关人才，特别是跨行业的专业人才往往又因为组织认同感、个人意愿等原因无法志愿参与，即使通过有偿服务的方式参与，理念上的差异也会影响倡导效果。因此专业性—志愿性困境，决定了菲律宾非政府组织在发展过程中，必然会出现倡导工作的专业性不足，导致倡导失灵。

（三）倡导的选择性

非政府组织利益相关者（成员、资源提供者、服务对象等）的多样性和特定性，导致非政府组织的倡导目标集中在少数特定的次级人口和特定的社会问题上，忽视其他社会群体和社会问题，或是在倡导过程中出现搭便车现象，影响倡导效果。第三次人民力量运动中，参与民众称自己为"穷人"，引发了相关研究者的关注，这些群体的民意没有通过菲律宾非政府组织得到表达，说明了菲律宾非政府组织存在倡导选择性。

对菲律宾非政府组织而言，能够影响其倡导工作的利益相关者主要是资源环境主体，包括菲律宾政府、国际援助机构、国内企业等。政府不仅控制着资金、合同这些显性资源，还掌握着税收优惠、项目竞标优惠等隐形资源。对同时具有发展取向和倡导取向的非政府组织而言，为了获取政府发展项目，其倡导活动必然受到政府的约束与限制。史密斯（Steven Rathgeb Smith）认为非政府组织接受政府合同后，将转而以政府的选择为优先考虑，甚至是唯一考虑，以对某些问题的沉默为代价，交换政府的经费和合同，这样势必对其所标榜的组织使命与承诺的服务对象产生排挤效应或寒蝉效应。对于那些苦于财务匮乏或财政不稳定的非政府组织来说，这种情形从一开始就很突出。[①] 菲律宾政府经常利用非政府组织经费短缺、政策需要，甚至是人事竞争的机会，提出放弃或淡化特定政治立场的附带要求，使部分非政府组织改变原有的使命，软化倡导角色，放松倡导职责。这在左翼非政府组织及非政府人权组织中表现得尤为明显。

而国际援助机构通过资金提供，对部分菲律宾非政府组织的目标确立和活动安排也造成不同程度的影响，导致其倡导能力下降。有些非政府组

---

① Steven Rathgeb Smith, The Changing Politics of Child Welfare Services: New Roles for the Government and the Nonprofit Sectors, *Child Welfare*, Vol. 3, 1989, pp. 292~296.

织为了获得资助,在制定计划和实施发展项目时试图迎合潜在的国际资助者,放松对组织宗旨的坚持;有些非政府组织在与国际援助机构的交往中,被西方思想和意识形态所影响,致使它们在倡导活动中自觉或不自觉地忽视和否定本国独特的价值体系。

此外,在菲律宾企业对非政府组织的捐赠与商业合作中,企业往往视捐赠与合作为某种形式的潜在商业投资行为,要求得到相应的回报,并试图影响非政府组织的倡导行为,使非政府组织的价值观及行为模式符合企业利益。这些行为也在一定程度上导致非政府组织的倡导失灵。

(四)监督机制的缺失

由于非政府组织政治倡导的特殊性,对其监督存在特殊困难。首先,政治倡导的效果难以通过设定标准来监督;其次,利益相关者的多样性,意味着责任对象的多样性,导致监督标准的多样化,即使同为弱势群体,其监督标准也可能发生冲突;再次,政治倡导的专业性使利益相关者难以实施有效的监督,弱势群体在信息上的不对称尤其严重,而菲律宾中产阶级对非政府组织的监督热情也在降低。这些缺陷导致菲律宾非政府组织的政治倡导工作缺乏有效监督。

在法制层面上,虽然菲律宾非政府组织法制环境宽松,拥有充分的成立、运作自由,但注册、管理机构众多,造成菲律宾非政府组织处于整体无序的状态。而由于人力、财力、技术的限制,基本上所有的注册管理机构都无力对非政府组织进行有效监管。法制环境的缺陷也导致菲律宾非政府组织在具体运作上缺乏监督,政治倡导工作只能依靠非政府组织的道德和责任感来驱动。

(五)非政府组织内部矛盾

政治倡导常常要依靠集体行动,这也是菲律宾非政府组织倾向于结成网络、扩大影响力的重要原因。然而由于成员和服务群体的不同,往往造成非政府组织所代表利益和意识形态的差异,导致非政府组织间,甚至是组织内部的各种矛盾。这一定程度上也影响了倡导工作的实际效果,造成倡导失灵。如1993年10月,在菲律宾人权倡导联盟(PAHRA)的第五届全国大会上,重建庇护中心(Balay)为首的一批成员组织退出大会,并宣称菲律宾人权倡导联盟正被阴谋转型成为没有立场的政治联盟,在人权问题上向政府妥协。而在大会上通过的《菲律宾人权宣言》也被许多非政府人权组织批评为太过空泛而无法指导人权行动。此届大会后，重建庇护中心、五一运动（KMU）、菲律宾农民运动（KMP）、"妇女改革、独立、平等、领导、行动大会"（GABRIELA）、反关押支持大赦政治犯协会（SELDA）等组织正式退出菲律宾人权倡导联盟，组建了新的非政府人权组织网络——人民权益促进联盟（Karapatan）。客观上，这两大网络都不具备广泛的代表性，彼此间明争暗斗不断，政治分歧难以弥合，致使菲律宾非政府人权组织整体倡导能力下降。1995 年，著名的菲律宾政治犯救援工作小组（TFDP）因为理念差异也造成了分裂，部分组织成员因为支持人民权益促进联盟而退出组织，导致该组织的人员、经费、工作能力大幅下降。[①]

菲律宾华人社团也曾遭遇类似情况，1990—2000 年，陷于内部派系之争的菲华商联总会，其精力只能集中于华社内部，政治倡导能力有限，难以提高。直到菲华工商总会分离出去，陈永栽出任理事长之后，菲华商联总会内部派系矛盾才得以平息，把目光投向菲律宾社会，政治倡导能力也因此得到提高。

2003 年，奎松在考察马卡加拉工作网络（TFM）后发现，虽然所有组织成员都致力于保护马卡加拉海湾的环境，但渔民组织与农民组织在倡导上存在明显矛盾，许多倡导方案无法推行。[②]

三、倡导失灵的影响

与慈善失灵、发展失灵不同，倡导失灵不会对非政府组织的体制或财务造成直接冲击，但其带来的影响更隐蔽，也更深刻，主要体现在对非政府组织社会公信力的损害上。萨拉蒙提出，当前非政府组织的危机有三种，即财政危机、经济危机与信任危机，其中信任危机是最主要的危机，非政府组织在服务过程中出现的越来越明显的选择性或特殊性，使人们对非政府组织所享受优惠政策的合理性和必要性产生疑问，甚至会对非政府组织的合法

---

① Gerard Clarke, *The Politics of NGOs in Southeast Asia：Participation and Protest in the Philippines*, London and New York：Routledge, 1998, p. 179.

② Antonio Quizon, *Moving from Advocacy to Affirmative Action：Two NGO Cases from the Philippines*, Manila：AGBOC, 2005, p. 78.

性产生怀疑。① 从 2000 年后的菲律宾社会运动来看,并不是所有的基层民众都认可非政府组织基层代表性,"非政府组织究竟代表谁的利益?""谁给非政府组织权力代表基层?"等类似质疑不断,反映出菲律宾非政府组织已经遭受了明显的信任危机。

虽然非政府组织的倡导工作难以设立标准,但社会各阶层,特别是利益相关者对非政府组织的倡导工作仍然会有心理预期。对菲律宾民众而言,非政府组织承载着制衡政府、遏制社会腐败、抗衡企业、保护民众权益的希望。一旦无法达到民众的心理预期,其社会公信力就会受到损害。中国世界和平基金会主席若弘表示:"公众对非政府组织的期待高于对政府与企业,当非政府组织被认为表现不负责任或在道德上有问题的时候,公众的反应会非常迅速,他们立刻就会产生背叛感,非政府组织的公信力便严重受损。"②非政府组织的其他工作及内部运作情况也会对其社会公信力造成负面影响,但不如倡导失灵造成的影响大。

社会公信力是非政府组织的工作基础,也是非政府组织的最大财富。首先,拥有社会公信力,非政府组织才能最大限度地获取私人捐助和志愿者服务。民众和其他社会组织之所以愿意把金钱和时间投给某个非政府组织,关键是对其有一定程度的信任感。在菲律宾,志愿者的服务对非政府组织极为重要,而非政府组织的倡导工作正是吸引志愿者参与组织活动的关键因素;其次,拥有社会公信力,非政府组织才具有在基层工作的优势,菲律宾非政府组织正是得到了基层民众的信任和支持,才能顺利地与基层民众接触交流,进而开展工作。菲律宾非政府组织的主体是基层组织,核心是基层支持组织,因此一旦失去基层民众的信任,菲律宾非政府组织就失去了生命力;最后,拥有社会公信力,非政府组织才能获得与政府和国际援助机构的合作机会。菲律宾政府和国际援助机构正是看中了非政府组织在社会基层各领域的优势,才与之展开合作。如果非政府组织失去了社会公信力,上述的优势就转变为劣势,非政府组织风险承受能力差、专业性低、财务不稳定等问题就会浮现出来,危及生存。

总体上看,绝大多数的菲律宾非政府组织财务基础相对薄弱,因此社会

---

① Lester M. Salamon, The Crisis of the Nonprofit Sector and the Challenge of Renewal, *National Civic Review*, Vol. 4, 1996, p.8.

② 若弘:《中国 NGO——非政府组织在中国》,北京:人民出版社,2010 年,第 1 页。

公信力对组织的重要性更为突出,政治倡导上的失误有可能使其失去社会资助和志愿支持。而一些大型非政府组织虽然经济条件较好,但长期的倡导失灵也可能导致其沦为营利性企业或政府的附庸机构。

第五节 个案分析:菲律宾非政府人权组织的倡导失灵

非政府人权组织即致力于促进和保护人权的非政府组织,与国家人权组织(政府、法律机构等)、国家间人权组织(联合国人权委员会、欧洲人权法院等)并列为三大类人权组织。20 世纪中期以后,非政府人权组织异军突起,在人权保护领域承担起日益重要的责任。1993 年,日内瓦第二次世界人权大会后,发展中国家的非政府人权组织大量兴起,标志着人权运动进入一个新的阶段。非政府人权组织主要的工作内容有人权信息提供、人权立法倡导、人权状况监督、人权教育宣传等。从功能上看,非政府人权组织的政治倡导性明显强于其他类型的非政府组织。鉴于行动范围的不同,非政府人权组织又可以分为国际性非政府人权组织和地方性非政府人权组织,笔者在这里只对专注于国内人权事务的菲律宾非政府组织进行分析。

菲律宾非政府人权组织的发展始于反马科斯集权统治斗争中,得到了菲律宾传统政治精英的支持。1986 年后,菲律宾非政府人权组织进一步发展,将工作由传统的人权领域拓展到妇女、儿童、社会经济、环保等领域,其发展程度在发展中国家中居于领先地位。菲律宾政治犯救援工作小组还被评为发展中国家第一大非政府人权组织。由于菲律宾非政府人权组织具有鲜明的倡导功能,因此考察其政治倡导情况,可以较清晰地反映出菲律宾非政府组织政治倡导的变化趋势。

一、菲律宾主要的非政府人权组织

(一)菲律宾政治犯救援工作小组(TFDP)

该组织成立于 1974 年,是菲律宾宗教领导协会(AMRSP)为应对马科斯军事管制,从物质和精神上援助反政府政治犯而倡议创立,在反抗马科斯政权的过程中逐渐壮大起来,并成为第一次人民力量运动的关键组织之一。1976 年,该组织成功组织 18 名政治犯绝食 76 天,以争取改善关押条件,从而名声大振。1978 年,该组织创办了下属组织释放政治犯协会(KAP-

ATIP),将曾经帮助过的政治犯转化为志愿者。在推翻马科斯集权统治之后,该组织将工作领域扩大到人权教育领域。到 1991 年,在全菲律宾的 72 个省中的 69 个省建立了 82 个办公室,并协助创建了强制失踪受害者家庭、菲律宾人权倡导联盟、反独裁压迫母亲与亲属等人权组织。该组织被评为菲律宾第三大非政府组织、发展中国家里的第一大人权组织。[①] 该组织所创办的《菲律宾人权回顾》(*Philippines Human Rights Update*)、《时代印迹》(*Sign of Times*)等在菲律宾人权领域具有较高的影响力。

(二)菲律宾人权倡导联盟(PAHRA)

该组织成立于 1986 年 8 月 9 日,由 100 多个致力于人权保护的非政府组织组成,核心组织是在反马科斯集权统治上做出重要贡献的非政府人权组织。该组织致力于社会公平公正的人权文化,在菲律宾人权领域拥有重要地位,是最重要的人权倡导中心。1993 年在该组织的倡议下,菲律宾人权峰会通过了《菲律宾人权宣言》(*Philippine Declaration of Human and People's Rights*)。该组织是菲律宾人权总统委员会(PHRC)中非政府组织的唯一代表,是国际人权联盟 (International Federation of Human Rights Leagues)的菲律宾分会,还是亚洲人权与发展论坛(Asian Forum of Human Rights and Development)、亚洲自由选举网络(Asian Network for Free Elections)的会员组织。自拉莫斯时代起,该组织开始关注菲律宾的经济发展与文化保护。

(三)人民权益促进联盟(Karapatan)

该组织成立于 1995 年,由从菲律宾人权倡导联盟中脱离出来的非政府人权组织成立,是另一个重要的非政府人权组织网络,在意识形态上更为左翼,与基层农民、工人组织关系密切。该组织致力于菲律宾基层人权问题的倡导以及非政府人权组织的网络建设与行动支援,其创办的《权益监督》(*Karapatan Monitor*)和《菲律宾年度人权报告》在菲律宾人权领域拥有较大的影响力。

---

① Gerard Clarke, *The Politics of NGOs in Southeast Asia: Participation and Protest in the Philippines*, London and New York: Routledge, 1998, 165.

（四）菲律宾人权信息中心（PhilRights）

该组织成立于1994年10月10日，致力于通过研究与信息服务支持菲律宾人权运动，并作为菲律宾人权组织网络的研究与信息中心，以及人权教育、人权政策制定的非政府组织智库，是联合国公众信息部（UNDPI）、联合国经济社会委员会（UNECOSOC）的对口组织。该中心出版的菲律宾人权状况报告和专著在人权领域有重要的影响，如《人权与和平教育资源手册》（*A Resource Book for Teaching Human Rights and Peace*）、《菲律宾反恐行动：人权评论》（*The Anti-Terrorism Act in the Philippines：A Human Rights Critique*）、《生活于边缘：城乡社区的经济、社会、文化权益》（*Living in the Margins：Economic，Social and Cultural Rights in an Urban and a Rural Community*）等。其每年举办的人权论坛也成为菲律宾非政府人权组织交换意见、加强联系的平台。

（五）泛基督教公正与和平行动（EMJP）

该组织成立于1979年7月28日，由菲律宾宗教领导协会（AMRSP）、社会行动全国秘书处（NASSA）、菲律宾全国教会协会（NCCP）等组织发起成立。成员来自菲律宾社会各界，在全国设有下属机构，通过创立人权委员会、培训人权工作者、兴办各种活动来保护和倡导人权。近年来该组织在菲律宾南部的活动比较活跃。

（六）重建庇护中心（Balay）

该组织成立于1985年9月27日，是一家为人权受害者提供心理治疗的菲律宾非政府组织，拥有一批心理学、社会工作、社区发展、教育、社会企业发展及人权倡导等领域的专家和志愿工作者。该组织最初致力于向人权受害者及其家庭提供法律帮助和心理辅导，之后逐步将工作领域延伸向未成年人保护和心理辅导、战争难民的心理辅导与帮助、反酷刑活动，与人权受害者建立联系，帮助他们重新回归家庭与社会。该组织在南部创办的难民心理重建活动、和平空间（Space for Peace）、和平地区（Zones of Peace）、聚焦监狱（Focus Jails）、超越监狱（Outreach Jails）、禁止逼供倡议（Freedom from Torture Advocacy）等活动在菲律宾都产生了重要的影响。

（七）强制失踪者家庭（FIND）

该组织成立于 1985 年 11 月 23 日，带有明显的反马科斯集权统治特征，主要组织成员是强制失踪者的亲友同事，致力于揭露强制失踪现象及其他人权问题的倡导。该组织认为强制失踪是最严重的人权犯罪之一。它通过串联强制失踪受害者及其亲友，整合社会力量，协助搜寻强制失踪人员，发掘强制失踪事件的真相，使人民免受强制失踪的威胁。该组织还从事反强制失踪立法的倡导、受害者及亲友的心理辅导、失踪儿童的救助以及相关的教育和训练等。

（八）自由法律援助团体（FLAG）

该组织成立于 1974 年，是一个致力于保护和促进人权的全国性人权律师组织。该组织利用自身在法律领域的专业和视角优势，推动"法律发展倡导"（Developmental Legal Advocacy），反对政治压迫、军警违权。该组织还通过起诉违权的政府部门、参与反对死刑运动以及法律权益的普及教育等，保障菲律宾公民的人身保护权。

二、菲律宾非政府人权组织的倡导失灵

菲律宾非政府人权组织在反马科斯斗争中获得了发展契机，并在 1986 年后扩大了组织规模，增强了运作能力。在发展中国家里，菲律宾非政府人权组织拥有最好的工作条件，在国际上亦享有很高的声望。然而在马科斯下台四分之一个世纪后，被寄予厚望的菲律宾非政府人权组织并未如预期中的那样，通过自身的政治倡导，有效地改善菲律宾人权状况。菲律宾仍然是发展中国家内人权状况较差的国家，警察、监狱和其他司法机构严重侵犯人权的现象屡禁不止。菲律宾政治犯救援工作小组等非政府人权组织认为，集权时代的酷刑逼供、强制失踪、法外处决等丑恶现象到今天仍然阴魂不散。就连菲律宾的盟国美国也多次发布菲律宾人权报告，称菲律宾存在"普遍的侵犯人权现象"。虽然这些现象的存在不应由非政府人权组织负责，但客观上却反映出菲律宾非政府人权组织的倡导失灵。

（一）立法倡导不足

1986 年后，饱受人权侵害之苦的菲律宾非政府人权组织将通过反人权

侵害法令作为首要的政治倡导任务,致力于将西方人权法律引入菲律宾,但进展缓慢。以《反强制失踪法》草案为例,菲律宾政治犯救援工作小组、菲律宾人权倡导联盟、强制失踪者家庭等一批非政府人权组织自 20 世纪 90 年代起积极推动这项提案,在不同场合宣传主张,号召社会各界支持。然而十多年过去了,这项法令仍然卡在众议院中无法通过。另一部重要的人权法令——《反酷刑法》的情况也与此类似。经过十多年的努力,该法令才勉强于 2009 年获得通过。但菲律宾非政府人权组织向"联合国反酷刑委员会"第 42 届大会上提交的报告仍然认为菲律宾当前的法律无法实现其反酷刑的义务。①

与上述情况形成对比的是 2007 年通过的《人身安全法》(国家第 9372 法令)。该法令旨在打击恐怖主义、保护民众,虽然立意正确,但法律本身条理混乱,逻辑不清,而且给予了强制机关以反恐名义侵害人权的借口,因此在提案阶段就遭到了菲律宾非政府人权组织的强烈抵制。自由法律援助团体等组织多次发布报告,称该法令将使国家强制机关有权以反恐为名,对公民实行秘密逮捕、电话监听、网络监控、财产调查,而且提案结构混乱,前后矛盾之处繁多,很不严谨。但是,即使有众多非政府人权组织的强烈抵制,该法令还是仓促地在菲律宾国会通过。

近年来,菲律宾非政府人权组织还努力推动政府批准加入《反酷刑及其他非人道处罚协议》(Optional Protocol against Torture and Other Cruel, Inhuman or Degrading Treatment or Punishment)、《强制失踪者保护国际公约》(International Convention for the Protection of All Persons from Enforced)、废除《人身安全法令》、修订《菲律宾国家警察法》(Philippine National Police Law)、加强证人保护计划、制定有关部门违反人权长官负责制度、酷刑口供无效制度等相关法律法规。但整体进展缓慢,收效甚微。从这些事实可以看出,菲律宾非政府人权组织在立法倡导上明显不足。

(二)监督政府不足

菲律宾非政府人权组织的主要倡导对象是政府,目的在于杜绝政府强制机关非法侵害人权的丑恶现象。然而时至今日,非法逮捕、酷刑逼供、强制失踪等臭名昭著的现象还在菲律宾蔓延。美国《2010 年菲律宾人权报

---

① 菲律宾是"联合国反酷刑委员会"的国家成员。

告》称,菲律宾由政府或其他单位执行的非法处决和政治谋杀成为严重社会问题,部分国家安全机关对受害者采用身体上和精神上的酷刑,或将受害者关押在非人道环境中;强制失踪、非法逮捕现象不断,司法审判被无故延长;左翼非政府组织和非政府人权组织成员经常受到地方安全机关的骚扰。菲律宾人权状况不佳反映出菲律宾非政府人权组织对政府的监督并不充分。如图 5-3 所示,从强制失踪事件的受害者人数来看,2000 年以后,这类事件有所抬头,并在 2005 年达到一个小高峰。

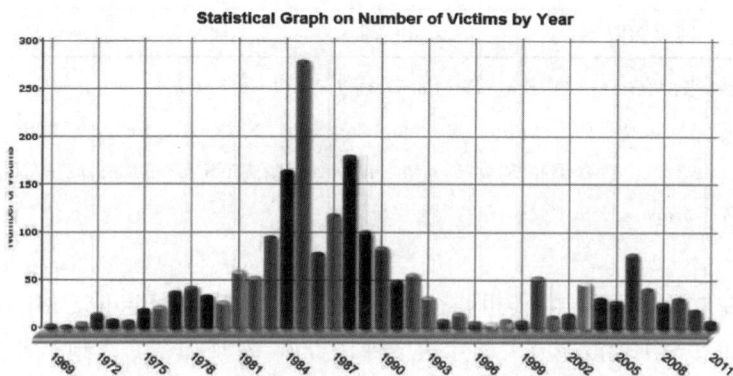

Statistical Graph on Number of Victims by Year

图 5-3 1969—2011 年菲律宾强制失踪事件受害人数

资料来源:Families of Involuntary Disappearance,*Overall Result of FIND's Search and Documentation Work*:*November 1985 to February 2012*,2012.

从非法关押政治犯的数量来看,1995 年年底菲律宾人权倡导联盟统计菲律宾共有 213 名政治犯。[①] 而据菲律宾政治犯救援工作小组统计,至 2009 年 7 月,菲律宾仍然有 231 名政治犯,他们作为国家的敌人被关押,其中许多人只是政见不同,并未对国家构成任何威胁。[②] 人民权益促进联盟在 2010 年年底则统计菲律宾有 353 名在押政治犯。整个阿罗约时期,非法关押人数达 2059 人,法外处决人数高达 1206 人,其中 35 人为人民权益促进联盟的成员。[③] 如表 5-10 所示,对比各个时期政府侵害人权情况可以发

[①] Gerard Clarke,*The Politics of NGOs in Southeast Asia*:*Participation and Protest in the Philippines*,London and New York:Routledge,1998,181.

[②] Task Force Detainee of Philippines, http://www.tfdp.net/resources/statement,2011—11—23.

[③] Karapatan,*2010 Year-End Report on the Human Rights Situation in the Philippines*,Manila:Karapatan,2010,p.3.

现，2000 年以后，菲律宾法外处决与强制失踪的人数大幅上涨。

表 5-10　菲律宾各时期侵害人权情况对比

单位：起/月

	非法逮捕	法外处决	强制失踪
马科斯时期	198.94	22.65	6.45
阿基诺时期	267.39	13.89	5.80
拉莫斯时期	58.86	3.44	0.63
阿罗约时期	18.22	10.67	1.82

资料来源：Gerard Clarke, *The Politics of NGOs in Southeast Asia: Participation and Protest in the Philippines*, London and New York: Routledge, 1998, p. 286; Karapatan, *2010 Year-End Report on the Human Rights Situation in the Philippines*, Manila: Karapatan, 2010, p. 3.

在农村地区，国际真相调查团（International Fact-Finding Mission）在对菲律宾与土地改革有关的违法案件调查后，发现菲律宾大地主及其手下正在肆意践踏菲律宾法律和国际法，且不受到任何惩罚。他们所从事的一系列犯罪活动，严重损害了农村贫苦大众的人权。但菲律宾政府没有尽到尊重、保护农村贫民人权的责任。在很多案件中，菲律宾国家警察和军队站在地主一边，积极卷入践踏农民人权的案件。[①] 2005 年，路易西塔庄园工会罢工过程中，14 名工人和运动积极分子被暗杀，而这个庄园是阿基诺夫人娘家的财产。2006 年 10 月 3 日，菲律宾独立教会主教拉门托（Alberto Ramento）主教被杀害，他是人民权益促进联盟的成员，多次参加打拉省（Tarlac）的种植园工人罢工。

上述情况表明菲律宾非政府人权组织在监督政府部门执法上仍然存在明显的不足，间接导致菲律宾人权状况的恶化。

---

① 李文、赵自勇、胡澎：《东亚社会运动》，北京：社会科学出版社，2009 年，第 308 页。

小结：倡导失灵源于菲律宾
非政府组织资源环境的改变

许多学者认为公益性是非政府组织的生存核心，如果无法效忠公益，非政府组织将失去生存意义。从宏观角度来讲，这种说法固然正确，但对非政府组织的利益相关者而言，囿于个人利益，组织的生存必然优先于组织的公益性。对于领导者，非政府组织意味着社会地位和名望；对于工作人员，非政府组织意味着职位与薪水；对于资助者和志愿参与者，非政府组织意味着经济回报和感情投入。这也是为什么当非政府组织的外部资源环境影响到内部运作时，组织的管理层通常选择损失部分公益性，保证组织的正常运作。

菲律宾非政府组织具有较强的资源环境适应能力，本章对其法制环境、政治参与，以及与政府、军队关系进行分析，证明菲律宾非政府组织能够主动调整与资源环境中各种政治势力的关系，以获得更有利的发展条件。正是这种资源环境适应能力，使菲律宾非政府组织在国家独立后，特别是在马科斯集权时期向基层发展，积蓄力量，最终成为以阿基诺夫人、拉莫斯、阿罗约为代表的传统政治精英势力的政治合作伙伴，并于 1986 年后进入一个高速发展的时期，数量急剧膨胀。

然而到了 20 世纪 90 年代中期，随着传统政治精英重新稳定菲律宾政局，非政府组织的重要性也随之下降。政府加强了对各类非政府组织的管理，而同期国际援助机构对菲律宾的援助也开始减少，资源环境的不利变化对菲律宾非政府组织的生存和发展造成了严峻的威胁。在这种情况下，菲律宾非政府组织开始对组织工作重心进行适当调整，以应对资源环境的改变。由于慈善福利工作与社区发展工作对非政府组织的财务状况有一定的改善作用，而倡导工作没有短期经济效益，因此大多数组织为了生存和发展，减少了对倡导工作的投入和关注，导致菲律宾非政府组织出现整体的立法倡导不足、对政府监督倡导不足、对社会运动支持不足等倡导失灵情况。正如企业化是非政府组织为确保组织生存和发展做出的主动调整，倡导失灵也可以看作因相同目的而做出的被动适应。

此外，倡导失灵所带来的整体社会公信力下降还加速了菲律宾非政府组织的汰旧纳新，而这一过程有利于资源环境的优化，使公益性强、政治倡导作用突出的非政府组织获得更多的资源，提高倡导工作的质量。相信随着菲律宾非政府组织外部资源环境的优化和内部的更迭，其倡导失灵将有所好转，政治倡导工作将逐步回到正轨。

第六章

发展中国家非政府组织发展的思考

今天，非政府组织已经遍布世界的每一个角落，在社会服务、教育、文化、健康、专业支持、环境保护等各个领域充当着关键角色，通过倡导公共诉求，提供社会服务，促进社会发展，成为一股非常重要的社会力量。

在中国，随着社会主义民主政治的加速推进，非政府组织整体平稳增长，社会影响力显著增强，为中国经济社会发展做出了巨大贡献。中国社科院"民间组织发展研究"课题组认为可以从四个方面认识当前中国非政府组织所发挥的战略作用：一是非政府组织是扩大公民有序政治参与的重要载体；二是非政府组织的发展有利于深化行政管理体制改革；三是非政府组织推动服务型政府的建设；四是非政府组织是社会建设的重要力量。[①] 但应当看到，中国的非政府组织仍然存在公信力危机、专业能力不足、自身治理不规范等内部问题，以及资金不足、制度障碍等外部困境。其发展落后于改革开放过程中社会巨大变迁所带来的社会需求，客观上需要学习其他国家非政府组织发展的相关经验。而向境外非政府组织学习，恰恰是影响中国非政府组织建构的四个关键因素之一。[②] 菲律宾作为发展中国家的非政府组织大国，其非政府组织相关发展、管理情况为中国提供了重要而有益的参考，而对其企业化和倡导失灵现象的研究分析，也可以对中国非政府组织的健康有序发展提供启示。

[①] 黄晓勇：《中国民间组织报告（2009—2010）》，北京：社会科学文献出版社，2009年，第3页。

[②] 王名、孙伟林：《我国社会组织发展的趋势和特点》，《中国非营利评论》2010年第1期。

　　本书通过对菲律宾非政府组织的研究发现,特殊的殖民背景、历史变迁、宗教信仰、文化传统、经济水平以及政治体制造就了菲律宾非政府组织较强的资源环境适应能力,使其成为一股重要的政治、经济力量,发展水平也因此领先于其他发展中国家。这体现在它庞大的数量、重要的经济影响力与政治影响力上,也体现在它能够把握住 1986 年前后政治变迁的历史机遇期,参与塑造了有利于非政府组织整体发展的法制环境,促进了整体实力的提升与国家地位的提高。然而自 20 世纪 90 年代中后期以来,由于数量的膨胀、政府管理的紧缩以及国际援助的减少,菲律宾非政府组织的资源环境开始出现不利的变化。为应对这一变化,菲律宾非政府组织积极做出调整,将提升社会资源获取能力作为首要的工作目标,采取企业化经营管理手段扩大收入,减少支出。从 2008 年菲律宾非政府组织的情况来看,这一调整已经产生了明显的成果,菲律宾非政府组织的经济实力得到了大幅提高,在国家经济中的地位进一步增强。然而由于非政府组织资源的有限性和活动领域的单一性,工作重心的调整和组织结构的改变不可避免地对菲律宾非政府组织的公益活动造成影响,其中又以对政治倡导工作的影响最为突出和深远。21 世纪以来,菲律宾非政府组织出现了较明显的倡导失灵,其立法倡导、行政监督和支持社会运动的力度都明显下降。

　　从客观上分析,菲律宾非政府组织的企业化和倡导失灵之间没有直接的因果关系,二者都是其对资源环境改变的适应结果。企业化和倡导失灵共同加速了非政府组织内部的优胜劣汰,从而优化了资源环境。企业化在提高非政府组织经济实力的同时,导致了大批非政府组织倒闭或转型,而倡导失灵在削弱非政府组织社会公信力的同时,也淘汰了部分倡导能力较弱的非政府组织。2000 年以后,菲律宾非政府组织开始大幅减少。目前,随着经济实力的提高和组织数量的减少,菲律宾非政府组织的资源环境得到了一定的改善,公益性强的非政府组织得以获得更多资源,提高政治倡导及其他公益活动的质量。企业化和倡导失灵现象,既是菲律宾非政府组织对资源环境改变的适应结果,也是其对社会资源配置的调整方式。

　　通过对菲律宾非政府组织的研究,本书的结论是:发展中国家非政府组织的发展状况与其资源环境适应能力有直接关系;非政府组织能够不同程度地自我调节以适应资源环境改变,并影响社会资源配置,从而优化资源环境。

　　此外,通过对菲律宾非政府组织的发展轨迹、企业化及倡导失灵的考察和分析,笔者对包括菲律宾、中国在内发展中国家非政府组织的健康发展提出四点建议。

一、正视非政府组织政治作用的局限性

非政府组织在经济领域的"完美神话"[①]早已被萨拉蒙提出的"志愿失灵"概念所打破。然而在政治领域,非政府组织的作用仍然被一定程度地扩大,许多人相信或宣扬发展中国家非政府组织能够在民主转型时期发挥至关重要的政治作用。菲律宾非政府组织正被树立为这样一个成功的例子,常常被冠以人民力量运动的领导者、人民力量代表、政府的监督者等称号,似乎拥有"完美"的政治光环。然而通过研究,笔者认为菲律宾非政府组织的政治贡献固然值得肯定,但其政治作用不应夸大。应当看到在政治领域,它仍然受到菲律宾传统政治精英的强力制约,政治活动空间有限,缺少足够的政治话语权。

在对菲律宾非政府组织发展轨迹、经济影响力和政治影响力的考察中,笔者发现制约其发展的主要力量是菲律宾传统政治精英,即在国家政治权力结构中占主导地位,对国家事务拥有支配权的群体。他们主要集中在菲律宾各级政府、政党、天主教教会、军队的领导层中,形成不同的传统政治精英团体。菲律宾非政府组织的每一次大发展都得益于一个或多个传统政治精英团体的推动,它们之间的博弈也很大程度上限制了非政府组织的发展方向与运作方式。通常情况下,当传统政治精英团体间存在激烈冲突时,非政府组织获得的政治支持就大,反之则小。

在马科斯集权时期的后一个阶段,以马科斯家族为首的传统政治精英团体与以阿基诺家族、许寰哥家族、天主教教会领导层为首的传统政治精英团体发生了激烈冲突。后者由于实力不足,选择与非政府组织结盟,在非政府组织的协助下,对基层民众进行政治动员和组织。这一结盟关系延续到重建民主时期之初,上述两个传统政治精英团体之间虽然执政地位对调,但冲突依旧进行。菲律宾非政府组织因此得以在政治倡导领域有重大发展,并以宪法形式固定其政治地位。西班牙殖民时期殖民政府与天主教教会的矛盾、美国殖民时期亲美政治精英与本土政治精英的斗争对非政府组织产

---

① 早期曾存在关于非政府组织德行完美神话、志愿主义神话、完善无瑕的概念神话。

生的影响与上述情况类似。菲律宾独立初期是一个例外，传统政治精英之间虽然没有激烈冲突，却受到强大的外部政治威胁（"胡克"运动），因而扶持非政府组织向农村发展。1990 年后，当阿基诺夫人、拉莫斯等稳固局势后，传统政治精英团体间的冲突有所缓和，非政府组织获得的政治支持也因此减少。

观察菲律宾非政府组织的政治参与情况，也可以发现其政治参与空间仍然非常有限。在 1986 年 2 月、2001 年 1 月的两次人民力量运动中，菲律宾非政府组织并未发挥领导作用，只是作为组织者和参与者，起决定作用的仍然是传统政治精英。而在 2001 年 5 月、2005 年 5—7 月的后两次人民力量运动中，由于传统政治精英持支持政府的立场，非政府组织参与度则明显下降。在国会中选举上，非政府组织仍然难以撼动传统政治精英控制下的侍从政治体制，所谓的"NGO 参选"、"妇女参选"、"绿色参选"对选民的吸引力不够，而政党名单系统为非政府组织所提供的席位也很有限，依附于传统政治精英的小型政党占据了多数议席。

客观上看，菲律宾非政府组织在政治领域发挥的仍然是配合、协调和制衡政府的作用。其政治作用具有明显局限性，所谓发展中国家民主转型时期非政府组织在公民社会与民主化方面的积极作用，在菲律宾非政府组织身上体现不足。爱德华兹（Michael Edwards）在《公民社会》一文中提出，单靠结社组织孤军奋战的话，重大的社会变迁和政治经济系统性变革是不大能实现的，哪怕借助基础广泛的社会运动也做不到。[1] 因此从对菲律宾非政府组织的考察来看，笔者认为，对于发展中国家而言，非政府组织在资源环境中所处的地位和发挥的作用仍然具有较大的局限性，要让非政府组织发挥积极作用，政府必须对其进行正确而适当的引导和管理。

在中国，关于非政府组织的双重管理制度的争议日益增多。有些学者认为双重管理制度带来了一系列注册、管理问题，成为制约中国非政府组织发展的最大障碍，不利于建设和谐社会。[2] 但我们应当看到双重管理制度的历史合理性及其取得的成绩，对其进行改革应当是去除其中形式化、表面

---

① ［美］麦克尔·爱德华兹：《公民社会（中）》，陈一梅译，《中国非营利评论》2008 年第 2 期，第 170 页。

② 吴玉章：《双重管理原则：历史、现状和完善》，载黄晓勇：《中国民间组织报告（2009—2010）》，北京：社会科学文献出版社，2009 年，第 75 页。

化的一些因素,保留具有实际作用的因素。非政府组织政治作用的局限性决定其不可能拥有较高的政治自觉性,因此改革双重管理制度绝不是放任中国非政府组织自由发展,或是全盘照搬其他国家的管理制度,而是结合中国实际情况,通过改革非政府组织管理制度,提高党和政府管理公民社会的能力,促进公民结社权利的行使,加快社会主义政治体制的发展。

二、调整非政府组织企业化重点以提升公益效率

非政府组织的企业化作为其对外部资源环境变化的一种制度性反应,本身具有合理性。通过拓展收入来源和规范内部管理,非政府组织能够提升对现代市场经济体制的适应能力,从而满足公益性的客观要求。应当看到除了是否分配利润这一差异之外,非政府组织与企业其实并没有太大的差距。正如企业通过市场机制对其所有者和顾客负责,非政府组织也通过公益活动对其会员和服务群体负责。非政府组织借鉴企业的经营手段、管理方法、长远发展战略、人才培养机制,都是其发展过程中的必然选择。弗斯顿伯格(Paul B. Firstonberg)认为,现代非政府组织必须是一个混合体,既是一个传统的慈善机构,又是一个成功的商业组织,当这两种价值观在非政府组织内相互依存时,组织才会充满活力。①

通过对菲律宾非政府组织的考察,笔者发现 1986 年后菲律宾非政府组织法制环境的改善和社会地位的提高,导致组织数量急剧增加,从而使非政府组织获得捐赠和资金的难度加大。因此,非政府组织不得不提升商业活动在组织活动中的比例。这大幅增强了菲律宾非政府组织的整体经济实力,但也造成偏离公益性的负面影响。

然而非政府组织的企业化与其公益性并非绝对矛盾。在研究过程中,笔者发现部分菲律宾非政府组织由于规模的扩大和活动领域的拓展,选择运用企业化手段提高公益活动效率,收到明显效果。如菲律宾支持服务机构伙伴(PhilSSA)所使用的分级系统与基金联合会(FA)所引入的记分系统,均是有积极意义的企业化案例。两个非政府组织网络分别使用企业管理方法对组织成员进行能力评估和财务审计,调整组织成员的信用分数和级别,再给予相应的待遇。菲律宾工商社会进步基金会(PBSP)采取聘请专

---

① [美]保尔·弗斯顿伯格:《非营利机构的生财之道》,北京:科学出版社,1991年,第 77 页。

业独立评估部门的方法,对援助项目的效率和接受援助组织的运作进行专业评估。菲律宾儿童与青年基金会(CYFP)按照设立组织标准,帮助接受援助的组织按照标准进行自我评估与改进。[①] 又如近年来菲律宾政府引入教育机构体制,帮助合作社建立管理培训中心,聘请高水平的合作社经理向未来的合作社管理人员授课,编写合作社管理人员培训教材,邀请在岗的合作社经理到培训中心接受培训,还鼓励合作社成立教育委员会,建立合作社教育和培训基金。菲律宾合作社联盟章程规定,合作社纯收入的10%必须用于合作社教育事业。[②] 这些通过企业化手段加强非政府组织公益性案例对非政府组织发展有指向性意义。

非政府组织在企业化过程中,不可避免地表现出新的行为倾向、价值观念、社会角色与组织功能,有可能导致非政府组织偏离公益性这个根本宗旨。对非政府组织来说,公益性是其存在和发展的正当性所在,也是其从事商业活动的最大优势。如果偏离公益性,就会降低内部凝聚力和外界吸引力,其商业活动的竞争力也将下降,企业化也就失去了意义。因此,经济实力偏弱的发展中国家非政府组织应努力避免财务陷阱,把企业化的重点调整到项目管理能力的提升与公共服务能力的创新上,同时根据具体情况适度地开展商业活动,拓展收入来源,使企业化成为非政府组织公益性的发展助力。

在中国,非政府组织资金不足已经成为突出问题。大部分非政府组织经济来源不稳定,资金严重匮乏,制约了其健康发展,也增加了政府对非政府组织的资金负担。因此对于中国非政府组织合法开展的商业行为应当给予适度的保护和鼓励,并进行严格的监督与管理,确保其企业化的目的是为了拓展公益事业。同时引导中国非政府组织学习国外非政府组织的先进方法,运用企业化手段提升自身实现公益的能力。

---

① Carmencita T. Abella, Ma. Amor L. Dimalanta, *NGOs as Major Actors in Philippine Society*, a Paper Contribute to the Action-Research and Dialogue Project of the Asia-Pacific Philanthropy Consortium (APPC) on "Improving Internal Governance of Nonprofit Organizations in Asia", 2003, p.255.

② 郭翔宇:《亚太国家发展农业合作社的经验与教训》,《农村经营管理》1997年第9期,第46页。

三、明确非政府组织定位以纠正倡导失灵

萨拉蒙的"志愿失灵理论"认为非政府组织倡导失灵的原因是其天然缺陷,如服务的选择性与业余性、监管不到位等。但笔者在研究中发现,菲律宾非政府组织倡导失灵的根本原因是发展过程中组织定位混乱,过多地承担了原本属于政府或企业的社会责任,反而忽略了自身的责任。卡里诺也认为,"菲律宾非政府组织界于政府与市场之间,其社会定位超出自身范畴,既不是政府,也不是企业,更不是教会,其核心价值尚未明确。"[①]要纠正倡导失灵,需要明确非政府组织的组织定位,避免目标扭曲,回归公益,做好第一部门和第二部门的补充。

首先,非政府组织应回归公益领域。非政府组织不是万能的,依赖非政府组织来解决政府失灵和市场失灵,已经被证明是行不通的。与其盲目扩大非政府组织的使命任务,不如专注于基本宗旨,回归公益领域。非政府组织应从原本属于政府和企业的公共服务领域中退出,如基础教育、国民卫生领域等。无法退出的非政府组织可以转型成为公共企业或私营企业,其他非政府组织则可以专注于政治倡导工作。菲律宾教育部与卫生部并未对所登记的非政府组织进行分类对待,事实上已经将这些组织视为公共企业或企业。

其次,应优化非政府组织的法制环境。服从政府管理是非政府组织存在的前提和基础,而培育和支持非政府组织发展是政府的责任。就菲律宾非政府组织而言,缺少一部完整的非政府组织法律,且注册、管理机构众多,造成一些非政府组织多头注册登记,一些组织却不注册登记。而由于人力、财力、技术的限制,基本上所有的注册登记机构都无力对非政府组织进行有效监管。虽然近年来菲律宾政府加强了对非政府组织管理体制的完善,但实际上整个菲律宾非政府组织仍然处于相对无序的状态,直接影响了非政府组织的组织定位。对于那些在引导非政府组织有序发展上具有压力的发展中国家而言,优化法制环境对于明确非政府组织定位、促进倡导工作有重

---

① Ledivina V. Carino, *Between the State and the Market: The Nonprofit Sector and Civil Society in the Philippines*, Quezon City: Center for Leadership, Citizenship and Democracy, National College of the Public Administration and Governance, University of the Philippines, 2002, p. 293.

要意义。

再次，应加强非政府组织责任机制，明确非政府组织究竟要向谁负责。在菲律宾，腐败的官僚体制早已影响到非政府组织运作，不法经营和不善经营削弱了公众对非政府组织的信任。许多发展中国家甚至是发达国家的非政府组织也面临着类似的问题。非政府组织的可信度、透明度和民主性受到不同程度的质疑，阻碍了它们的健康发展，不利于它们在促进社会经济与政治民主方面有效地发挥作用。发展中国家非政府组织应该通过透明的运作制度，积极、有效地与公众沟通，公开组织信息，接受外部监督，并加强非政府组织的自律与互律，通过非政府组织网络促进非政府组织履行自身义务，规范自身行为。

菲律宾非政府组织认证协会（PCNC）在促进菲律宾非政府组织的自律上提供了一个良好案例。虽然该组织的成立目的并非是作为非政府组织问责的工具，但在对申请认证组织的评估过程中，该协会帮助这些组织思考自身的组织目标、运作和结构，使其以诚实和负责的方式更有效地服务于相关的群体和组织。作为税收功能的一个有价值的副产品，非政府组织认证协会的认证过程帮助菲律宾非政府组织在一定程度上更具问责性。①

在中国，非政府组织的三大主要问题是公信力危机、专业化建设问题、自身治理问题，近年来中国非政府组织出现的各种负面新闻都是这些问题的直接体现。因此通过优化现行管理制度，运用多种政策手段，构建多元监督体系来明确中国非政府组织的定位、确保其在公益领域内发展方面，紧迫性非常突出。在这点上，菲律宾非政府组织既为我们提供了经验，也提供了教训。

四、充分发展前三个代际的非政府组织

"代际非政府组织"概念是科腾（David C. Korten）作为福特基金会和美国国际开发署（USAID）的代表长驻东南亚 15 年后，对以菲律宾为主的东南亚非政府组织发展模式的研究成果。他认为非政府组织的战略进化呈现出传统救援——社区发展——政治倡导三个固定渐进模式，即三个代际。由于将菲律宾非政府组织作为考察重点，科腾的三代非政府组织概念与菲

---

① ［美］丽莎・乔丹、［荷］彼得・范・图埃尔：《非政府组织问责：政治、原则与创新》，康晓光等译，北京：中国人民大学出版社，2008 年，第 99 页。

律宾非政府组织的发展是完美契合的,也得到了很多菲律宾学者和非政府组织领导者的赞同和支持。但同时他们也提出由于非政府组织具有历史演进性,会随着对社会问题认识的不断深入而推进演化,应积极对第四代非政府组织展开研究。如菲律宾农村重建运动(PRRM)领导伊萨加尼(Isagani R. Serrano)指出,"国家和全球范围内权力与财富的不平等分配导致了南方国家的多元危机……非政府组织应(从三代)向何处发展?……学者和实践者们必须超越'修补'工作,思考能够互相支持的非政府组织系统组成。他们自我审视的努力将帮助国际非政府组织社会促进迈向'可选择发展模式'(alternative development paradigm)。'可选择发展模式'就是第四代非政府组织的关注重点。"①这些意见对科腾产生了重要的影响,在此基础上他提出了第四代非政府组织正在演化发展,许多特性尚不明确,但基本宗旨是支持人民运动,即通过联盟和网络进行密切合作,动员各种力量,为人民运动提供条件。

从科腾对第四代非政府组织的描述可以看出,第一次人民力量运动对科腾有重要的启示,"支持人民运动、加强人民运动的动员、非政府组织网络间的合作自治"等成为第四代非政府组织唯一确定的特征,而这些特征在第一次人民力量运动前后均有所体现。在东南亚其他国家中,这些特征尚没有出现。因此在 20 世纪 90 年代左右,菲律宾非政府组织是东南亚国家中第一个,也是唯一一个出现第四代非政府组织特征的国家。按照科腾的设想,菲律宾非政府组织的发展应该走在其他东南亚国家的前头,在支持人民运动上积蓄更大的力量,充当更重要的角色。然而观察 21 世纪以来的菲律宾非政府组织,虽然整体经济实力有大幅增强,但在几次社会运动中,其所发挥的作用远比第一次人民力量运动时小,由组织者转变为参与者再到呼吁者。特别是将 1986 年与 2005 年的两次社会运动作比较,当面对同样贪腐和舞弊的政府,人民选择走上街头时,非政府组织所发挥的作用却大大减弱。这使得一些学者开始认真反思菲律宾非政府组织在人民力量运动中的地位和作用。

首先提出"向第四代非政府组织发展"的菲律宾农村重建运动在 20 世纪 90 年代为菲律宾第二大非政府组织,如果不算非政府组织网络则为第一

---

① David C. Koten, *Getting to the 21st Century: Voluntary Action and the Global Agenda*, West Hartford: Kumarian Press, 1990, pp. 123~124.

大非政府组织。1992年,该组织工作人员361人;1995年年底,该组织年收入4900万比索[①],其基层动员与组织能力在亚洲非政府组织中名列前茅;但2000年后,该组织的工作重心逐渐转向其他领域,如环保、农业转型、疾病防治、人口控制等;2010年,该组织的工作人员下降到59人,年收入4310万比索[②]。若换算成同等价格水平,2010年该组织的收入仅为1992年的一半左右,经济实力大幅下降。而观察非政府组织认证协会(PCNC),这一菲律宾非政府组织自治的典范时,笔者也发现,近年来该组织的运作也不尽顺利,2007年时一度被阿罗约政府取消了认证权力,后经争取得以恢复。该委员会执行董事菲勒苏代德曾表示2006年12月,获得该组织认证的非政府组织有740家[③],但到了2012年2月,该组织官网显示获得其认证的非政府组织只有342家。

从以上事实分析,笔者认为,第四代非政府组织在菲律宾尚未形成,而科腾提出的第四代非政府组织的特征是否准确,仍然有待商榷。对于其他发展中国家非政府组织而言,在前三个代际非政府组织的发展上与菲律宾还有较大距离。要使这些国家的非政府组织发挥更加积极的政治、经济、社会作用,关键还是使非政府组织立足于慈善活动、社区发展和政治倡导三大功能,提升整体实力与公益能力,而非不顾实际地拓展第四个代际非政府组织的功能。

近年来中国非政府组织获得了巨大的发展,但就其能够和应该发挥的作用而言,发展还远远不够。有些学者认为中国非政府组织先天弱质,后天困难,客观上还不能完全承担向社会提供服务的角色。[④] 根据中国公民社会发展的实际情况,中国的多数非政府组织应当把注意力集中在慈善活动之上,提高自我管理水平和公益活动能力。而少数专业性强、经济实力突出

---

① Gerard Clarke, *The Politics of NGOs in Southeast Asia: Participation and Protest in the Philippines*, London and New York: Routledge, 1998, p.163.

② Rural Reconstruction Men Association, *Philippine Rural Reconstruction Movement 2010 Annual Report*, Rural Reconstruction Men Association, 2010, p.31.

③ 民政部法制办公室:《中国慈善立法国际研讨会论文集》,北京:中国社会出版社,2007年,第391页。

④ 李萌、张克剑:《中国民间组织:研究综述》,载黄晓勇:《中国民间组织报告(2008)》,北京:社会科学文献出版社,2009年,第71页。

的非政府组织可以致力于社区发展和政治倡导工作。从目前来看，在前三代非政府组织功能尚未充分发展的情况下，盲目追寻第四代非政府组织功能或拓展其他功能，对中国非政府组织而言是不切实际的。

附 录

一、常用专有名称中英对照表

缩略词	全称	中文名称
CSO	Civil Society Organization	公民社会组织
ICNPO	International Classification Of Nonprofit Organizations	国际非营利组织分类法
IPO	Independent People's Organization	独立人民组织
ISIC	International Standard Industrial Classification	国际工业标准分类法
NGDI	Non-governmental Development Individual	发展型非政府个人
NGDO	Non-governmental Development Organization	发展型非政府组织
NGO	Non-governmental Organization	非政府组织
NPI	Non-profit Institution	非营利机构
NPO	Non-profit Organization	非营利组织
PVO	Private Voluntary Organization	独立志愿者组织

二、菲律宾非政府组织名称中英对照表

缩略词	全称	中文名称
ACES	Agency for Community Education Service	社区教育服务机构
ACM	Associated Charities of Manila	马尼拉慈善总会
AF	Association of Foundation	基金联合会
AMRSP	Association of Major Religious Superior of the Philippines	菲律宾主要宗教首长协会
ANGOC	Asian NGO Coalition of Agrarian Reform and Rural Development	亚洲土地改革与发展非政府组织联合会

续表

缩略词	全称	中文名称
AR Now	Agrarian Reform Now	立即土地改革
ARM	Area Resource Management	地区资源管理计划
ASA	Association for Social Action	社会行动联合会
ASI	Asian Social Institute	亚洲社会学院
AVE	Alliance of Volunteer Educators	志愿教育联盟
Balay	Balay Rehabilitation Center	重建庇护中心
BANGON	Bohol Alliance of NGOs	波霍尔非政府组织联盟
BASF	Binhi Agricultural Services Foundation	种子农业服务基金会
BBC	Bishop-Businessmen Conference for Human Development	教会—商界人权发展协会
BCC-CO	Basic Christian Community Construction	基层基督教社区建设
BCFC	Barangay Communal Forest Cooperative	村际社区森林合作社
BEL	Bellermine Evidence League	百乐麦福音联盟
BGN	Brain Gain Network	人才引进网络
BISA	Barangay Irrigation Service Association	巴朗盖灌溉服务协会
BPKB	Bukluran Para sa Kalusugan ng Bayan	人民健康联合会
BWFPD	Bangsamoro Women Foundation for Peace and Development	班沙摩洛妇女和平与发展基金会
CAFGU	Citizens Armed Forces Geographical Units	地方民兵单位
CAPAFP	Civil Action Program of AFP	菲律宾军队的民事行动计划
CARP	Comprehensive Agrarian Reform Programme	土地改革综合计划
CART	Center for Alternative Rural Technology	农村替代技术中心
CBD	Coalition for Bicol Development NGOs	比科尔发展型非政府组织联盟
CCS	Center for Community Services	社会服务中心
CDSC	Commission on Development Social Concerns	关注社会发展协会

续表

缩略词	全称	中文名称
CED	Council for Economic Development	经济发展理事会
CEDP	Community Employment and Development Programme	社区就业发展计划
CEL	Chesterton Evidence League	切斯特顿福音联盟
CenVISNET	Central Visayas Network of NGOs and Pos	中米沙鄢非政府组织与人民组织网络
CF	Community Foundation	社区基金
CFBC	Chinese Filipino Business Club	菲华工商总会
CHDF	Civilian Home Defense Force	保卫家园民兵组织
CIBAC	Philippines Citizens' Battle against Corruption	菲律宾反贪人民战线
CLO	Congress of Labor Organization	劳工组织联盟
CLSC	Central Luzon Study Commission	中吕宋研究委员会
CMFR	Center for Media Freedom and Responsibility	媒体自由与责任中心
CODE-NGO	Caucus of Development NGO Networks	非政府组织发展公约网络
CODEWAN	Community Development Wide-Area Network	社区发展广域网络
COPE	Community Organization of the Philippines Enterprise	菲律宾事业社区组织
CordNet	Cordillera Network of Development NGOs	科迪勒拉发展型非政府组织的网络
CPAR	Congress for Peoples Agrarian Reform	人民土地改革会议
CRP	Contract Reforestation Programme	再造森林承包项目
CSPA	Confederation of Sugar Planters Associations	蔗糖主协会联盟
CWF	Cancer Warriors Foundation	癌症斗士基金会
CWF	Catholic Women's Federation	天主教妇女联盟
CWF	Council of Welfare Foundations	福利基金理事会
CWRIC	Cooperative and Women's Rural Improvement Club	合作与妇女农村发展俱乐部
CYFP	Children and Youth Foundation of Philippines	菲律宾儿童与青年基金会

续表

缩略词	全称	中文名称
DIWA	Democratic Independent Workers' Association	独立民主工人协会
DJANGO	Development，Justice and Advocacy NGOs	发展、公正及倡导非政府组织
ECTF	Episcopal Commission on Tribal Filipinos	菲律宾部落传教会
EDF	Economic Development Foundation	经济发展基金会
EDSA	Epifanio de los Santos Avenue	人民力量运动
ELF	Education for Life Foundation	生命教育基金会
EPRA	Economic Policy Reform and Advocacy	经济政策改革与倡导
EVNet	Eastern Visayas Network of NGOs & Pos	东米沙鄢非政府组织与人民组织网络
FA	Farmers Association	农民协会
FACOMA	Farmers Co-operative Marketing Association	农民合作市场组织
FAO	Food and Agriculture Organization	食品与农业组织
FCA	Farmers Cooperative Association	农民合作社
FDC	Freedom from Debt Coalition	免除债务联合会
FFCCCII	Federation of Filipino-Chinese Chambers of Commerce and Industry	菲华商联总会
FFF	Federation of Free Farmer	自由农民联盟
FFW	Federation of Free Workers	自由工人联盟
FIND	Families of Involuntary Disappearance	强迫失踪者之家
FLAG	Free Legal Assistance Group	自由法律援助团体
FPE	Foundation for the Philippine Environment	菲律宾环境基金
FPOP	Family Planning Organization of the Philippines	菲律宾计划生育组织
FSRP	Family Self-Reliant Projects	家庭自立计划
FSSI	Foundation for Sustainable Society	可持续发展社会基金

续表

缩略词	全称	中文名称
GABRIELA	General Assembly Binding Women for Reform，Integrity，Equality，Leadership and Action	妇女改革、独立、平等、领导、行动大会
GEN Philippines	Global Entrepreneurs Network-Philippines	菲律宾环球企业家网络
IBA	Ittihad Bangsamoro Alwattani	摩洛民族国家组织
IFI	Iglesia Filipina Independiente	菲律宾独立教会
IIRR	International Institute Rural Reconstruction	国际农村重建学院
ILOP	International Labor Organization's Programme on Organization of Rural Poor	国际反农村贫困劳工组织
IPD	Institute for Popular Democracy	人民民主机构
ISO	Institution of Social Order	社会秩序机构
ISS	Institute for Social Studies	社会研究学院
JAJA	Justice for Aquino，Justice for All	阿基诺的正义、所有人的正义
KAISA	Kaisa Paka Sakaunlaran	菲律宾华裔青年联合会
KAMP	Kalipunan ng mga Katutubong Mamamayan ng Pilipinas	菲律宾贫穷居民联盟
KAP-ATIP	Kapisanan para sa Pagapalaya at Amnestiya ng mga Detnidong Pulitikal	释放政治犯协会
Karapatan	Alliance for the Advancement of People's Rights	人民权益促进联盟
KDP	Kabisig sa Diwang Pilipino	菲律宾思想同志
KKK	Kilusang Kabuhayan at Kaunlarn	生活发展运动
KKS	Kilusang Kariling Sikap	自救运动
KMP	Kalusang Manbubukid ng Pilipinas	菲律宾农民运动
KMU	Kalusnng May Uno	五一运动
KOMPIL	Kongreso ng Mamamayang Pilipino	菲律宾人民议会
LCF	League of Corporate Foundations	企业基金会联盟
LCLSP	Lanao Council of Literacy Service Providers	拉瑙文化服务提供协会

续表

缩略词	全称	中文名称
LIKAS	Lingap para sa Kalusugan ng Sambayanan	关心人民健康协会
LLCCDS	Local Literacy Coordinating Council in Davao del Sur	达沃地区文化合作协会
LLF	La Liga Filipina	菲律宾联盟
LPI	La Proteccion de la Infancia	婴儿保护协会
Lunduyan	Center for Promotion, Advocacy and Protection of the Rights of the Child Foundation	儿童权力促进、倡导与保护中心基金会
MAPCO	Movement to Abolish Presidential Commitment Order	废除总统关押命令运动
MARIA	Medical Aid to Rural Indigent Areas	农村贫穷地区医疗支援
MARTYR	Mothers and Relatives against Tyranny and Oppression	反独裁压迫母亲与亲属
MDF	Maguindanao Development Foundation	马京达瑙发展基金会
MECESLA	Manila Electric Company Employees' Saving and Loan Association	马尼拉电力公司雇员存贷协会
Mincode	Mindanao Coalition of Development NGO Networks	棉兰老非政府组织网络联盟
MLN	Mindanao Literacy Networking	棉兰老文化网络
MMS	Manila Medical Society	马尼拉医疗协会
MRMF	Mother Rosa Memorial Foundation	罗莎修女基金会
NACFAR	National Coalition for Fisheries and Aquatic Reform	渔业及水产业改革国家联合会
NAJFD	Nationalist Alliance for Justice, Freedom and Democracy	追求正义、自由、民主的民族主义者联盟
NAMFREL	National Citizens Movement for Free Elections	国家自由选举公民运动
NASSA	National Secretariat for Social Action	社会行动全国秘书处
NATCCO	National Confederation of Cooperatives	菲律宾合作社联盟
NATCCO	National Training Center of Cooperatives	菲律宾合作社培训中心
NATDEMS	National Democratic Front Groups	民族民主阵线派

续表

缩略词	全称	中文名称
NCCP	National Council of Churches of the Philippines	菲律宾全国教会协会
NCPC	Naga City People's Council	纳加市人民委员会
NCSD	National Council of Social Development Foundation of the Philippines	菲律宾国家社会发展基金理事会
NDFCAI-WED	The Notre Dame Foundation for Charitable Activities-Women in Enterprise Development	慈善活动圣母基金会—妇女事业发展
Negornet	Negros Oriental Network of NGOs	内格罗斯非政府组织的创始网络
NFPC	Nuclear Free Philippines Coalition	菲律宾无核联盟
NFSW	National Federation of Sugar Workers	全国糖业工人联合会
NGOWG	NGO Working Group on ABD	非政府组织与亚洲开发银行对话机构
NPACL	National Program against Child Labor	国家反童工计划
NPSC	National Program on Street Children	国家街头儿童计划
NRMP	Natural Resources Management Program	自然资源管理计划
NSAM	NGO Strengthening Assistance Mechanism	非政府组织发展援助机制
NUSP	National Union of Students of Philippines	菲律宾全国学生联盟
OCCC	Organization of Concerned Citizens of Calumpit	卡南比特市关心公民组织
OTRADEV	Organization for Training, Research and Development	发展研究培训组织
PACD	Presidential Assistant on Community Development	总统援助社区发展委员会
RAF	Ramon Aboitiz Foundation	阿波伊提兹基金会
PAHRA	Philippine Alliance of Human Rights Advocates	菲律宾人权倡导联盟
PAKISAMA	Pambansang Kilusan ng mga Samahang Magsasaka	全国农民运动协会
PAYO	Philippine Action for Youth Offenders	菲律宾青少年保护行动
PBC	Philippine Business Council	菲律宾商业协会
PBSP	Philippine Business for Social Progress Foundation	菲律宾工商社会进步基金会

续表

缩略词	全称	中文名称
PCARC	Philippine Chapter of the American Red Cross	美国红十字会菲律宾分会
PCHRDP	Philippines-Canada Human Resource Development Programme	菲加人口资源发展计划
PCIJ	Philippine Center for Investigative Journalism	菲律宾新闻调查中心
PCNC	Philippine Council for NGO Certification	菲律宾非政府组织认证协会
PDAF Watch	Priority Development Assistance Fund Watch	优先发展援助基金监督
PDAP	Philippine Development Assistance Program	菲律宾发展援助计划
PEACE	People's Ecumenical Action for Community Empowerment	泛基督教社区力量人民行动
PECCO	Philippine Ecumenical Council for Community Organizing	菲律宾泛基督教社区组织理事会
PEF	Peace and Equity Foundation	和平与公正基金
PFC	Philippine Foundation Center	菲律宾基金中心
PFENR	Philippine Federation for Environment and Natural Resources	菲律宾环境与自然资源联合会
PFOP	Family Planning Association of the Philippines	菲律宾计划生育协会
PFPMP	Philippine Federation for Private Medical Practitioners	菲律宾私人医疗联盟
PFPP	Philippine Family Planning Program	菲律宾计划生育项目
PhilDHRRA	Philippine Development of Human Resources in Rural Areas	菲律宾农业人力资源发展
PhilRights	Philippine Human Rights Information Center	菲律宾人权信息中心
PhilSSA	Partnership of Philippine Support Service Agencies	菲律宾支持服务机构伙伴
PHLI	Provision of Housing for Lower Incoming	低收入住房供给项目
PIATL	Philippine Islands Anti-Tuberculosis League	菲岛防治肺结核协会
PIMA	Philippine Islands Medical Association	菲岛医疗协会
PINGOs	Philippines Institute of NGOs	菲律宾非政府组织机构
PMRG	Philippine Migrants Rights Group	菲律宾移民权利集团
PMRW	Philippine Migrants Rights Watch	菲律宾移民权利观察

续表

缩略词	全称	中文名称
PNAC	Philippine National AIDS Council	菲律宾全国艾滋病会议
PNGOC	Philippine NGO Council on Population, Health and Welfare	菲律宾人口、健康与福利非政府组织联盟
PROCESS	Participatory Research Organization of Communities and Education in the Struggle for Self-Reliance	社会与教育参与研究组织
PRRM	Philippines Rural Reconstruction Movement	菲律宾农村重建运动
PSC	Philippine Business Council	菲律宾商业理事会
PSPCA	Philippine Society for the Prevention of Cruelty to Animals	菲律宾防止虐待动物协会
RAM	Reform the Armed Forces Movement	军队改革运动
RAM	Revolutionary Alliance of Mass	民众革命联盟
RIC	Rural Improvement Club	农村进步俱乐部
RRMA	Rural Reconstruction Men Association	农村重建男子协会
RRWA	Rural Reconstruction Women Association	农村重建妇女协会
RRYA	Rural Reconstruction Youth Association	农村重建青年协会
SALIGAN	Sentro ng Alternatibong Lingap Panligal	司法关怀中心
SAMBA	Samahamng ng mga Magsasaka sa Bundok Antipolo	安提波罗山农民组织
SAP	Society of Abaca Producers	阿马卡制造社
SBSF	Service Bureau for Small Fisher folk	小渔民服务机构
SCAPS	Share and Care Apostolate for Poor Settlers	分享与关怀穷苦居民传道会
SDF	Sugar Development Foundation	蔗糖发展基金会
SDI	Social Development Index	社会发展指数
SELDA	Samaham ng nga Ex-Detainees Laban sa Detensiyon at para sa Amnestiya	反关押支持大赦前政治犯协会
SHDP	Sudtonggan Human Development Project	沙坦干人权发展计划

续表

缩略词	全称	中文名称
SiqCODE	Siquijor Caucus of NGOs	思奇乔尔非政府组织公约网络
SN	Samahang Nayon	互助合作社
SocDems	Social Democratic Groups	社会民主派
SP	Singing Pankabataan	歌唱民族语言
SRP	Self-Reliant Projects	自立计划
TFDP	Task Force Detainee of Philippines	菲律宾政治犯救援工作小组
TFM	Task Force Macajalar	马卡加拉工作网络
TUCP	Trade Union Congress of the Philippines	菲律宾工会联合会
UOD	Union Obrero Democratica	民主工人联盟
UPC	Urban Poor Colloquium	城市贫困人口论坛
URMP	Urban and Rural Missionaries of the Philippines	菲律宾城市与农村传教会
WEVNet	Western Visayas Network of Social Development NGOs	西米沙鄢社会发展非政府组织的网络
WHCF	Women's Health Care Foundation	妇女健康关怀基金会
YMCA	Young Men's Christian Association	青年基督教协会
ZOTO	Zone One Tondo Organization	汤多一区

三、菲律宾政府机构名称中英对照表

缩略词	全称	中文名称
ACCFA	Agricultural Credit and Cooperative Financing Administration	农业信贷及合作资助部
BACOD-DA	Bureau of Agricultural Cooperative Development	农业发展合作社局
BAE	Bureau of Agricultural Extension	农业发展局
BCO	Bureau of Cooperatives	合作社局

续表

缩略词	全称	中文名称
CDA	Cooperative Development Authority	合作社发展局
COA	State Commission on Audit	国家审计委员会
DAR	Department of Agrarian Reform	土地改革部
DENR	Department of Environment and Natural Resources	环境及自然资源部
DOLE	Department of Labor and Employment	劳工与就业部
DTI	Department of Trade and Industry	贸易工业部
HLURB	Housing and Land Use Regulatory Board	房地产使用调控委员会
HUDCC	Housing and Urban Development Coordinating Council	国家住房与城市发展合作委员会
JRC	Judicial Reorganization Committee	司法重组委员会
MTPDP	Philippine Medium-Term Development Plan	菲律宾中期发展计划
NAPC	National Anti-Poverty Commission	国家反贫穷委员会
NCRFW	National Commission on the Role of Filipine Women	国家妇女权益委员会
NEA	National Electrification Administration	国家电力部登记部
NEDA	National Economic and Development Authority	国家经济发展署
NHMFC	National Home Mortgage Finance Corporation	国家住户抵押财务公司
NSCB	National Statistics Coordinary Board	国家数据协调委员会
NSDB	National Science and Development Board	国家科学与发展委员会
OTC	Office of Transport Cooperative	运输合作社办公室
PCCD	Presidential Council for Countryside Development	农村发展总统委员会
PCHR	President Committee on Human Rights	人权问题总统委员会
PCPD	President Committee on Political Detainees	政治犯问题总统委员会
PCSD	Presidential Council for Sustainable Development	可持续发展总统委员会
PEC	People's Economic Council	人民经济委员会

续表

缩略词	全称	中文名称
RDC	Regional Development Councils	地区发展委员会
SEC	Securities and Exchange Commission	证券交易委员会
SRA	Sugar Regulatory Administration	蔗糖调控部
SRC	Social Reform Council	社会改革委员会
SWA	Social Welfare Administration	社会福利局

参考文献

一、中文文献

(一)中文专著及译著

1.[美]保尔·弗斯顿伯格:《非营利机构的生财之道》,北京:科学出版社,1991 年。

2.曹云华、许梅、邓仕超:《东南亚华人的政治参与》,北京:中国华侨出版社,2004 年。

3.陈烈甫:《华侨学与华人学总论》,台北:商务印书馆,1987 年。

4.陈湉:《非营利组织战略管理问题研究》,哈尔滨:黑龙江人民出版社,2003 年。

5.陈衍德:《现代中的传统——菲律宾华人社会研究》,厦门:厦门大学出版社,1998 年。

6.[英]黛安·莫齐:《东盟国家政治》,季国兴等译,北京:中国社会科学出版社,1990 年。

7.邓国胜:《非营利组织评估》,北京:社会科学文献出版社,2001 年。

8.邓正来、[美]J. C. 亚历山大:《国家与市民社会:一种社会理论的研究路径》,北京:中央编译出版社,2005 年。

9.[美]法里德·扎卡利亚:《民主的逻辑:民主与自由的未来》,张大军译,北京:中信出版社,2010 年。

10.何增科:《公民社会与第三部门》,北京:社会科学文献出版社,2000 年。

11.黄晓勇:《中国民间组织报告(2009—2010)》,北京:社会科学文献出版社,2009 年。

12.黄晓勇:《中国民间组织报告(2010—2011)》,北京:社会科学文献出版社,2011 年。

13.黄滋生、何思兵:《菲律宾华侨史》,广州:广东高等教育出版社,1987 年。

14.贾西津:《第三次改革——中国非营利部门战略研究》,北京:清华大学出版社,2005 年。

15. 金应熙:《菲律宾民族独立运动史》,郑州:河南人民出版社,1989 年。

16. [美]莱斯特·萨拉蒙、沃加斯·索可洛斯基:《全球公民社会——非营利部门国际指数》,陈一梅等译,北京:北京大学出版社,2007 年。

17. [美]莱斯特·萨拉蒙:《全球公民社会——非营利部门视界》,贾西津、魏玉等译,北京:社会科学文献出版社,2007 年。

18. [美]莱斯特·萨拉蒙:《公共服务中的伙伴——现代福利国家中政府与非营利组织的关系》,田凯译,北京:商务印书馆,2008 年。

19. 李惠斌:《全球化与公民社会》,桂林:广西师范大学出版社,2003 年。

20. 李路曲:《当代东亚政党政治的发展》,北京:学林出版社,2005 年。

21. 李萌、张克剑:《中国民间组织:研究综述》,载黄晓勇:《中国民间组织报告(2008)》,北京:社会科学文献出版社,2009 年。

22. 李铁城:《世纪之交的联合国》,北京:人民出版社,2002 年。

23. 李文:《东亚社会变革》,北京:世界知识出版社,2003 年。

24. 李文:《东亚:政党政治与政治参与》,北京:世界知识出版社,2007 年。

25. 李文、赵自勇、胡澎:《东亚社会运动》,北京:社会科学出版社,2009 年。

26. 李毓中:《菲律宾简史》,南投:"国立"暨南国际大学东南亚研究中心,2003 年。

27. [美]里贾纳·赫兹琳杰:《非营利组织管理》,北京:中国人民大学出版社,2002 年。

28. [美]丽莎·乔丹、[荷]彼得·范·图埃尔:《非政府组织问责:政治、原则与创新》,康晓光等译,北京:中国人民大学出版社,2008 年。

29. 林修果:《公共管理学》,长春:吉林人民出版社,2006 年。

30. 林修果:《非政府组织管理》,武汉:武汉大学出版社,2010 年。

31. 刘贞晔:《国际政治领域中的非政府组织:一种互动关系的分析》,天津:天津人民出版社,2005 年。

32. [美]罗伯特·达尔:《民主理论的前言》,顾昕、朱丹译,北京:三联书店,1999 年。

33. 罗辉:《第三域若干问题研究》,武汉:中国地质大学出版社,2006 年。

34. 吕武、周志伟:《巴西非政府组织:发展现状、运行环境与社会角色》,载黄晓勇:《中国民间组织报告(2010—2011)》,北京:社会科学文献出版社,2011 年。

35. 潘一宁:《国际因素与东南亚国家政治发展》,北京:中国社会科学出版社,2004 年。

36. [美]塞缪尔·亨廷顿:《变革社会中的政治秩序》,李盛平等译,北京:华夏出版社,1988 年。

37. [美]塞缪尔·亨廷顿、琼·纳尔逊:《难以抉择——发展中国家的政治参与》,汪晓寿、吴志华、项继译,北京:华夏出版社,1988 年。

38. 盛红生、贺兵:《当代国际关系中的"第三者"——非政府组织问题研究》,北京:时事出版社,2004 年。

39. 施振民:《菲律宾文化的持续——宗亲与同乡海外的演变》,载李亦园:《东南亚华人社会研究》(上册),台北:正中书局,1985 年。

40. 世界银行专家组:《公共部门的社会问责:理念探讨及模式分析》,宋涛译,北京:中国人民大学出版社,2008 年。

41. 宋平:《承继与嬗变——当代菲律宾华人社团比较研究》,厦门:厦门大学出版社,1995 年。

42. 王虎:《马来西亚非政府组织研究》,厦门:厦门大学出版社,2010 年。

43. 王建芹:《从自愿到自由——近现代社团组织的发展演进》,北京:群言出版社,2007 年。

44. 王名、刘培峰:《民间组织通论》,北京:时事出版社,2004 年。

45. 王名:《关于中国 NGO 发展的总体看法和政策建议》,载中国改革发展研究院:《民间组织发展与建设和谐社会》,北京:中国经济出版社,2006 年。

46. 王名:《社会组织概论》,北京:中国社会出版社,2010 年。

47. 王浦劬、[美]莱斯特·萨拉蒙:《政府向社会组织购买公共服务研究——中国与全球经验分析》,北京:北京大学出版社,2010 年。

48. 王绍光:《多元与统一——第三部门国际比较研究》,杭州:浙江人民出版社,1999 年。

49.吴凤斌、庄国土:《东南亚华侨通史》,福州:福建人民出版社,1993年。

50.吴英明、林德昌:《非政府组织》,台北:商鼎文化出版社,2001年。

51.吴玉章:《双重管理原则:历史、现状和完善》,载黄晓勇:《中国民间组织报告(2009—2010)》,北京:社会科学文献出版社,2009年。

[日]五十岚诚一:《菲律宾的民主化与市民社会》,东京:成文堂,2004年。

53.徐祖荣:《城市社区:民间组织研究》,杭州:杭州出版社,2006年。

54.许利平:《当代东南亚伊斯兰发展与挑战》,北京:时事出版社,2008年。

55.叶常林、许克祥、虞维华:《非政府组织前沿问题研究》,合肥:中国科学技术大学出版社,2009年。

56.叶富春:《东亚政府与政治比较研究》,哈尔滨:黑龙江人民出版社,2008年。

57.张存武、王国璋:《菲华商联总会之兴衰与演变:1954—1998》,台北:"中央研究院"亚太中心,2002年。

58.张放:《印度的志愿部门:概念、发展及案例》,载黄晓勇:《中国民间组织报告(2010—2011)》,北京:社会科学文献出版社,2011年。

59.张康之:《公共行政学》,北京:北京大学出版社,2007年。

60.张锡镇:《东亚:变幻中的政治风云》,北京:中国国际广播出版社,2002年。

61.张蕴岭、孙士海:《亚太地区发展报告》,北京:社会科学文献出版社,2004—2008年。

62.中国现代国际关系研究院课题组:《外国非政府组织概况》,北京:时事出版社,2010年。

63.郑国安:《国外非营利组织的经营战略及相关财务管理》,北京:机械工业出版社,2001年。

64.赵黎青:《非政府组织与可持续发展》,北京:经济科学出版社,1998年。

65.赵黎青:《非营利部门与中国发展》,香港:香港社会科学出版社,2001年。

66.朱东芹:《冲突与整合:菲华商联总会与战后菲华社会的发展》,厦门:厦门大学出版社,2005 年。

67.[美]朱莉·费希尔:《NGO 与第三世界的政治发展》,邓国胜、赵秀梅译,北京:社会科学文献出版社,2002 年。

68.[日]重富真一:《亚洲的国家与 NGO:15 国比较研究》,东京:明石出版社,2001 年。

69.庄国土、黄猷、方雄普:《世纪之交的华人》(上、下),福州:福建人民出版社,1998 年。

70.庄国土:《华侨华人与中国的关系》,广州:广东高等教育出版社,2001 年。

71.庄国土:《二战以后东南亚华族社会地位的变化》,厦门:厦门大学出版社,2003 年。

72.庄国土、清水纯、潘宏立:《近 30 年来东亚华人社团的新变化》,厦门:厦门大学出版社,2010 年。

73.庄国土、陈华岳:《菲律宾华人通史》,厦门:厦门大学出版社,2014 年。

(二)期刊论文

1.曹云华:《民主不是万应灵丹——评菲律宾和印尼的总统直选》,《东南亚研究》2005 年第 3 期。

2.[英]戈登·怀特:《公民社会、民主化和发展:廓清分析的范围》,《民主化(秋季号)》1994 年第 3 期。

3.[英]格里·斯托克:《作为理论的治理:五个论点》,华夏风译,《国际社会科学杂志》1999 年第 1 期。

4.郭翔宇:《亚太国家发展农业合作社的经验与教训》,《农村经营管理》1997 年第 9 期。

5.贺圣达:《再论东南亚国家的民主化与政治发展:若干重要因素分析》,《东南亚研究》2000 年第 2 期。

6.胡小君:《东亚民主转型与政党政治的发展模式》,《马克思主义与现实》2009 年第 4 期。

7.[英]杰勒德·克拉克:《发展中地区的非政府组织和政治》,朱德米译,《国外社会科学文摘》2000 年第 7 期。

8.[菲]卡里纳·康斯坦丁诺—戴维、马里克里斯·瓦尔特:《菲律宾的贫困、人口增长和城市化影响》,邓颖、刘瑞祥译,《国际社会科学杂志(中文版)》1995 年第 3 期。

9.[美]莱斯特·萨拉蒙:《非营利部门的崛起》,谭静编译,《马克思主义与现实》2003 年第 3 期。

10.李涛:《海外菲律宾人与菲律宾的社会经济发展研究(1974—2009)》,厦门大学南洋研究院博士论文,2010 年。

11.李文:《亚洲非政府组织发展的几个问题》,《当代亚太》2000 年第4 期。

12.李文:《NGO 与东南亚政治社会转型》,《东南亚研究》2004 年第4 期。

13.李勇:《非政府组织问责研究》,《中国非营利评论》2010 年第 1 期。

14.刘相骏:《政治发展理论与东南亚政治发展的再思考——以印尼和菲律宾为例》,《当代亚太》2008 年第 3 期。

15.[美]麦克尔·爱德华兹:《公民社会》,陈一梅译,《中国非营利评论》2008 年第 1～3 期。

16.沈红芳:《埃斯特拉达:菲律宾特色民主的产物与替罪羊》,《南洋问题研究》2001 年第 2 期。

17.沈红芳、李小青:《菲律宾修宪与反修宪运动探析》,《南洋问题研究》2006 年第 4 期。

18.施雪琴:《菲律宾的非政府组织发展及其原因》,《南洋问题研究》2002 年第 1 期。

19.施雪琴:《中菲民间组织的交流与合作:对现状与前景的初步探讨》,《南洋问题研究》2005 年第 4 期。

20.施雪琴:《全球化、妇女迁移与亚洲公民社会——移民女工权利保护与菲律宾 NGO 的角色》,《东南亚研究》2009 年第 6 期。

21.施雪琴:《亚太妇女跨国迁移及其性产业与公共治理——菲律宾NGO 的社会行动探析》,《南洋问题研究》2010 年第 1 期。

22.田芳:《论全球化背景下非政府组织对国际社会的政治作用》,《理论月刊》2006 年第 2 期。

23.王名、贾西津:《中国非政府组织的发展分析》,《管理世界》2002 年第 8 期。

24.王名、孙伟林:《我国社会组织发展的趋势和特点》,《中国非营利评论》2010 年第 1 期。

25. 王晓东、黄耀东:《菲律宾:2009 年回顾与 2010 年展望》,《东南亚纵横》2010 年第 3 期。

26. 王晓东:《从上市企业看菲律宾华商企业的发展特点和趋势》,《亚太经济》2010 年第 5 期。

27. 许利平:《东南亚伊斯兰非政府组织的产生、发展及其作用》,《当代亚太》2008 年第 5 期。

28. 杨超:《菲律宾、日本和韩国反美军基地社会运动比较研究》,《东南亚纵横》2010 年第 7 期。

29. 喻常森:《非政府组织与东南亚国家政治发展》,《南洋问题研究》2003 年第 3 期。

30. 赵自勇:《菲律宾非暴力群众运动的根源与后果》,《当代亚太》2006 年第 8 期。

31. 庄国土:《东南亚华人参政的特点和前景》,《当代亚太》2003 年第 9 期。

32. [菲]Francis Lucas:《公众参与对马尼拉政府环保政策的影响》,《绿叶》2004 年第 1 期。

33. [菲]Rainera L. Lucer:《社会发展组织:陷入两难境地》,《浙江学刊》1999 年第 4 期。

(三)其他

1. 菲华商联总会:《菲华商联总会成立五十周年金禧纪念特刊》,马尼拉:菲华商联总会,2004 年。

2. 郭剑雄:《NGO 在城市反贫困中的角色——菲律宾》,http://www.ccpg.org.cn,2011-12-3.

3. 李勇:《菲律宾非政府组织管理工作考察报告》,http://www.chinaassn.com/6061.html,2010-8-2.

4. 马宏:《民间组织培育发展和监督管理的比较研究——新加坡、香港、深圳三地调研报告》,深圳:深圳民政局,2006 年。

二、英文文献

(一)英文专著及研究报告

1. Agricultural Policy and Strategy Team, *Agenda for Action for the Philippine Rural Sector*, Manila: University of Los Banos, Agricultural Policy Research Program and the Philippine Institute for Development Studies, 1986.

2. Alan Alegre, *Trends and Traditions, Challenges and Choices: A Strategic Study of Philippine NGOs*, Quezon City: Ateneo Center for Social Policy and Public Affairs, 1996.

3. Alan Fowler, *Striking a Balance: A Guide to Enhancing the Effectiveness of Nongovernmental Organizations in Alternative Development*, London: Earthscan, 1997.

4. Alan Ware, *Between Profit and State, Intermediate Organizations in Britain and the United States*, Oxford: Polity Press in Association with Basil Blackwell Publisher Ltd. , 1989.

5. Aluit Alfonson, *The Conscience of the Nation: A History of the Red Cross in the Philippines 1896—1972*, Manila: Philippine National Red Cross, 1972.

6. *Annual Report of the Governor General of the Philippines*, Manila, 1922.

7. Antonio Quizon, Rhoda Reyes, *A Strategic Assessment of NGOs in the Philippines*, Manila: ANGOC, 1989.

8. Antonio Quizon, *Moving from Advocacy to Affirmative Action: Two NGO Cases from the Philippines*, Manila: AGBOC, 2005.

9. Antonio Quizon, G. Riguer, A. Arostique, *Comparative Land Management Schemes in Three Former Haciendas in Capiz*, CARRD, ANGOC and ILC, 2003.

10. Asian Development Bank, *Key Indicators of Developing Asian and Pacific Countries*, 1992.

11. Asian Development Bank, *A Study of NGOs:*

Philippines, 1999.

12. Asian Development Bank, *Overview of NGOs and Civil Society*: *Philippines*, 2007.

13. Ben Ner, Nonprofit Organizations: Why Do They Exist in Market Economics, in Susan Rose Ackerman, *The Economics of Nonprofit Organizations*: *Studies in Structure and Policy*, Oxford: Oxford University Press, 1986.

14. Benedict Kervliet, *The Huk Rebellion*: *A Study of Peasant Revolt in the Philippines*, Berkeley: University of California Press, 1977.

15. Cameron Forbes, *The Philippines Islands*, *2 Volumes*, Boston: Houghton Mifflin Co. , 1982.

16. Carol C. Lerma, Jessica Los Banos, Philippines, in Thomas Silk, *Philanthropy and Law in Asia*, San Francisco: Jossey-Bass Publishers, 1999.

17. Caucus of Development NGO Networks, *Development Imperatives for the Philippine Coconut Sector*, Paper Prepared for the Agriculture Sector of the Economic Policy Advocacy Project, Quezon City: Ateneo de Manila University, 2006.

18. Caucus of Development NGO Network, *NPO Sector Assessment*: *Philippine Report*, Report Prepared for the NPO Sector Review Project, Charity Commission for England and Wales, 2008.

19. Caucus of Development NGO Network, *Assessing the Philippine NGO Environment*: *Regulation*, *Risks and Renewal*, Summary for the Philippine Nonprofit Organization Sector Report, Quezon City, 2009.

20. Caucus of Development NGO Networks, *Survey on the Impact of the Global Financial Crisis on Philippine NGOs*, CODE-NGO, Quezon City: Philippines, 2010.

21. Christina Jayme Montiel, Susan Evangelista, *Down from the Hill*: *Ateneo de Manila in the First Ten Years under Martial Law*, *1972—1982*, Manila: Ateneo de Manila University Press, 2006.

22. Christopher Gibbs, Claudia Fumo, Thomas Kuby,

Nongovernmental Organizations in World Bank-Supported Projects, Washington D. C: The World Bank, 1999.

23. Consuelo Katrina A. Lopa, *The Rise of Philippine NGOs in Managing Development Assistance*, New York: The Synergos Institute, 2003.

24. David Bills, *Organizing Public and Voluntary Agencies*, London: Routledge and Kegan Paul, 1993.

25. David C. Koten, *Getting to the 21st Century: Voluntary Action and the Global Agenda*, West Hartford: Kumarian Press, 1990.

26. David Wurfel, *Filipino Politics: Development and Decay*, Ithaca: Cornell University Press, 1988.

27. Earl Babbie, *The Practice of Social Research*, Cambridge: Wadsworth Publishing, 2009.

28. Edna Co, *Beating the Drums: Advocacy for Policy Reform in the Philippines*, Manila: Advocacy Working Group, 1999.

29. Edgar Wickberg, *The Chinese in Philippine Life*, 1850—1989, New Haven and London: Yale University Press, 1965.

30. Emmanuel E. Buendia, *Democratizing Governance in the Philippines: Redefining and Measuring the State of People's Participation in Governance*, Quezon City: National College of the Public Administration and Governance, University of the Philippines, 2005.

31. Emmanuel E. Buendia, *People Participation in Governance*, Quezon City: National College of the Public Administration and Governance, University of the Philippines, 2001.

32. Erhard Berner, *Defending a Place in the City: Localities and the Struggle for Urban Land in Metro Manila*, Quezon City: Ateneo de Manila University Press, 1997.

33. Eva-Lotta E. Hedman, *In the Name of Civil Society*, Quezon City: Ateneo de University Press, 2006.

34. Gerard Clarke, *The Politics of NGOs in Southeast Asia: Participation and Protest in the Philippines*, London and New York: Routledge, 1998.

35. Gidron B, Ralph M Kraner, L. M. Salamon, *Government and the Third Sector: Emerging Relationships in Welfare States*, San Francisco: Jossey-Bass Publishers, 1992.

36. Grace H. Aguiling-Dalisay, Jay A. Yacat, Atoy M. Navarro, *Extending the Self: Volunteering as Pakikipagkapwa*, Quezon City: Center for Leadership, Citizenship and Democracy, National College of the Public Administration and Governance, University of the Philippines, 2004.

37. Isagani R. Serrano, *Civil Society in the Asia-Pacific Region*, CIVICUS, Washington D. C. , 1994.

38. Jaime Faustino, *Traditions in Philippine Philanthropy*, Manila: Philippine Business for Social Progress, 1997.

39. James Putzel, *A Fractured State in the Philippines: Clan Politics, the Military and the Left on the Eve of the 1992 Elections*, 1992.

40. John Clark, *Democratizing Development: The Role of Voluntary Organizations*, West Hartford: Kumarian Press, 1991.

41. Jose Ibarra Angeles, *The Management of NGOs: Case Studies on Asian NGOs*, 1991.

42. Karina Constantino-David, Intra-Civil Relations: An Overview, in Miraiam C. Ferrer, *Civil Society Making Civil Society*, Quezon City: Third World Studies Center, University of the Philippines, 1997.

43. Karina Constantino-David, From the Present Looking Back: A History of Philippine NGOs, in G. S. Silliman, Lela Garner Noble, *Organizing for Democracy: NGOs, Civil Society and the Philippine State*, Quezon City: Ateneo de Manila University Press, 1998.

44. Karnow Stanley, *In Our Image: America's Empire in the Philippines*, New York: Random House, 1989.

45. Lachica Eduardo, *Huk: Philippine Agrarian Society in Revolt*, Manila: Solidaridad Publishing House, 1971.

46. Ledivina V. Carino, *Between the State and the Market: The Nonprofit Sector and Civil Society in the Philippines*, Quezon City:

Center for Leadership, Citizenship and Democracy, National College of the Public Administration and Governance, University of the Philippines, 2002.

47. Ledivina V. Carino, *Defining the Nonprofit Sector: The Philippines*, Maryland: Center for Civil Society Studies, The Johns Hopkins University, 2001.

48. Ledivina V. Carino, *Mobilizing for Active Citizenship*, Quezon City: Center for Leadership, Citizenship and Democracy, National College of the Public Administration and Governance, University of the Philippines, 2005.

49. Ledivina V. Carino, Dolores D. Gaffud, *What They Contribute-Case Studies on the Impact of Nonprofit Organizations*, Quezon City: Center for Leadership, Citizenship and Democracy, National College of the Public Administration and Governance, University of the Philippines, 2007.

50. Lester M. Salamon, Helmut Anheier, *Defining the Nonprofit Sector: A Cross-National Analysis*, Manchester and New York: Manchester University Press, 1998.

51. Lester M. Salamon, *Partners in Public Services: Government-Nonprofit Relations in the Modern Welfare State*, Maryland: The Johns Hopkins University Press, 1995.

52. Lester M. Salamon, Partners in Public Services: The Scope and Theory of Government-Nonprofit Relations, in Walter Powell, *The Nonprofit Sector: A Research Handbook*, New York: Yale University Press, 1987.

53. Ma. Oliva Z. Domingo, *Good Governance and Civil Society: The Role of Philippine Civil Society Boards*, Quezon City: Center for Leadership, Citizenship and Democracy, National College of the Public Administration and Governance, University of the Philippines, 2005.

54. Miriam Coronel Ferrer, Civil Society: An Operational Definition, in Ma Serena I. Diokno, *Democracy and Citizenship in Filipino Political Culture*, Quezon City: Third World Studies Center, University of the

Philippines，1997.

55. Miriam Coronel Ferrer, *Civil Society Making Civil Society*, Quezon City: Third World Studies Center, University of the Philippines，1997.

56. National Economic and Development Authority, *ODA Portfolio Review*, Manila，2011.

57. Patricia Ann V. Paez, State-Civil Society Relations in Policy Making: Focus on the Legislative, in Marlon A. Wui, Ma. Glenda S. Lopez, *State-Civil Society Relations in Policy Making*, Quezon City: Third World Studies Center, University of the Philippines，1997.

58. Perla Legaspi, Jocelyn Cuaresma, Nongovernmental Organizations in Local Development: Focus on the Cooperatives, in Perfecto Padilla, *Strengthening Local Government Administration and Accelerating Local Development*, 1992.

59. PhilDHRRA, *Philippine Asset Reform Report Card*, Quezon City: Philippines，2008.

60. Raul De Guzman, Mila Reforma, Toward Alternative Delivery Systems, in Romeo Ocampo, Oscar Alfonso, *Alternative Delivery Systems for Public Services*, 1991.

61. Raul Gonzalez, *Searching for Relevance: Philippine NPOs in the 21st Century*, Quezon City: Association of Foundations, 2006.

62. Richard H. Hall, *Organizations: Structure, Process and Outcomes*, New York: Jersey Prectice Hall, 1991.

63. Roman L. FermanIII, *Beyond the Household*, *Giving and Volunteering in Six Areas in the Philippines*, Quezon City: Center for Leadership, Citizenship and Democracy, National College of the Public Administration and Governance, University of the Philippines, 2004.

64. Sallehudin Ahmed, Ernesto Garilao, Juan Miguel Luz, The Management of NGOs, in Jose Ibarra Angeles, *The Management of NGOs: Case Studies on Asian NGOs*, 1991.

65. Shinichi Shigetomi, *The State and NGOs: Perspective from Asia*, Singapore:Institute of Southeast Asian Studies, 2002.

66. Sixto Donato C. Macasaet, *Looking into the Pork Barrel*: *PDAF Watch Report 2005—2007*, Caucus of Development NGO Networks, 2007.

67. Sixto Donato C. Macasaet, Milo N Tanchuling, *Citizen's Roadmap for Poverty Reduction and Achieving the MDGs*: *Recommendations for the 2010—2016 Medium-Term Philippine Development Plan*, Quezon City: CODE-NGO, FDC and UNDP, 2011.

68. Stein Kuhnle, *Government and Voluntary Organizations*: *A Relational Perspective*, Farnham, U. K. : Ashgate Publishing, 1992.

69. Stephen Rood, NGOs and Indigenous Peoples, in G. Sidney Silliman, Lela Garner Nobles, *Organizing for Democracy*: *NGOs, Civil Society and the Philippine State*, Quezon City: Ateneo de Manila University Press, 1998.

70. Sukarno D. Tanggol, *Muslim Autonomy in the Philippines*: *Rhetoric and Reality*, Marawi City: Mindanao State University, 1993.

71. Susan E. Wong, *Trends and Issues Facing the Philippine NGO Community*, 1990.

72. Tan M. Hain, Current Developments and Issues, in P. Jimenez, J. Aluning, *Policies and Prospects*, Manila: Social Development Research Center, De La Salle University, 1996.

73. Teodoro A. Agoncillo, *The Revolt of the Mass*: *The Story of Bonifacio and the Katipunan*, Quezon City: University of the Philippines, 1956.

74. T. J. S. George, *Revlot in Mindanao*: *The Rise of Islam in Philippine Politics*, Oxford: Oxford University Press, 1980.

75. Valerie Miller, *NGO and Grassroots Policy Influence*: *What if Success*, Just Associates, Washington D. C. , 1994.

76. Victoria A. Bautista, Ma. Concepcion P. Alfiler, *Forging Community-Managed Primary Health Care*, Manila: College of Public Administration-University of the Philippines and Community Health Services-Department of Health, 1998.

77. Victoria A. Bautista, Perla E. Legaspi, *National and Local*

Government Roles in Public Health under Devolution，Quezon City: Center for Leadership，Citizenship and Democracy，National College of the Public Administration and Governance，University of the Philippines，2002.

78. Vincent Boudreau，*Grass Roots and Cadre in the Protest Movement*，Quezon City: Ateneo de Manila University Press，2001.

79. Young D. Hamack，*Nonprofit Organizations in a Market Economy*，San Francisco: Jossey-Bass Publishers，1993.

(二)期刊与会议论文

1. A. Najam，NPO Accountability: A Conceptual Framework，*Development Policy Review*，No. 4，1994.

2. Agustin Martin G. Rodriguez，*Rethinking Federalism in the Light of Social Justice*，Paper Prepared for the Civil Society Advocacy for Constitutional Reform Project (Phase II)，2007.

3. Arsenio Garcia，Arnel Galgo，*Ang Saligang Batas sa Paggawa*，Paper Prapered for the Civil Society Advocacy for Constitutional Reform Project (Phase II)，2007.

4. Arze G. Glipo，*The Japan-Philippines Economic Partnership Agreement: At What Cost*，Task Force Food Sovereignty Integrated Rural Development Foundation，2007.

5. Ben Reid，Development NGOs，Semiclientelism and the State in the Philippines: From "Crossover" to Double-Crossed，*Philippine Journal of Third World Studies*，Vol. 23，No. 1，2008.

6. Carmencita T. Abella，Ma Amor L. Dimalanta，*NGOs as Major Actors in Philippine Society*，Paper Contribute to the Action-Research and Dialogue Project of the Asia-Pacific Philanthropy Consortium (APPC) on "Improving Internal Governance of Nonprofit Organizations in Asia"，2003.

7. Cesar R. Ledsma，Cesar Decena，*Political Science Activism among NGOs in the Philippines*，Paper Submitted to the Third International Conference of the Association for Research on Voluntary and

Nonprofit Action （ARNOVA）, Center on Philanthropy, Indiana University, 1992.

8. David C. Koten, Third Generation NGO Strategies: A Key to People-Centered Development, *World Development*, Vol. 15, 1987.

9. Donald Goertzen, Sweet and Sour: Planters and Peasants Battle It Out, *Far Eastern Economic Review*, 1991－8－8.

10. Elena Masilungan, *Women's Gender and Development Constitutional Reform Agenda*, Paper Prepared for the Civil Society Advocacy for Constitutional Reform Project (Phase II), 2007.

11. Elisea Adem, *Constitutional Reform and the Urban Poor Sector's Housing and Urban Development Agenda*, Paper Prepared for the Civil Society Advocacy for Constitutional Reform Project (Phase II), 2007.

12. Ellene A. Sana, Political Empowerment of Overseas Filipinos Through the Ballot, *KASAMA*, Vol. 17, No. 2. 2003.

13. Emmanul M. Luna, Disaster Mitigation and Preparedness: The Case of NGOs in the Philippines, *Disasters*, Vol. 25, No. 3, 2001.

14. Ernesto Lim, *Constitutional Reform and the Agrarian Reform Agenda*, Paper Prepared for the Civil Society Advocacy for Constitutional Reform Project (Phase II), 2007.

15. Estes C. Clare, Sociological and Economic Theories of Markets and Nonprofits: Evidence from Home Health Organizations, *American Journal of Sociology*, Vol. 97, No. 4, 1992.

16. Fernando Aldaba, The Role of NGOs in Philippine Social Transformation, *Politics and Society*, No. 1, 1993.

17. Fernando T. Aldaba, Philippine NGOs and Multistakeholder Partnerships: Three Case Studies, *Voluntas International Journal of Voluntary & Nonprofit Organizations*, Vol. 13, No. 2, 2002.

18. Flerida V. Creencia, The Accountability of NGOs, *Philippine Journal of Public Administration*, No. 3, 1994.

19. Henry Hansmann, The Role of Nonprofit Enterprise, *Yale Law Journal*, Vol. 89, 1980.

20. Ibarra III Gutierrez, *The Long and Arduous Journey to*

Institutionalization: *A Commentary on the C4CC Constitutional Reform Proposals*, Paper Prepared for the Civil Society Advocacy for Constitutional Reform Project (Phase II), 2008.

21. Isagani R. Serrano, Reimaging Civil Society, *Idea*, No. 10, 1994.

22. Isagani R. Serrano, *The Philippines Ten Years from Rio*, Paper Presented at the World Forum on Sustainable Development Organized by the International Research Foundation for Development, Johannesburg, August 27—28, 2002.

23. Joel Rocamora, *What Good is Our National Patrimony if We Cannot Make Money Off of It*, Paper Prepared for the Civil Society Advocacy for Constitutional Reform Project (Phase II), 2007.

24. Jorge Umali, *Research on Aquatic Resources and Fisheries Development Agenda*, Paper Prepared for the Civil Society Advocacy for Constitutional Reform Project (Phase II), 2007.

25. Julia Andrea Abad, *Constitutional Reform and the Youth's Development Agenda*, Paper Prepared for the Civil Society Advocacy for Constitutional Reform Project (Phase II), 2007.

26. Ledivina V. Carino, Beyond the Crossroad: Policy for the Philippine Nonprofit Sector, *International Journal of Voluntary and Nonprofit Organizations*, Vol. 10, No. 1, 1999.

27. Ledivina V. Carino, Private Action for Public Good? The Public Role of Voluntary Sector Organizations, *Public Organization Review*, Vol. 1, Issue 1, 2001.

28. Ledivina V. Carino, Rachel Racelis, Roman L. Ferman III, *People Power and the Nonprofit Sector in the Philippines*, Paper Presented at the Fifth International Conference of the International Society for Third Sector Research, Cape Town, South Africa, July 7—10, 2001.

29. Leo C. Stine, Philippine Labor Problems and Policies, *Far Eastern Survey*, Vol. 18, No. 14, 1949.

30. Lester M. Salamon, The Crisis of the Nonprofit Sector and the Challenge of Renewal, *National Civic Review*, Vol. 85, No. 4, 1996.

31. Lester M. Salamon, The Marketization of Welfare: Changing Nonprofit and For-Profit Roles in the American Welfare State, *Social Service Review*, Vol. 67, No. 1, 1993.

32. Lester M. Salamon, The Nonprofit at a Crossroad: The Case of America, *International Journal of Voluntary and Nonprofit Organizations*, No. 1, 1999.

33. M. Sanchez, P. Sanchez, *The Southeast Asia Conference on Violence against Women: Best Practices in Combating Violence against Women*, Canada International Development Agency and Kauswagan Community Social Center, Cebu City, 1998.

34. Ma. Concepcion P. Alfiler, The Role of Nongovernmental Organizations in Health Sector of the Philippines, *Philippine Journal of Public Administration*, No. 3, 1986.

35. Macario Torres Jusayan, *The Philippine Civil Society Organizations: Its Participation in Implementing ODA Funded Projects and Practices in Promoting Accountability*, Paper Prepared for the Central Asia, Southeast Asia and the Pacific Regional Workshop on CSOs and Aid Effectiveness, Hanoi, Vietnam, October 9—12, 2007.

36. Masakata Kimura, The Emergence of the Middle Classes and Political Change in the Philippines, *The Developing Economies*, Vol. 41, No. 2, 2003.

37. Maxine Tanya Macli-ing Hamada, *Seeing One's Self in the Other: Charter Change and the Politics of Identity*, Paper Prepared for the Civil Society Advocacy for Constitutional Reform Project (Phase II), 2007.

38. Mina Roces, *Problematizing the Women's Suffrage Movement: Filipino Suffragists*, Paper Presented at the 3rd Euroseas Conference, School of Oriental and African Studies, University of London, 2001.

39. Patrick Lim, Sixto Donato Macasaet, *Of Scams and Lump Sums: The Need for Greater Participation, Transparency and Accountability in the Department of Agriculture Budget Process*, Policy Paper Prepared for the DA Budget Monitoring Project, Caucus of

Development NGO Networks，2009.

40. Ralph M. Kramer，A Third Sector in the Third Millennium，*International Journal of Voluntary and Nonprofit Organizations*，No. 1，2000.

41. Ramon Casiple，*Electoral Constitutional Reform Agenda*，Paper Prepared for the Civil Society Advocacy for Constitutional Reform Project (Phase II)，2008.

42. Roman L. Ferman III，*Finding an Identity for the Third Sector*，Paper Presented at the Inaugural Asian Third Sector Research Conference，Bangkok，Thailand，November 20—22，1999.

43. Roman L. Ferman III，*Giving and Volunteering Among Filipinos*，Paper Presented at the Fifth International Conference of the International Society for Third Sector Research，Cape Town，South Africa，July 7—10，2001.

44. Romeo B. Lee，Men's Involvement in Women's Reproductive Health Projects and Programs in the Philippines，*Reproductive Health Matters*，Vol. 7，No. 1，1999.

45. Sheila S. Coronel，The Philippines in 2006：Democracy and Its Discontents，*Asian Survey*，Vol. 47，No. 1，2007.

46. Steven Rathgeb Smith，The Changing Politics of Child Welfare Services：New Roles for the Government and the Nonprofit Sectors，*Child Welfare*，Vol. 68，No. 3，1989.

47. Victoria A. Bautista，People Power as a Form of Citizen Participation，*Philippine Journal of Public Administration*，No. 7，1986.

48. Western Visayas Network，*Claiming Democratic Space in State-Civil Society Relations*，Proceedings of the Social Development Week 2008 Forums，Quezon City，2008.

49. Young D. Hamack，Commercialism in Nonprofit Social Service Associations：Its Character，Significance and Rationale，*Journal of Policy Analysis and Management*，Vol. 17，No 2，1998.

50. Zarina O. Hipolito，*From Cooperatives to Corporations*：

Conversion Options for Electric Cooperatives and Its Impact on the Nonprofit Sector，Paper Submitted in Partial Fulfillment of the Requirements of Public Administration 281，National College of Public Administration and Governance，University of the Philippines，2002.

（三）其他

1. Alex Brillantes，Jose Palabrica，*Decentralization and Agricultural Support Services：The Role of NGOs in Facilitating Access of Small Farmers to Agricultural Credit*，Unpublished Study under a Grant from the RTPAP Program of the Center for Policy and Development Studies，1991.

2. Caucus of Development NGO Networks，*Financial Statement and Independent Auditor's Report（2004—2011）*，2004—2011.

3. Department of Agrarian Reform，*Basic Survival Guide：NGO-GO Partnership in Agrarian Reform and Rural Development*，Quezon City：Department of Agrarian Reform，1995.

4. Philippine Council for NGO Certification，*Guidebook on the Basics of NGO Governance*，Sta，Mesa，Manila，Philippines，2008.

三、网站资料

1. 重建庇护中心：http://www. balayph. net.

2. 东米沙鄢非政府组织与人民组织网络：http://evnet. multiply. com.

3. 泛基督教公正与和平行动：http://www. conflict-prevention. net.

4. 菲华工商总会：http://www. cfbc. com. ph.

5. 菲华商联总会：http://www. ffcccii. org.

6. 菲律宾劳动就业部：http://www. blr. dole. gov. ph.

7. 菲律宾工商社会进步基金会 ：http://www. pbsp. org. ph.

8. 菲律宾发展公约网络：http://code-ngo. org.

9. 菲律宾国家反贫穷委员会：http://www. napc. gov. ph.

10. 菲律宾房地产使用调控委员会：http://www. hlurb. gov. ph.

11. 菲律宾非政府组织认证协会：http://www. pcnc. com. ph.

12. 菲律宾国会：http://www. congress. gov. ph.

13. 菲律宾国家妇女权益委员会：http://www.lawphil.net/administ/ncrfw.

14. 菲律宾国家经济发展署：http://www.neda.gov.ph.

15. 菲律宾国家数据协调委员会：http://www.nscb.gov.ph.

16. 菲律宾国家住房与城市发展合作委员会：http://www.lawphil.net/administ/hudcc.

17. 菲律宾合作社发展委员会：http://www.cda.gov.ph.

18. 菲律宾合作社联盟：http://www.natcco.coop.

19. 菲律宾环境及自然资源部：http://www.denr.gov.ph.

20. 菲律宾基金会中心：http://www.pfconline.org.

21. 菲律宾可持续发展网络：http://www.psdn.org.ph.

22. 菲律宾旅游部：http://www.tourism.gov.ph.

23. 菲律宾贸易工业部：http://www.dti.gov.ph.

24. 菲律宾农村重建运动：http://www.prrm.org.

25. 菲律宾农村人力资源发展：http://www.phildhrra.net.

26. 菲律宾农业部：http://www.da.gov.ph.

27. 菲律宾人口、健康与福利非政府组织联盟：http://www.pngoc.com.

28. 菲律宾人权倡导联盟：http://www.philippinehumanrights.org.

29. 菲律宾人权信息中心：http://philrights.org.

30. 菲律宾社会福利局：http://www.swa.gov.ph.

31. 菲律宾税务局：http://www.bir.gov.ph.

32. 菲律宾统计局：http://www.census.gov.ph.

33. 菲律宾土地改革部：http://www.dar.gov.ph.

34. 菲律宾渔业资源部：http://www.bfar.da.gov.ph.

35. 菲律宾证券交易管理委员会：http://www.sec.gov.ph.

36. 菲律宾证券交易所：http://www.pse.com.ph.

37. 菲律宾政府：http://www.gov.ph.

38. 菲律宾政治犯救援工作小组：http://www.tfdp.net.

39. 菲律宾支持服务机构伙伴：http://www.philssa.org.ph.

40. 基金联合会：www.afonline.org.

41. 联合国官网：http://www.un.org.

42. 强制失踪者家庭:http://www.find.org.ph.

43. 人民权益促进联盟:http://www.karapatan.org.

44. 圣简德迪奥斯医院:http://www.sanjuandedios.org.

45. 圣拉扎罗医院:http://www.doh.gov.ph/slh.

46. 西米沙鄢社会发展非政府组织网络:http://www.wevnet.org.

47. 亚洲发展银行:http://www.adb.org.

48. 中国社会组织网:http://www.chinanpo.gov.cn.

49. 中国驻菲律宾大使馆经济商务处:http://ph.mofcom.gov.cn/index.shtml.

50. 自由法律援助团体:http://flagfaqs.blogspot.com.

后　记

　　本书由我的博士学位论文修订而成,论文完成于 2012 年,是我三年学习生涯的答卷。修订此文时,我回想起了撰写时的刻苦与成稿时的欢欣,想起了导师的教诲与亲友的关怀。我写就书,书磨砺我,人生亦如是。时光荏苒,距离答辩已经两年多,我的人生轨迹也在不经意间发生了改变,生活依然有迷惑有彷徨,但我将不忘初心,继续前行。

　　我要感谢我的导师庄国土先生,先生的知遇之恩和谆谆教导将永远铭记我心,先生的治学态度和处世哲理亦将伴我一生。在此向导师致以最崇高的敬意。

　　我要感谢蒋细定先生、廖大珂先生、聂德宁先生、李一平先生、施雪琴先生、赵海立先生、王虎先生、王望波先生、王付兵先生对我的长期关心和指导。我要感谢诸位同窗的支持和友情。

　　我要感谢我亲爱的家人,他们是我生命的意义和前进的动力。

　　其他众多长期关心我、支持我的领导和朋友无法一一列出,在此一并致以最衷心的感谢。

　　由于个人学识有限,书中难免有错谬与疏漏之处,敬请批评指正。

王晓东

2015 年 2 月 25 日

图书在版编目(CIP)数据

菲律宾非政府组织研究：发展轨迹、企业化与倡导失灵/王晓东著. 一厦门 ：
厦门大学出版社，2015.9
(中国与东南亚关系研究丛书)
ISBN 978-7-5615-5702-0

Ⅰ. ①菲…　Ⅱ. ①王…　Ⅲ. ①社会团体-研究-菲律宾　Ⅳ. ①C233.41

中国版本图书馆 CIP 数据核字(2015)第 235549 号

官方合作网络销售商：　　当当.com　　亚马逊 amazon.cn　　JD.COM 京东

厦门大学出版社出版发行

(地址:厦门市软件园二期望海路 39 号　邮编:361008)

总 编 办 电 话:0592-2182177　传真:0592-2181406

营销中心电话:0592-2184458　传真:0592-2181365

网址:http://www.xmupress.com

邮箱:xmup @ xmupress.com

厦门集大印刷厂印刷

2015 年 9 月第 1 版　2015 年 9 月第 1 次印刷

开本:720×1000　1/16　印张:18.75　插页:2

字数:305 千字　印数:1～2 000 册

定价:42.00 元

本书如有印装质量问题请直接寄承印厂调换